项目来源：国家社科基金项目
项目编号：05XFX016

Studying on Legal Issues of Regional Economic Cooperation
Between Qinghai-Tibet Plateau and Eastern Developed Regions

青藏高原地区与东部发达地区
区域经济合作中的法律问题研究

周继红　马旭东　著

图书在版编目(CIP)数据

青藏高原地区与东部发达地区区域经济合作中的法律问题研究/周继红,马旭东著. —北京:北京大学出版社,2013.8
ISBN 978-7-301-23094-7

Ⅰ.①青⋯ Ⅱ.①周⋯ ②马⋯ Ⅲ.①区域经济合作-法规-研究-中国 Ⅳ.①D922.290.4

中国版本图书馆 CIP 数据核字(2013)第 196731 号

书　　　名：青藏高原地区与东部发达地区区域经济合作中的法律问题研究
著作责任者：周继红　马旭东　著
责　任　编　辑：郭薇薇
标　准　书　号：ISBN 978-7-301-23094-7/D・3405
出　版　发　行：北京大学出版社
地　　　址：北京市海淀区成府路 205 号　100871
网　　　址：http://www.pup.cn
新　浪　微　博：@北京大学出版社
电　子　信　箱：law@pup.pku.edu.cn
电　　　话：邮购部 62752015　发行部 62750672　编辑部 62752027
　　　　　　出版部 62754962
印　　刷　者：三河市北燕印装有限公司
经　　销　者：新华书店
　　　　　　650 毫米×980 毫米　16 开本　15 印张　230 千字
　　　　　　2013 年 8 月第 1 版　2013 年 8 月第 1 次印刷
定　　　价：30.00 元

未经许可,不得以任何方式复制或抄袭本书之部分或全部内容。
版权所有,侵权必究
举报电话:010-62752024　电子信箱:fd@pup.pku.edu.cn

行吟在西部大地上(代序言)

马天山
(全国检察业务专家、青海省首届优秀法学家)

一

周继红、马旭东两位教授的新作《青藏高原地区与东部经济发达地区区域经济合作中的法律问题研究》即将出版,在此表示由衷祝贺。

作为国家社科基金项目,此书的学术价值自然令人期待。

作为研究西部地区发展并以法律为视角的观察与思考,此书的特色自然令人关注。

作为两位长期从事教学和科研并成长于西部的才俊,此书之中所倾注的赤子之心、学者之智自然令人感触良多。

面对西部,很多人认为在地理上它荒凉偏僻,远离都市;在气候上寒冷干燥,远离生机;在经济上贫困落后,远离繁华;在文化上单调繁杂,远离现代。而我更喜欢从另一个角度去看那山、那水、那些人和那些已经过去、正在经历和即将经历的所有时光。于是,另一种解读油然而生:那山耸立高原,分明是给天地一个新高度;那水一泻千里,分明是给力量一个新注解。那些人因此有了山的脊梁、水的坚韧、大地的敦厚、岁月的历练与生命的升华,他们创造的所有时光,分明是给西部涂抹上了一层最为绚丽的色彩;更于是,荒凉偏僻,正好留存质朴;气候干燥,正好砥砺意志;贫困落后,正好奋蹄前行;单调繁杂,正好张扬特色。美哉、壮哉、奇哉!

面对西部,当情感升华的时候,很多人会渴望自己是诗人,登高望远,激扬文字,在一览众山小的胸襟中,体会大地的厚爱,磨砺自己的品性,抒发自己的情怀。

面对西部,当责任涌起的时候,很多人会渴望自己是智者,指点江山,运筹帷幄,让西部大踏步前行,不再成为富有的贫困者。

现在,两位教授以感情作笔,用理智书写,担责任在肩,立足西部大地,面向东部地区,经数载琢磨而成的研究成果,既凝聚着诗人的情怀,又彰显着学者的严谨与责任,读者能体会到深蕴其中的对故土的热爱,对西部全面均衡发展,与发达地区共飞翔的热切期盼。

二

区域经济合作是发展的方式或者手段,实质在于协调、均衡发展,目的在于共同实现繁荣富强。合作是人类社会性最重要的表现,而社会性又最容易陷于无序之中,因此强调法治成为必然。在这个意义上,我们应当特别赞赏用法治规范区域经济合作。

法治的巨大作用在于管理公共和社会事务,它能依靠国家强力建立符合需要的正常的工作、生产、生活秩序和教学科研秩序,能在一国范围之内对所有地域、所有人群的所有活动起规范作用,能以现实的力量极大地影响社会。从根本上说,法治作为人类社会在漫长发展过程中形成的最为有效的管理手段,以其规范区域经济合作,一则与人类文明程度相适应,二则与国家治理手段的现代化、科学化相适应。如此,则能有效防止经济社会中极易出现的因追逐物质利益而放弃或者淡化社会责任的情形,资源不会因此而被随意攫取,环境不会因此而被随意破坏,文化不会因此而被随意改动,民风不会因此而被随意侵蚀。

法治下的区域经济合作,用哲学的眼光审视,呈现出如下多彩之美:

和谐之美。不同地区、不同人们会因为良好的合作而各尽其能、各得其所、和谐相处。没有尖锐的对立、对抗,社会关系良好祥和。

平等之美。正义的核心是平等。良好的经济合作,将使人们摒弃因地域、民族、文化、发展程度等原因形成的偏见,使社会在政治平等、经济平等、文化平等的轨道上稳步前进。

人文之美。人文的核心是以人为本,东西部区域经济合作,目的就是提高生活质量,改善生存环境,无论是从和谐的角度看,还是从平等和共富的角度看,这恰是关心人、爱护人、尊重人的生动体现。

发展之美。发展是人类永恒的主题。确保人类永续不断,发展是硬道理。发展中的人类社会,尤其是全面发展中的人类社会,展示的不仅仅是运动之美,更是希望之美。

秩序之美。经济因其逐利而难免混乱,而混乱是发展的巨大天敌。但当经济被套上法治的笼头,井然有序也就成为必然。秩序之美实际就是规则之美。

共富之美。共同富裕,既是国家的责任,也是国家的追求。东西部区域经济合作,正是实现共同富裕,防止贫富差异进一步扩大的有效方式。

智慧之美。人类可供选择的路径也许很多,但法治是最有效的方式,选择法治,无疑闪耀着智慧之光。

三

我更乐意将本成果视为学者的"诗篇",一则情感使然也。因为它阐述的是国家全面发展的相关问题。自从国家提出西部大开发战略,西部不仅仅在地理范围上被重新划定,扩大到了全国十二个省区,而且在使命上也被赋予全新内容。发展西部,打造秀美山川,强我中华,共建和谐社会,是每个人的梦想。从口述史到文字史,从经济史到生态史,西部作为中华文明的重要发祥地,凝聚着太多的历史积淀,沉载着太多的未来重任。这份成果虽然是学术性的,但我深信两位学者的选题初衷、研究动力,肯定饱含着浓浓的情感。唯其有情,情到深处自有诗。

二则是两位教授的治学精神令我感动。滚滚红尘,诱惑太多,潜心学问,殊为不易。两位教授,我多有接触,不敢妄加评论什么,但多年以来,他们在青海教育界、学术界辛勤耕耘,弟子众多、成果众多却是有目共睹的。这份成果仍然延续着他们脚踏实地不哗众取宠、精益求精不敷衍了事的传统,并且有了新的提高。这种提高,在我看来,最大的表现就是学者的担待、学者的专注、学者的责任的提升。这其实是一种真正的成熟。

三则是本成果的谋篇布局,显示出了思考的全面、结构的合理、资料的翔实、论证的有力。本成果共有七章内容,实际上阐述了两大问题:第一大问题是论证了东西部区域经济合作的可能性和必要性。新颖点在于从合作的意愿谈到合作的可能,较为清晰地阐明了合作的精神、经济和物质等几大条件。区域经济合作,涉及多种合作主体,较之以往那种只侧重于经济因素或者某一类利益的分析,应当说这种结论是可靠的、全面的和真实的,既体现了社会需要,又体现了国家需要,还体现了民众需要,既符合西部地区实际,又符合中国整体发展的实际。第二大部分是相关法律问题阐述,先分析了东西部经济合作中的法律价值,然后分析了当前法治建设现状,最后论证了法治体系建设问题。特别是社会控制力与法治政府建设、资本形成与法律规范、社会心态与法治意识、生态环境与法治功效等几个问题,切入点十分独特,且言之有据、言之有理、言之有物。较之以往那种对西部开发中法治建设问题的泛泛而谈,应当说这种结论是科学的、宏观的、长远的和具有可操作性的。

以法治作保障的东西部区域经济合作,能够在统一的法治下,在全国一盘棋的视野中,有效避免随意、随性而为的做法,从而使合作不仅仅只是双方共赢,也不只是经济共赢,更不只是谋取眼前利益和局部利益,而是国家共赢、民族共赢,是赢人心、赢未来。

本成果是一家之言,但我相信这是他们的倾心、倾情之作,故,建之为良言,献之为良策。

2013 年 7 月 6 日于大美青海之夏都西宁

目 录

| 第一章 | 绪论 | /1 |

第二章　青藏高原地区与东部发达地区区域经济
　　　　合作意愿考察　　　　　　　　　　　　　/18
　　第一节　对区域经济合作的基础性认识　　　　/19
　　第二节　对区域经济合作主体选择的意愿考察　/26
　　第三节　对合作范域选择的意愿考察　　　　　/33

第三章　青藏高原地区与东部发达地区区域经济
　　　　合作的现实需求解析　　　　　　　　　　/37
　　第一节　青藏高原地区经济社会发展现状扫描　/38
　　第二节　青藏高原地区经济滞后的原因分析　　/46
　　第三节　青藏高原地区经济滞后的效应分析　　/57

第四章　青藏高原地区与东部发达地区区域经济
　　　　合作的适配性分析　　　　　　　　　　　/62
　　第一节　青藏高原地区资源禀赋及区域合作
　　　　　　前景　　　　　　　　　　　　　　　/62
　　第二节　依据区域经济合作主要理论的分析　　/73

第三节　青藏高原与东部发达地区区域经济合作的条件分析　　/ 80
　　第四节　对青藏高原地区区域经济合作的实证分析　　/ 84

第五章　青藏高原地区与东部发达地区区域经济合作中的
　　　　价值解析　　/ 100
　　第一节　国外区域经济发展及区域经济合作的立法经验　　/ 101
　　第二节　青藏高原地区与东部发达地区区域经济合作问题解决
　　　　　　与法律价值　　/ 115
　　第三节　法律优先是区域经济合作的理性选择　　/ 122

第六章　青藏高原地区与东部发达地区区域经济合作之相关
　　　　立法现状考察　　/ 127
　　第一节　相关区域经济合作的国家立法考察　　/ 128
　　第二节　相关区域经济合作之地方立法考察　　/ 138
　　第三节　关涉区域经济合作的现有立法评析　　/ 169

第七章　青藏高原地区与东部发达地区区域经济合作法治化之路　　/ 176
　　第一节　青藏高原地区与东部发达地区区域经济合作立法的
　　　　　　价值取向及模式选择　　/ 176
　　第二节　青藏高原地区与东部发达地区区域经济合作的
　　　　　　法律体系构建　　/ 187
　　第三节　青藏高原地区与东部发达地区区域经济合作立法中的
　　　　　　主要制度安排　　/ 199

结语　　/ 217

参考文献　　/ 220

后记　　/ 227

第一章 绪 论

青藏高原被称为"世界屋脊"、"地球第三极",雄踞亚洲大陆中部。这一地域以高山、高海拔台地、盆地、谷地等构成地貌基本骨架①,并且地域辽阔,山川瑰丽,拥有丰富的自然资源、多种多样的植物和动物以及独特的生态系统,同时拥有丰富的历史、文化资源,以前就被学者认定为中国未来发展的重要资源基地和后续力量。然而,受限于青藏高原的自然条件、经济运行环境等因素,青藏高原地区与东部发达地区之间的差距仍然存在。基于青藏高原在人类生存环境和中华民族未来发展中的重要地位,落后的发展状态不仅限制了其自身的发展,而且也制约了全国社会经济的综合发展。鉴于此,国家在20世纪90年代提出西部大开发战略思想。作为对西部大开发战略的支持与回应,理论界也开始广泛展开区域经济发展的理论探索。现今,构建社会主义和谐社会、统筹区域发展等科学发展观又在进一步指导区域经济合作发展的逐步深入。

然而,在认识问题上,仍然存在一些争论、分歧,乃至影响到战略目标的实现。这一点,在区域经济发展问题上尤其突出。因此,论证和解释区域经济的基本问题在现今仍具有很强的现实意义。我们看到,南北差异、东西差距经常被概括为区域文化以及区域经济等方面的表

---

① 青藏高原地区平均海拔4500米,其中海拔3000米以上土地占高原总面积的88.3%,海拔2000米以上土地占高原总面积的98.3%。

征。在提出科学发展观并力求区域协调可持续发展的当下,极有必要对诸多以往习以为常甚至熟视无睹的问题再做理性思考。从抽象意义上而言,区域经济合作为国际间以及国内各区域间协调发展并实现互利共赢的重要方略,其积极作用几乎无人质疑。从哲学意义上,整体的价值源自对具体对象的高度抽象,而具体对象对抽象后的价值能否毫无保留地实现其共同价值的共享性?为此,我们必须不断地思考:抽象意义上的区域经济合作是否已经论证了所有区域经济合作展开的合理性?其积极效用能够直接延及所有具体的区域经济合作?在某一历史时期产生了巨大效益的区域经济合作在新的历史时期是否依然具有极高的价值性?即使区域经济合作具有价值的长期性,但被意识形态化的思想是否会遮掩许多的问题?

我们选择青藏高原地区与东部发达地区这一在直觉上被认为最具合作基础和前景的具体区域间的经济合作问题,其目的也是想追问这些问题,探究区域经济合作在当下、在具体区域合作中的价值问题,并试图立足法律的视角观察对象,揭示并解析其中被熟视无睹的问题,且以法律分析的方法为解决问题提供有益参考。然而,在研究之初,我们就面临了一些文献中概念不统一、价值论述或直接搬用整体价值或被公理化、研究方法多限于单一的文献分析法等诸多问题。这也使我们在研究中必须谨慎地面对概念问题、现实描述问题、价值判断问题以及研究方法问题。

一、本论题之基本概念厘定

就本论题而言,其中包含有"青藏高原地区"、"东部地区"、"东部发达地区"、"区域经济"、"区域经济合作"等基本概念。对这些概念,学者可谓见仁见智,理解各有不同。因而极有必要对基本概念做进一步的认识,尤其是在本项研究中界定概念的基本范畴,以便在下文的分析中更能保证概念的统一性及科学性。

(一)"区域"概念的基本分析

1. 何谓"区域"?

"区域"一词本身就是一定的空间概念,是人类生活的一定空间。而这种一般意义上的理解实质是自然意义上的区域。"百度百科"中所定义的区域概念为:"一般来说,区域是指一个空间的概念,是地球表面上具有一定空间的、以不同物质客体为对象的地域结构形式。"①

区域经济学有关区域概念的传统定义被认为一般包括三个主要属性:一是区域是"一个地域空间概念,是某个整体的一部分,是一个局部的概念";二是具有独立性,即"区域是区内各经济利益主体经济上紧密相联,社会、文化趋于融合为一体的地域空间";三是开放性,"一个独立的区域并不是一个封闭的区域,它是在一国总体目标指导下,不断与外界进行物质和能量交换、优化调整自身组织结构,发挥自己独特功能的单位"。② 除此之外,有学者认为,区域还存在空间成长性的属性,即"在市场环境日益完善、增长极核经济能量不断增大、企业跨地区经营日趋频繁、交通基础设施持续改善的条件下,区域经济的空间边界通常处在趋于扩大的变化之中"。③ 也有认为,"若从理论上讲,在区域经济学中,区域概念可表述为:经济活动相对独立,内部联系紧密而较为完整,具备特定功能的地域空间"。④

在许多情形下,我们一谈到"区域"的时候,就会不自觉地与行政区划联系在一起,这也说明"区域"这一概念与行政区划之间具有紧密的联系。然而,区域的概念与"地域"、"行政区域"都有一定的区别。地域的概念一般仅指地理上的某一范围,而区域通常是以地理和经济特征为划分基础。"行政区域"的划分因具有法定性而十分明确,这也使其与"区域"概念间的区别较为明显,但二者之间也是具有密切联系。自我国实施分税制以来,伴随分权化改革进程,以省级行政区为单元的地区经济获得相对独立性,因而也在一些研究中被作为区域经济的一种表现。⑤

综上可见,"区域"这一概念,既以地理空间为基础,又辅以经济、行政等因素,其既具相对独立性,又应历史需求而具扩展性和变动性。

---

① 可参见百度百科中"区域"词条,http://baike.baidu.com/view/373715.htm(2011年5月14日访问)。

② 张敦富主编:《区域经济学原理》,中国轻工业出版社1999年版,第2页。转引自荣跃明著:《区域整合与经济增长——经济区域化趋势研究》,上海人民出版社2005年版,第1—2页。

③ 荣跃明著:《区域整合与经济增长——经济区域化趋势研究》,上海人民出版社2005年版,第2页。

④ 赵晔、钱继磊:《区域经济与区域合作的法理学反思》,载《理论与改革》2008年第5期。

⑤ 可参见下文对于"区域经济"概念分析中的相关内容。

2. 我国对区域的划分

自新中国建立以来,对区域就有多种划分方式。这些划分中,有些是基于地域差异,有些是以自然地理为划分基础,还有些是以政治考量为基础。

(1) 两分法。依据不同的划分标准,在不同的历史时期,有不同的划分。两分法主要有如下几种:

一是划分为北方和南方。这是基于北方和南方的差异而所作的大区域划分。一些学者认为,我国南北差异是我国最重要的地区差异,南北凝聚是我国最重要的凝聚方向。① 南方和北方区域的划分主要界线是秦岭和淮河,认为从自然景观和人文景观而论,此线以北与此线以南迥然有别。

二是划分为沿海与内地。这是我国在"一五"、"二五"两个五年计划中的一种两分法。这一划分几乎是以地理特征为划分标准。沿海地区包括辽宁、河北、天津、北京、山东、江苏、安徽、上海、浙江、福建、广东、广西,除此之外的均属于内地。

三是划分为东部和西部。这是根据东部与西部之间的差异所作的划分。我国地貌西高东低,在经济方面,东部发达而西部落后,多认为这种差异是自然环境和社会环境叠加的结果。同时需要注意的是,自20世纪末中央决定实施西部大开发战略以来,西部区域概念在基本维持地理位置的前提下,加入了经济因素。现今所言西部区域,既包括在地理位置上处于西部地区的重庆、四川、贵州、云南、西藏、陕西、甘肃、青海和新疆,也包括北部的内蒙古和南部的广西。此外,湖南的湘西、湖北的恩施以及吉林的延边三个少数民族自治州,也享受西部开发政策,是政策观念方面的西部区域。②

(2) 三分法。三分法中最为主要的是"三线建设"与"东部"、"中部"和"西部"的划分。

"三线建设"是以政治、国防目的而进行的划分。1958年的"中苏决裂"、1962年后美国在台湾海峡的多次军事演习、1964年"北部湾事件"等,使我国面临恶劣的国际局势。由此,毛泽东在中共中央书记处会议上两次

---

① 可参见百度百科中"区域"词条,http://baike.baidu.com/view/373715.htm(2011年5月14日访问)。

② 可参见王作全、马天山、马旭东著:《中国西部区域特征与法制统一性研究》,法律出版社2009年版,第19页。

指出,中国经济命脉集中在大城市及沿海地区不利备战,出于国防考虑,将一些工厂搬至内地,并提出将全国分为一、二、三线的战略布局。一线指位于沿海和边疆的前线地区;三线指包括四川、贵州、云南、陕西、甘肃、宁夏、青海等西部省区及山西、河南、湖南、湖北、广东、广西等省区的后方地区;二线是指介于一线和三线的中间地带。"三线建设"多被认为是典型的计划经济产物,最大的问题被认为是资源未能得到有效配置。有数据统计认为,从1966年至1972年,无效投资达300多亿元,占同期国家用于三线资金的18%。① 多认为"三线建设"投资方向主要集中在重工业和国防工业,不利于农业、轻工业的发展,"山、散、洞"的方针违背经济规律,影响了开发效益,并且忽视了沿海老基地的发展。② 但"三线建设"在客观上初步改变了中国东西部经济发展不平衡的格局,带动了中国内地和边疆地区的社会进步。有人认为"三线建设"与西部大开发都是属于强国富民的重大实践,并且其作为经济建设的第一次大规模战略西移,具有特殊的开拓意义,所留下的巨大物质和精神财富已经成为今天发展的基石。③

东部、中部和西部的划分主要是以自然地理为基础。其中,东部地区包括东北地区(包括东部的辽宁、中部的吉林和黑龙江)、华北沿海、华东沿海和华南沿海地区等四大区域;中部地区包括黄河中游和长江中游地区两大区域;西部主要包括西南和西北地区两大区域,同时也包括前述所言的北部内蒙古和南部广西以及享受西部待遇的湖北、湖南、吉林的三个少数民族自治州。

在同时考虑南北和东西差异的情况下,我国区域又可被划分为北方、南方和西部。北方又可分为东北地区、华北沿海和黄河中游地区三个区域;南方分为华东沿海、华南沿海和长江中游地区三个区域;西部分西北和西南两个区域。

(3) 除上述划分外,在理论及实践中,还有其他诸多的区域划分方法。

---

① 可参见百度百科"三线建设"词条,http://baike.baidu.com/view/798186.htm(2011年5月14日访问)。

② 上述观点亦可见百度百科"三线建设"词条,http://baike.baidu.com/view/798186.htm(2011年5月14日访问)。

③ 杨宇白整理编辑:《揭开三线建设神秘的面纱——读〈三线建设——备战时期的西部开发〉》,载http//www.ynce.gov.cn/ynce/site/school(2011年5月16日访问)。

一是新中国建立后,曾在省级行政区之上,建过大区体制。大区的渊源是内战时期中国共产党领导下的各大战略区。在1946—1949年的内战期间,中国共产党在长江以北建立了东北、西北、华东、晋察冀、晋冀鲁豫、中原六个大的战略区,分别设有党政军领导机构。1949年9月之前,晋察冀和晋冀鲁豫两区合并,组建了华北人民政府,东北人民政府也正式成立。中国人民解放军的四大野战军则分别向西北和长江以南的西南、华东、中南进军,于1950年初先后建立了四个大区的军政委员会。这种大区首先是一种军事区划,然后才是行政区划。大区的政权机关最初均由野战军的领导机关兼任,其所辖省(市)的政权机关则由野战军所辖的兵团部或军部兼任。①

二是在提出"西部开发"、"中部崛起"、"东部提速"以及"振兴东北"等的口号后,认为区域可被划分为东部、中部、西部、东北四个区域。这也是目前学界多采用的一种划分。在我们做本项研究中,调查问卷中部分问题的设计更多就是立足此种分类之上。

三是以经济地理为基础,按照自然资源总丰度、社会经济发育程度、地理连片等指标,将我国划分为东北区、黄河中下游区、长江中下游区、东南沿海区、西南区、西北区六大经济区。

四是全国人大八届四次会议提出了中国七大经济区的方案,该方案指向的经济区为:环渤海经济区(以北京、天津、沈阳、大连、济南、青岛、石家庄、唐山、太原、呼和浩特等城市为核心)、东北经济区(包括黑龙江、吉林、辽宁和内蒙古东部盟市)、长江三角洲及沿江经济区(包括长江三角洲14个市和沿江28个地市)、中部五省经济区(包括河南、湖北、湖南、江西、安徽)、东南沿海经济区(包括广东、福建两省和浙江南部沿海地区)、大西南经济区(四川、重庆、贵州、云南、广西、西藏和海南以及广东西部的湛江、茂名、肇庆)、西北经济区(包括陕西、甘肃、宁夏、青海、新疆和内蒙古西部盟市)。此外,另有一种七分法,即将我国划分为东北、西北、华北、华中、华东、华南和西南七大经济区。

五是将我国划分为东北、环渤海、黄河中游、长三角、长江中游、东南、西

---

① 华伟:《大区体制的历史沿革与中国政治》,载《战略与管理》2000年第6期。

南和西北八大经济区。①

六是按照区域经济基础和经济结构特别是工业发展水平和工业结构、资源丰富程度及地理位置与交通条件,将全国划分为五大经济地域类型——加工型经济区(京、津、沪、鄂、辽、台)、加工主导型经济区(苏、浙、闽、粤、桂)、资源开发主导型经济区(晋、内蒙古、赣、黔、青、宁、甘、滇)、资源开发加工混合型经济区(鲁、陕、川、皖、湘、黑、吉、冀、豫)、特殊类型经济区(新、藏、琼)。

七是有学者提出九大都市圈。九大都市圈主要包括京津冀(北京、天津、石家庄)、沈大(沈阳、大连)、吉黑(长春、哈尔滨)、济青(济南、青岛)、湘鄂赣(武汉、长沙、南昌)、成渝(成都、重庆)、珠江三角洲(广州、深圳、珠海)、长江中下游(南京、扬州、合肥)、大上海(上海、苏州、无锡、常州、宁波、杭州)。②

(二)"青藏高原地区"的范围和地域

从地理区域而论,青藏高原地区是包括国内和国外一些区域的地理指向。整个青藏高原包括西藏自治区全部,新疆维吾尔自治区的南部,青海省的中部和西部,甘肃省、四川省的西部,云南省的西北部,以及不丹、尼泊尔、印度、巴基斯坦、阿富汗、塔吉克斯坦、吉尔吉斯斯坦的部分或全部。青藏高原总面积为290万平方公里,在我国境内的约250万平方公里,约占我国陆地总面积的四分之一,主要分布于青海与西藏两省区(共195万平方公里),因此得名"青藏高原"。

青藏高原地区概念既不是行政区划概念,也不是区域经济学中的大区域划分概念。在许多情况下,这一概念仅是其他学科在做相关研究时从地理学中借用的概念,并且在借用过程中,基本上未发生概念演变的情况。如2011年国务院《关于印发青藏高原区域生态建设与环境保护规划(2011—2030年)的通知》,该规划范围即包括西藏、青海、四川、云南、甘肃、新疆六省(区)27个地区(市、州)179个县(市、区、行委)。

---

① 八大经济区还有另外一些划分,如2003年,国务院发展研究中心李善同和侯永志研究员等完成的"中国(大陆)区域社会经济发展特征分析"报告,提出东北、北部沿海、东部沿海、南部沿海、黄河中游、长江中游、西南和大西北的八大社会经济区域划分。可参见百度百科中"区域"词条。

② 王建等:《中国区域经济发展战略研究》,载《管理世界》1996年第4期。

在我们的调查中,有些被调查者认为青藏高原地区也应当展开与尼泊尔、印度等国边境地区之间的区域经济合作。这一区域单从地理分析,应属于同一区域内不同单元间的合作问题,但由于分属不同的国家,其本质上是属于国际区域经济合作的范畴。就此而言,我们一般所言的青藏高原地区仅是从我国范围而言,即在对待上述的认识时,并不是嘲笑其在地理方面的知识,而是也认同西藏与尼泊尔某地开展的经济合作首先是区域经济合作,其次是属于国际区域经济合作。

同时,需要说明的是,青藏高原地区的主要区域在西藏和青海两省区,因而本项研究中有关青藏高原数据的分析主要是依据青海和西藏两省区的基本情况。但问题分析仍是关注除青海、西藏之外的属于青藏高原地区的甘肃甘南、四川阿坝、新疆南部以及云南迪庆等地区。

(三)"东部发达地区"之所指

对于"东部发达地区"的概念,可以说是地理概念、经济区域划分以及经济发展水平等要素的叠加与复合。但就此概念本身而言,并非是严格意义的学术概念,虽然这一概念被广泛使用。① 在现有的概念中,只有"东部地区"、"发达地区"的概念,并且这两个概念的内涵并非是完全一致的,因而"东部发达地区"这一概念事实上是"东部地区"与"发达地区"这两个概念的交叉。

1. 东部地区

与"青藏高原"这一源自地理学概念明显不同的是,"东部地区"这一概念并非建立于纯地理概念之上。如前所述,东部地区包括东北地区(包括东部的辽宁、中部的吉林和黑龙江)、华北沿海、华东沿海和华南沿海地区等四大区域。具体包括内蒙古自治区东部(其在多数情况下被直接划归西部)、黑龙江省、吉林省、辽宁省、河北省、北京市、天津市、江苏省、浙江省、安徽省、江西省、山东省、上海市、广东省、海南省、江西省、福建省、台湾省、香港特别行政区、澳门特别行政区等。

2. 发达地区

就"发达地区"而言,一般是指广东、上海、山东、江苏、浙江等沿海省份。

---

① 用百度、谷歌、搜搜、有道等搜索引擎搜索包含"东部发达地区"的文章,总会发现有海量的文章中使用"东部发达地区"这一概念。

这种通常意义上使用的"发达地区"是以省域为划分，即在一般认识中，"发达地区"几乎与"发达省份"是同一概念，二者可以相互替代使用。而事实上，这些被指称的"发达地区"省份，其行政区域内部也有不发达的地区。所以"发达地区"这一概念更多是从抽象意义上界定的。这一认识实质上对区域经济合作问题的深入认识和分析具有一定的现实意义。这促使我们在考虑青藏高原地区与东部发达地区展开区域经济合作问题的时候，也应看到这些发达省份内部的不发达地区同样面临支援、帮助以及诸如技术转移、产业转移等其他形式的区域经济合作，因而在考虑青藏高原地区与东部发达地区区域经济合作法律问题的时候，就应当将这些因素也考虑在内，从而使制度设计更具现实性。

同时需要说明的是，由于"发达地区"这一概念中经济指标的非法定，使"发达地区"这一概念本身不是一个极具明确性的概念。但其作为一个观念中存在的概念，在实质上又会附加一些经济指标对其大致范围进行框定，由此也致使这一概念富有一定的变动性。

3. 东部发达地区

虽然"东部发达地区"这一概念被广泛使用，但几乎无一例外的是，使用者大多并不界定"东部发达地区"的概念。这一方面表明这一概念在交流中已经被普遍接受，基本能借助自我衡量而做出具有共识性的判断。另一方面也多少可以看出在学术中使用概念的非规范性。因为将一些基本的概念交由读者自我揣度毕竟难以符合学术严谨性的要求。

就本项研究而言，需在一定的静态阶段上加以观察，因而本书所指向的"东部发达地区"是指近年来在东部地区各项经济指标处于前列的省份。因为经济指标的变动性，本书所指的"东部发达地区"即是在本项研究的时段内各项经济指标处于前列的省份的东部区域。在具体的分析考察中，本书从抽象意义上将广东、江苏、上海、浙江、山东等省份确定为东部发达地区。诸多与青藏高原地区的比较即在这些省份和青海、西藏之间展开。同样，本书也是建立在这些区域的基础上，来考察青藏高原地区与这些区域在区域经济合作方面的可行性、必要性以及相应的法律问题解析和制度完善构建。

(四)"区域经济合作"的基本内涵

1."区域经济"的概念

一般认为,区域经济是指特定区域的国民经济。但对于区域的范围却是有不同的理解。

(1)区域范围可大至国家,小到省域等行政区划。这从将"区域经济合作"分为"国内区域经济合作"与"国际区域经济合作"的分类可见一斑。这一分类中,区域似乎可大可小,可以以国家为区域的单元形式,也可以以省域或更大区域为区域单元。在许多时候,我们将涵盖多省市或多城市的区域经济活动称为区域经济。如"长三角"、"珠三角"、"环渤海"以及东部、中部和西部的概念都反映了这种认识。

(2)在实践中,一些地方政府将本辖区经济即视为区域经济。

(3)有时"区域经济"中的区域单元仅仅指向省级行政区域之间。如许多学者认为"省际壁垒是区域经济的最大障碍",这种理解很显然是将区域经济看作是一个国内跨越省际边界的经济区概念。[①]

(4)从一些私主体如企业的视角来看,区域经济几乎等同于宏观经济。

(5)上述多是以"空间"为基础对于"区域经济"所作的理解。而在区域经济学理论演进过程中,也有借助"经济组织"概念来阐释"区域经济"的。如有学者认为专业化与市场交换是产生区域差异的基础,提出区域是一种经济组织,它是随城市的形成而出现的,这种组织是市场选择的结果。[②]

由上述分析可见,立足不同角度,对"区域经济"的理解呈现多样化,甚至也会因观察人的身份、地位等生成概念的不同内涵。但不论何种观点,将青藏高原地区视为是一个区域经济合作中的单元,将东部发达地区视为区域经济合作中的另一单元,至少已成为现有认识。即使对区域经济持不同理解者,也多不对此进行否认。事实上,上述的这些不同认识之间似乎并不存在非此即彼的冲突,而更多地表现为一种相互补充性的认识。当然,上述的不同认识也给本书的研究以诸多的启发,既然对于建立在"空间"基础上的青藏高原地区与东部发达地区之合作主体地位较少争论,则运用"经济组

[①] 高进田:《区域、经济区域与区域经济学的发展轨迹》,载 http://www.studa.net/Place/080625/10535746.html(2011年5月20日访问)。

[②] 同上。

织"来解读"区域经济"并由此关注立法的重心,或许更具有现实意义。

2."区域经济合作"的概念

对于区域经济合作的概念,主要有如下几种观点:

一是认为区域经济合作的主体既包括政府,也包括企业等私主体。如认为"区域经济合作是指自然人、法人、经济组织、行业协会、地区政府为了共同的经济利益,在生产领域中以生产要素的移动和重新配置为主要内容而进行的较长期的经济协作活动"。①

二是将区域经济合作的主体仅限于私主体之间。如认为"区域经济合作是不同区域之间的以自然人和法人为主体,为了共同的利益,在生产领域中以生产要素的移动与重新组合配置为主要内容而进行的较长期的经济协作活动"。② 这一概念中的"法人"在理论上虽然包含"机关法人"即政府在内,而持这种观点的学者,认为我国旧体制下,区域经济合作主要由政府部门推动、运作和协调,企业处于被动执行的地位。"目前,在我国市场经济体制框架基本形成并不断完善过程中,东西部地区经济合作的主角将是法人和自然人,不再主要由政府直接操作。"③这种定义虽然在其概念抽象中存在问题,但其意义却是非常明确的,即区域经济合作的主体应当是私主体。

三是对于区域经济合作的内容并不做限定,只是强调合作的积极效应,即认为区域经济合作主要应在生产领域并不限于此领域,其应当是包括长期与非长期的所有经济协作在内的活动。

四是对于区域经济合作主体的空间范围作出相应的要求。如认为"区域经济合作是处于共同区域空间的不同地区之间的经济主体,为了追求共同利益而进行的专业化分工合作,它旨在实现以生产要素的流动和优化配置为内容的区域间发展'共赢'"。④

五是对于区域经济合作的长期性做特别强调。如认为"区域经济合作,

---

① 本观点出自上海财经大学区域经济研究中心:《2003 中国区域经济发展报告》,上海财经大学出版社 2003 年版。转引自车冰清、朱传耿:《中国区域经济合作研究》,载《学习与实践》2008 年第 2 期。
② 靖学青:《西部开发之东西部经济合作的区域经济效应分析》,载《上海经济研究》2000 年第 9 期。
③ 同上。
④ 付永:《中国区域经济合作的制度分析》,载《改革与战略》2006 年第 2 期。

一般是指在一定的区域内的两个或两个以上的国家或地区以自然区域内的经济的内在联系为纽带,以区域分工和协作为基础,根据商品和生产要素的流向、文化传统以及社会经济协调发展的需要而形成的区域性长期经济协作活动"。①

我们认为,对于区域经济合作应做较为广泛并且更具包容性的定义。无论是政府还是私主体,无论是国内区域还是在国际范围内,也无论是长期性协作还是非长期性的合作,都应被包含在广义的区域经济合作中。并且我们认为,区域经济合作的目的是通过生产要素的流动而实现共赢的预期,因而定义的关键并不在手段、形式以及目的的最终实现与否,而在于是否存在目的性。因此,我们在对研究对象的分析中,并未将贸易排除在区域经济合作的范围之外。

二、本论题之研究现状

国内外研究表明,在促进区域经济合作方面,政府之倡导与政策安排十分重要。但在国家全面实施以法治国,建设法治国家基本方略的背景下,运用法律手段实现区域经济合作的法制化尤为重要。然而,我国关于区域经济合作的研究还没有脱离原有的思想框架和传统视角。

第一,现有的区域经济合作研究对处于经济全球化进程中的区域经济合作的本质性、飞跃性的变化缺乏深刻的认识。这种本质性的变化源于地区与地区之间产业结构演进中相互联接关系的演变。与历史对比,联接关系的变化不仅体现在联接强度上大大增强和联接形式的多样化,而且还体现在联接拓扑结构的日趋复杂化。联接关系的变化导致作为研究对象的边界不断扩张。因此,单纯从地区视角的研究已不能完全适应现实经济系统的时代特征,客观上要求立足全新视角,从新的切入点来研究区域经济合作问题。

第二,目前区域经济合作理论的研究思路和方法仍没有脱离传统经济学中线性的、平面的思维方式。考察与周边地区的结构互动关系,仍然停留于浅层次的对策研究,缺少综合性、系统性的理论研究和定量化分析。此

---

① 叶大凤:《区域经济合作中的公共政策缺失与对策》,载《桂海论丛》2008 年第 6 期。

外,部分研究成果虽已触及地区与地区间的联接关系,采用各种定量分析技术进行验证,但在缺乏系统的理论研究下往往集中于贸易联接机制的分析。可以说,以往的研究由于没有深入到全国大系统内部不同的层次和侧面,因而相联系的区域分工研究缺少系统性和综合性。

第三,由于对西部大开发的战略性指导在现实运作中的认识不到位,只注重经济效益,而忽视了生态效益和经济的可持续发展,在研究中也多存在被学者所诟病的诸多问题:一是没有把青藏高原地区经济发展的可持续性作为制度政策的暗含条件;二是对资源开发的认识存在偏差;三是常常忽视了政策的时宜性;四是在理论层面未能把握重点,致使实践中开发重点过多,投资项目分散,无法形成有机联系的产业群和产业链,在经济发展的主导产业和扩散效应两个方面存在结构缺陷,各地以资源开发为主导的发展战略,不仅其竞争能力弱,而且区域配套条件差,产业链短,带动性弱。

第四,以往政府一般以某一地区为对象,通常更多地考虑对地区经济发展的预期,而没有顾及其他区域可能做出的反应与调整本地区经济运行和政策执行结果的反向影响。在经济全球化时代,经济政策的互联、互动强化,直接导致了特定政策对内作用弱化,对外作用强化的质变。目前,国内学者虽然对制定区域经济政策进行了初步探讨,但对区域经济合作相互作用机制还缺乏系统的理论研究。因此,需要深入研究不同地区,特别是不同区域内政策相互作用机制的特点、规律和动态博弈过程,以及全球化时代区域协调型政策的主要内容和实施方式。

三、本论题之研究意义

我们认为,探讨新形势下青藏高原地区与东部发达地区区域经济合作的法律问题,对以下难题的破解具有现实意义:

第一,青藏高原地区对工业发展的容纳是有限的,青藏高原地区经济社会可持续发展能力持续减弱,国家整体经济、生态安全必将受到严重威胁。实施西部大开发,随着工业化进程和大规模的开发浪潮,给青藏高原地区的环境承载力和容量带来压力,完全利用市场机制的开发,对群体性的长期生态后果缺乏预见和控制,超限度开发甚至会造成青藏高原地区不可逆转的贫困化。开展本项研究,理性分析并揭示现实所面临的困境,对于深化问题意识,积极寻求有益对策具有积极的理论和实践意义。

第二,在经济全球化进程中,青藏高原地区经济发展不仅与整个西部联为一体,并互动演进,而且也与东部发达地区处于相互波及,并互相演化之中。因此,立足国家经济的整体推进性发展,已全面实现小康社会、迈入现代化的视角,运用整体主义的系统研究方法,将青藏高原地区与东部发达地区区域经济合作作为研究对象和切入点,很有可能成为未来区域经济合作理论研究的一个突破口。

第三,青藏高原地区为少数民族聚居区,这一区域的经济发展关乎少数民族生存权、发展权、平等权等基本权利的实现问题,同样也关乎国家的经济安全、社会稳定和长治久安。因而从一定意义上而言,开展本项目的研究具有较高的政治价值。

第四,收入贫困、人类贫困、信息贫困与生态贫困历来被认为是青藏高原地区地区的顽症。展开青藏高原地区与东部发达地区区域经济合作问题的研究,不仅能揭示各类贫困问题的程度与实质,更为重要的是,能为问题的解决探寻方法和途径,即使最终的结论有失偏颇甚至谬误丛生,也将是一项走向成功的试错历程。

第五,在区域经济合作中法律视角缺失的情形下展开本项研究,能引发人们对法律价值的思考,一些具体的立法建议及制度安排,同样能为立法、司法等提供参照。

四、本论题之研究思路

作为区域经济的发展,尤其从合作角度而言,我们最先需要论证的即是合作双方具有现实的合作条件及合作意愿问题,即首先是社会发展及现实需求是否到了必须要求双方合作的地步,其次是合作双方是否具有现实基础,之后是双方的合作是否是合乎社会发展规律的,能否实现双方所预期的共赢状态。这些问题的深究既要考虑合作各方的问题,也需要考虑合作双方的共同意志问题,同时也波及合作主体之外其他主体的需求以及在合作博弈中的力量问题等。因而这一问题的解析只有站在系统论的基点上,在细致分析各类主体的主观意向以及当前政策等因素的情形下,较为客观地反映合作各方的意志,从而决定区域立法以及未来政策的制定。

正是在这一认识的基础上,我们借助区域经济的基本理论首先透视青藏高原与东部发达地区区域经济合作的可能性与现实性。这一问题的解析无疑须论证如下几个相关的条件:一是青藏高原有无发展的需要;二是青藏高原地区能否解决自身发展问题;三是青藏高原地区是否具有发展的基础性条件;四是作为我们设想的区域经济合作中的双方——青藏高原和东部发达地区是否具有合作发展的需求和动力;五是双方有无合作的基础条件。

其次,只要略加关注就可以发现,在区域经济问题上,研究最多者当属经济学领域,而在法学方面,迄今较少关注。因而通过法学的视角乃至法律的方法提供区域经济解决方案,在现今具有更为重要的理论和现实意义。为此,我们在调查中关注法律的价值问题:一是考察及分析法律对区域经济合作之展开有无积极作用和贡献的问题;二是其作用和贡献在具体的青藏高原地区和东部发达地区区域经济合作中的价值问题;三是域外区域合作中法律的贡献对我们的启示。

最后,我们在对策研究部分,将重点放在如何构建青藏高原地区与东部发达地区区域经济合作的法律制度方面,包括区域经济合作的法律体系问题、立法价值取向问题、具体法律构建问题等。

五、本论题之研究方法及其说明

本课题涉及经济学、法学、社会学等诸多学科领域,并且本项目在论证之初即是想通过调研以及实证分析直面客观现实,从而在科学认识研究对象的基础上做更富理性的对策研究。因而在本项研究中,我们非常注重多种研究方法的运用。

1. 社会调查方法

我们十分注重调查研究的方法,通过问卷调查、走访、深度访谈以及召开小型座谈会等形式展开了调查研究。需要说明的是:

(1)就问卷调查而言,我们在 2005 年至 2007 年间,做了一次问卷调查,虽然该数据与后来我们进行第二次问卷调查(2008 至 2009 年)的数据差距不大,但我们在做完第一次调查之后,又针对调查中所存在的问题,对于问卷重新做了设计,并采取审慎的态度对一些几乎被意识形态化为公理的问题及平素熟视无睹的问题做了调查。问卷调查的基本情况可见表 1-1、

表 1-2、表 1-3。

表 1-1　问卷发放、回收及涉及区域等项目统计表

区域＼项目	发放问卷数（份）	回收问卷数（份）	涉及行政区域数（个）	涉及行政部门数（个）	涉及企业数（个）	涉及职业数（个）	涉及民族数（个）
青藏高原地区	500	454	26	14	27	9	8
东部发达地区	500	408	32	16	36	12	5

注：对于行政区域的个数，我们以县（市、区）为统计单位。

表 1-2　问卷调查对象所属职业在回收问卷中所占比例的信息统计表

区域＼项目	公务人员	企业管理人员	企业职工	农牧民	个体工商户	学者	学生	其他
青藏高原地区	21%	19%	13%	15%	10%	8%	10%	4%
东部发达地区	18%	23%	16%	10%	15%	6%	8%	3%

表 1-3　问卷被调查对象年龄信息统计表

区域＼项目	18—29 岁	30 岁—39 岁	40—49 岁	50—59 岁	60 岁以上
青藏高原地区	21%	28%	31%	12%	8%
东部发达地区	24%	32%	26%	15%	3%

注：在青藏高原地区回收的454份问卷中，未标明年龄信息的问卷有72份，约占回收问卷的16%；东部发达地区回收问卷408份，其中有71份未填写年龄信息，约占回收问卷的17%。本表对于年龄结构的分析仅是以标明年龄信息的问卷为基数做比例分析。

（2）对于所需要的重要信息，我们通过对同一主题设计不同问题反复询问的方式，以便判明被调查者的内心真意。若对于同一主题的不同问题，被调查人前后回答间存有矛盾的，我们都认真分析原因，同时也审视和反思问卷本身，包括是否带有诱导性，选项设计是否科学等，其目的均旨在客观反映问题。

（3）在我们的走访调查中，我们采取随意抽样的形式。如对一些农牧民的采访中，我们随机入户，在该户拒绝的情况下，选择其左邻右舍再进行采访。走访调查的基本情况可见表 1-4。

表 1-4 走访调查点信息统计表

区域＼项目	政府部门（个）	企业（个）	农牧民（户）	居民（户）	街头随访（次）
青藏高原地区	58	19	30	42	62
东部发达地区	25	12	16	21	34
合计	83	31	46	63	96

对于走访调查还需说明的是，我们对于企业的走访，更多的是与企业经营管理层人员进行交流。按说对于企业行为取向的认识，不能仅以经营管理层人员的认识为准，因为企业投资决策权，并不直接由经营管理层决定，而是要看企业内部权力机构最终形成的意志。但由于经营管理对决策存在一定的实质影响性，因而我们将此作为一个重要的可供参考的信息来分析。

（4）在我们最初的设计中，为了能使本论题的研究在经费方面得到更充足的保证，我们对一些选定的区域，准备了电话采访的方式，通过对该地电话的随机抽样进行。但这一调查方法的效果并不是很理想。许多电话采访被拒绝，有些电话采访也是因被采访人有事或不耐烦而不得不半途而废。一些电话采访的记录多是个别问题的简单回答，因而在我们的分析中，较难将其统计进去。我们也曾尝试运用网络展开调查，但是效果也是不尽如人意。

2. 文献分析的方法

在问题分析中，我们既以问卷调查的统计为基础，又注重与走访调查的相互印证。同时，我们也理性地分析调查结论。对调查结论与现有理论有出入或调查数据与国家正式统计数据之间有差距的情形，我们一方面认真分析文献，一方面分析调研中的得失，并站在中正的立场上考量数据及其他资料。

3. 规范分析的方法

本项目之研究本身即是站在法律的视角，因而我们非常注重对于现有法律制度的解读，并从制度化的角度，对问题进行分析，探求制度化总结。

第二章 青藏高原地区与东部发达地区区域经济合作意愿考察

调查青藏高原地区和东部发达地区对区域经济合作的意愿问题,应当是我们介入问题的一个基础。如果集体意识中并不认为青藏高原经济发展有必要性、青藏高原地区与东部发达地区也没有区域经济合作的意向,即使我们在理论上论证了区域经济合作的必要性,必然也会在区域合作实践中出现这样那样的问题,一些举措难免在区域合作主体的不情愿下走样,甚至会适得其反,对今后区域性合作留下难以抹去的不良影响。为此,我们通过走访调查、座谈、问卷调查等形式,对于青藏高原地区和东部发达地区的部分政府工作人员、企业管理人员、职工、学者、失业人员、自由职业者、农牧民等做了调查,并对调查结果做了相应分析,期望能从中抽象并客观反映青藏高原地区和东部发达地区对区域经济合作的整体意志。

对于青藏高原地区各省(区)政府及民众对于区域合作的意愿问题,我们认为应当至少包括但不限于如下问题:一是青藏高原地区各省(区)政府和民众有无发展本区域经济的愿望;二是青藏高原地区各省(区)政府与民众有无区域经济合作的想法,即这一地区即使认为发展实为必要,但其是否认为自身能解决发展问题;三是青藏高原地区各省(区)政府及民众更愿意和哪些区域进行经济合作;四是青藏高原地区各省(区)政府及民众对于区域经济合作领域的认知和愿望;五是青藏高原地区各省(区)政府和民众对区域经济合作形式的认知和愿望。此外,我们认为仅仅调查青藏高原地区各省(区)政府及民众的意愿,只能反映问题的一个方面,作为我们设定的合作另一方——东部发达地区对于青藏高原的发展问题持何种态度,以及其是否具有展开区域经济合作的意向等等,也应当是值得关注的问题。

第一节 对区域经济合作的基础性认识

对区域经济合作的基础性认识,我们主要是以如下几个方面作为观察点进行调查:一是青藏高原地区民众对青藏高原地区自身发展问题的认识;二是东部发达地区对其自身发展以及青藏高原地区发展的认识;三是青藏高原地区民众对于区域经济合作价值的基本认识以及情感愿望,包括对于区域经济合作本身的理解等;四是东部发达地区民众对区域经济合作的态度和认识。

一、对青藏高原地区是否需要发展的认识考察

对于青藏高原地区是否需要发展的问题,在我们首次做问卷调查中,并没有当做一个需要调查的问题,主要是很主观地认为这是一个无需证明的、几乎是公理性的问题。但在最初的走访中,我们发现对于这一问题不应做很轻率的判断。事实上,即使大多数人都非常认同青藏高原地区的发展是必需的,但由于对于发展的理解不同,对这一命题的回答并非是绝对一致的。同时来自对实践很直观的认识,有些被调查者并不是很赞同目前的发展状态,因而我们认为对这一问题还是应当采取谨慎的态度,认真去倾听不同的声音,而不应自以为是,掩盖问题背后的问题。

多次调查的结果显示,对于青藏高原这一地区的经济发展,虽然也存在着不同认识,但在抽象意志方面具有高度的统一性,即几乎所有的被调查者均支持青藏高原地区的经济发展。在问卷调查中,我们设计的主要问题是:

> 你支持下列看法中的哪种认识？
> A. 青藏高原需要经济发展
> B. 青藏高原需要科学发展
> C. 青藏高原不需要发展
> 若选此选项，敬请简要说明理由＿＿＿＿＿＿＿＿＿＿＿＿＿＿＿＿
> D. 如果对上述看法都不赞同，请说出你的相关认识：＿＿＿＿＿＿

对于这一问题，大多数被调查者认同这一区域同样需要发展。大约有 26% 的被调查者简单选择需要发展。加上我们问卷中还添加了科学发展的选项，这一比例增至 94%。在不需要发展的选项后，我们做了理由说明的请求。从回收问卷的回答中，具有典型性的理由和我们走访中收集并归纳的理由基本相同，大致有如下几项：

一是认为青藏高原地区只需要保持生态，自身不需要发展，只需要作为东部地区发展的资源储备库就可以。

二是认为目前在实践中尚未真正贯彻科学发展观，在端正并贯彻正确发展观念之前的发展很可能会变成涸泽而渔或资源消耗型的发展。

三是认为现今的发展有可能会将劳动密集型、高污染等的产业向青藏高原地区转移，从而致使青藏高原地区的生态环境更加脆弱。

四是担心现今的发展模式对传统文化会产生巨大冲击，甚至会造成传统文化的解构，进而造成更多的无序。

由上足见，单纯性地反对发展或认为青藏高原已经很发达而不需要再发展的观点几乎看不到。同时，从被调查者对自己民族标明的问卷来分析[①]，对于经济发展的认识，并不存在明显的民族性，即不同民族对于这一问题的认识并没有出现在比例上的较大差别。汉族占填有民族信息问卷的 30%，其中对待青藏高原地区发展的支持率高达 97.6%；藏族占填有民族信息问卷的 23%，支持青藏高原地区发展的比例为 97.1%；蒙古族占填有民

---

① 在青藏高原地区回收的 454 份问卷中，只有 307 份问卷中对自己所属民族进行了填写，对于问卷问题与民族关联性的分析，只是依据这些问卷的统计来分析，而并非是以全部回收问卷来分析。

族信息问卷的22%,支持青藏高原地区发展的比例为97.9%;回族占填有民族信息问卷的17%,支持青藏高原地区发展的比例为98.6%;土族占填有民族信息问卷的5%,支持青藏高原地区发展的比例为94.7%;撒拉族占填有民族信息问卷的2.5%,支持青藏高原地区发展的比例为100%;其他民族占填有民族信息问卷的1.1%,也是全部支持青藏高原地区的发展。对于青藏高原地区的发展问题,应当说是青藏高原各族人民的共同愿望。因此,在青藏高原经济发展这一问题上,几乎没有人认同不应予以发展的观点。至于选择需要科学发展以及保护生态环境的被调查者,实质上是在担心发展中的误区,其本身并不反对发展。

上述同一问题在东部发达地区回收的问卷来看,其基本结论同于青藏高原地区各省(区)政府及民众的意愿。东部发达地区的被调查者也是普遍认为青藏高原地区的发展不仅对于全国整体性发展有利,同样具有促进东部发达地区进一步发展的积极作用。部分来自中部地区和西部其他地区被调查者的基本态度也是支持青藏高原地区的经济发展,因而在对青藏高原地区应当迈开发展步伐这一方面,应当说全国民众的观念具有较高的统一性。

二、对区域经济合作基本认知的基本考察

需不需要展开区域经济合作,是我们所认为主体意志方面的第二个关键问题。对此我们主要是借助如下问题的调查来展开分析:

问题一 青藏高原地区为何历来是落后地区,究竟是什么原因导致了青藏高原的落后?

你认为青藏高原地区经济落后的主要原因是(　　)

A. 观念落后

B. 基础条件薄弱

C. 区域经济合作不深入

D. 国家支持力度不够

E. 其他原因(敬请在后面注明)＿＿＿＿＿＿＿＿＿＿

在对这一问题的统计分析中,我们刻意将青藏高原地区回收的问卷和在东部发达地区回收的问卷分别进行了统计,目的是想看看两个区域对于问题的认识是否存在差异。具体统计结果可参见表 2-1:

表 2-1　青藏高原地区落后原因统计表

区域＼项目	观念原因	基础条件原因	区域经济合作原因	国家支持力度	其他原因
青藏高原地区	42%	64%	86%	89%	19%
东部发达地区	81%	86%	67%	65%	25%

上述统计结果显示,除对于观念问题的认识,东部发达地区和青藏高原地区存在较大的差异外,其他方面的认识从整体意义上而言具有相同性。这与我们走访调查后的结果大致相同。在我们走访中即发现青藏高原地区的被调查者并不认为自己在发展观念方面存在多大的问题,多认为现今民众的意识已普遍得到提高,落后的现实主要是由历史的原因、自然条件的原因、基础设施建设以及资金、技术、人才等方面的原因所导致的。而东部发达地区的被调查者还是认为青藏高原地区的民众在观念方面的落后性是导致发展滞后的最重要的原因,从问卷统计显示,80%以上的被调查者都有这样的认识。二者之间的差异表明,青藏高原地区民众是想从自身观念之外寻求发展的举措,而东部发达地区的被调查者则多认为青藏高原地区的落后很大程度是自身存在的观念等因素造成的。当然,无论是怎样的认识,对于区域经济合作的积极价值都是很支持的。因为在另外一些问题的统计中,我们发现,有 89%的东部发达地区的被调查者认为开展区域经济合作可以有效地转变青藏高原地区的观念,从而为内生性发展提供坚实的观念基础。

上述的调查结果在一定程度上也能说明,被调查者对于青藏高原地区实现自身的发展还有所担忧。尤其从青藏高原地区的被调查者看来,青藏高原地区的发展并不缺乏热情和观念,最为关键的是缺乏自身无法供给的资金、人才、国家倾斜政策、基础设施的建设等外部因素。这也在一定程度上说明,在区域经济合作展开的愿望方面,青藏高原地区主体愿望更强烈一些,其内在需求也显得更为迫切。就此而言,我们认为,在区域经济合作展开的立法保障方面,应在引导合作双方作利于区域经济合作的立法之基础上,青藏高原地区引导性立法的进一步加强可能是重中之重。

此外,我们对于问卷中的 E 项也进行了统计分析。我们发现,虽然各地填写 E 项的问卷在各地回收问卷中占有较小的比例,但在原因填写中,法治问题却是居于最高比例(占填写 E 项问卷的 84%),我们将这一结果与下述问题三中 C 项统计比例作了比对,发现二者比例位序相同,均高居首位。这也说明在民众意识中,区域经济合作的展开,必须关注并倚重法治。

问题二　开展区域经济合作到底能给青藏高原地区的经济发展带来什么?

这一问题中实质上要解析以下一些问题:无论是青藏高原地区的民众还是东部发达地区的民众以及其他区域的民众,是否赞同在青藏高原地区展开区域经济合作? 在他们的意识中,想通过区域经济合作达到什么样的目的或期望?对于区域经济合作,在青藏高原地区的民众认识中,开展国际区域经济合作还是国内区域经济合作究竟哪一方面更具优位?青藏高原地区内部要不要开展区域经济合作?内部的区域经济合作能否实现青藏高原地区经济发展的所有预期?青藏高原地区民众期望与哪一区域进行区域经济合作? 这些问题无论在我们走访还是问卷调查中,都是必须要考察清楚的问题。以下主要依据对问卷的统计分析上述问题。

你认为青藏高原地区的经济发展中展开区域经济合作有无必要?(　　)

A. 有必要

B. 没有必要

C. 要看与哪一地区开展区域经济合作

D. 要看展开什么样的区域经济合作

E. 其他不同认识(敬请在后面注明)_____

对这一问题的回答,基本上没有超出我们的预料。无论是青藏高原地区的被调查者,还是东部发达地区的被调查者,抑或是其他区域的被调查者,在青藏高原地区应否开展区域经济合作方面,较高比例的被调查者都是赞同进行区域经济合作。在青藏高原地区这一比例高达 92%,东部发达地

区为89%，其他区域为89%。这一统计数据是采用排除 B 选项以及 E 项中明确表明不支持区域经济合作问卷的方法，即只要不认为无必要，我们就先统计在支持率中。对于有条件支持区域经济合作的，我们主要是在走访中进一步关注其之所以附条件的原因，同时在同一问卷的其他问题中探求被调查人的真实意思表示。

  东部发达地区的合作愿望虽然低于青藏高原地区，但二者之间只有3个百分点的差距，从整体合作愿望而言，几乎可以忽略这3个百分点。尤其是在我们关注这3个百分点的差距时，发现一些认为没必要合作的人们中，其主观愿望多不是直接去反对区域经济合作，如有认为在市场经济环境下，应当依靠市场的力量去推动各个地方的发展，专门去操心区域经济合作问题是没有必要的；还有认为中央政府已经在各地发展方面有战略性政策，区域性发展及整体发展平衡的问题应当是中央政府考虑的事情；还有认为区域经济合作已经在诸多范围内自由地展开，并且在现有的市场环境内，这种区域经济合作的成效已经产生了良好效果，无须通过强制手段进行干预，同时认为可能引发不当干预问题，反而会适得其反。如果把上述的这些认识也合并在双方区域经济合作的愿望中，则两个地区的合作愿望比例大致接近。这说明在合作愿望方面，无论是青藏高原地区还是东部发达地区，都具有强烈的愿望。

你认为青藏高原地区与东部发达地区进行区域经济合作的最大益处是（　　）
A. 能促进青藏高原地区的经济发展
B. 能提升东部发达地区的进一步发展
C. 能达到青藏高原地区和东部发达地区的"双赢"
D. 能实现全国的均衡与协调发展的目标
E. 其他后果（敬请在后面注明）＿＿＿＿＿＿＿＿＿＿＿＿

  此一问题被限为青藏高原地区与东部发达地区开展区域经济合作之支持者回答的问题。但从回收问卷来看，问题限制的提示并未阻止许多原本可以不作回答的被调查者参与这一问题的回答之中。当然，我们在统计分

析中,并未将这部分回答剔除在外。我们认为,即使被调查者并不看好青藏高原地区与东部发达地区之间的经济合作,也并不妨碍其对青藏高原地区与东部发达地区进行区域经济合作价值性判断。回收问卷统计显示,76%的被调查者勾选了前四个选项,即这些被调查者基本上不假思索地认为青藏高原地区与东部发达地区进行区域经济合作将产生诸多的益处。将这些问卷也统计在内,D 选项的比例最高,达到93%,其次是 C 项占88%、B 项占82%、A 项占86%。

从我们走访调查及对回收问卷的分析来看,在支持区域经济合作中较有代表性的观点是:

(1)与青藏高原地区合作,能进一步提升东部发达地区的发展;

(2)与青藏高原地区合作,能提前抢占资源先机,为以后发展奠定基础;

(3)青藏高原地区也是不容忽视的一个市场,开发及培育市场是东部发展必须面对的问题,与青藏高原地区进行区域经济合作可以逐步培育和扩大市场;

(4)青藏高原地区作为环境保护的重要区域,需要所有受惠的省份通过经济合作等形式予以补偿;

(5)青藏高原地区不仅有丰富的矿藏资源,并且具有独特的人文环境以及旅游资源,是东部发达地区资本拥有者投资的绝佳区域;

(6)青藏高原地区的落后最终会影响到全国经济的总体发展水平,先行者帮助落后者是非常应当的;

(7)贫穷落后的青藏高原与经济发达地区进行区域合作,是促进青藏高原经济增长,解决收入贫困、人类贫困、信息贫困以及生态贫困问题,进而实现区域协调发展、共同富裕的必然要求。

上述认识实质上可归结为三大类:第一类是从自身利益角度出发进行的认识,即认为开展区域经济合作将导致自己一方利益的增进;第二类是从整个社会发展的角度来判断,认为展开青藏高原地区与东部发达地区之间的区域经济合作,能促使区域间协调发展,进而利于社会的整体发展;第三类是从对青藏高原地区的落后性极富同情的感受来解读问题。不论心情如何,由此心情导引出的措施有怎样的异同,无可置疑的是,在东部发达地区,人们还是抱有积极的甚或是强烈的与青藏高原地区进行区域经济合作的愿望。①

问题三　青藏高原地区的经济发展应主要依靠什么?

你认为青藏高原地区的经济发展应主要依靠?请仅选择一项(　　)
A. 市场要素的自由流动
B. 政府的力量
C. 法治手段
D. 领导能力
E. 其他(敬请在后面注明)＿＿＿＿＿＿＿＿＿＿＿＿＿＿

我们将这一问题设为单项选择,以便从多份问卷中排出民众意识中所凭依手段的次序。青藏高原地区回收问卷统计后的排序为:C(61%)、B(20%)、A(11%)、D(8%),东部发达地区回收问卷统计后的排序为:C(57%)、A(23%)、B(15%)、D(5%)。由此可见,民众对于法治力量的认同度应当说是非常高的。我们在对这一问题的问卷调查中,为了能真实反映民众意识,在一些问卷问题设计中,专门隐去法治选项,即不将法治作为给定的选言肢。但在这些问卷的统计中,我们仍会发现法治手段被许多被调查者补充填写在 E 选项(其通常为补充性的"其他"选项)内。这无疑更进一步说明在区域经济合作中关注法治问题应当是至为重要的方面。

第二节　对区域经济合作主体选择的意愿考察

合作主体选择的问题,实质上就是和谁合作效果更好的问题。但这一问题之中,又是存在两个既具相关性又相互独立的问题。一是区域主体的

---

① 有时我们会发现一个值得思考的问题是,在诸多问题上,我们的认识几乎具有高度的统一性,但却又很难保证实践运行中的相对一致性,这或许是我们不得不面对的问题之一。

选择问题①,即在众多的区域划分中,被调查人认为何种区域主体间的组合具有展开区域经济合作的必要性？二是行为主体的选择问题,即在所认同的区域主体组合中,认为哪类行为主体间更应展开广泛而深入的区域经济合作？同时本项问题也用来考察哪些行为主体更具有区域经济合作的积极性。对于这些问题,我们一方面通过问卷调查分析,一方面通过走访调查来考察。

一、对区域主体选择的基本考察

> 你认为青藏高原地区应当和下列哪些区域展开经济合作(　　)
> A. 东部发达地区
> B. 西部其他区域
> C. 中部地区
> D. 东北地区
> E. 其他区域(敬请在后面注明)_____

这一问题的统计显示,无论是青藏高原地区的被调查者,还是其他区域的被调查者,多支持青藏高原地区与东部发达地区经济合作。支持与东部发达地区进行区域经济合作的比例最高(占青藏高原地区回收问卷的94%,占东部发达地区回收问卷的91%,平均值为92.5%),并且与其他区域合作的比例来看(支持青藏高原与西部其他区域的经济合作的比例最低,占青藏高原地区回收问卷的24%,占东部发达地区回收问卷的26%,平均值为25%),二者间的比例差也非常明显(以平均值计算,二者之间的比例差将近高达68个百分点)。并且还需注意的是,支持青藏高原地区与西部其他区域进行区域经济合作的问卷中,大部分也勾选了A选项。

我们走访调查的结论与问卷调查的分析结果间也是非常契合的。在走

---

① 此处所言的"区域主体"并非是严谨的学术概念,只是用来指称诸如东部、西部、中部等被划分后的区域,同时也指称省级行政区域或其他被学者划分的经济区域。而"行为主体"则指称"政府"、"企业"等具体能参与区域经济合作的主体。

访中多认为东部发达地区具有合作的基础,包括资金、技术、人才、市场的开拓、资源的需求等方面均与青藏高原地区具有相互的吸引,而对于国内其他区域而言,其自身也存在发展问题,因而资本、人才等方面的输出本身就很困难,与青藏高原地区合作的条件并不十分充分。一些认为青藏高原地区应当就近开展区域经济合作的被调查者,也坦言并不排拒与东部发达地区开展区域经济合作。如果加上这些认为区域经济合作不应局限于某些区域而应在更广范围内展开的认识,则赞同青藏高原地区与东部发达地区进行区域经济合作的比重将进一步加大。

从问卷本问题之 E 选项中注明的区域来看,较多为一些具体区域,并且属于东部发达地区的居多。我们在统计支持率时,也将一些具体填写了诸如广东、上海等属于东部发达地区的问卷推定为勾选了 A 选项。但我们在分析过程中,也对这些不做东部发达地区选择而直接具体写明某些省份或直辖市的问卷产生了好奇和兴趣,同时也在反思我们所设计问题的科学性。因为我们想当然地把合作区域按大的地理概念划分为东部发达地区、中部地区、西部其他省份、东北地区等,这种选言肢的设定显然使被调查者的选择受到限制,从而也迫使一些被调查者明知浙江、江苏之类的省份属于东部发达地区,但其可能并不愿选择所有东部发达地区,而只青睐与某一心仪的省区展开区域经济合作。此外一些问卷还直接选择了某些城市,这使我们清楚,立足在大地理概念上所做的调查研究对一些问题的反映可能是有限的。或许在许多情况下,我们对于区域经济合作问题的讨论,具体化一些可能更切合实际。我们或许更应当破除这些大区域性的概念,并在认真调研具体区域间资源禀赋、人文环境以及其他合作基础的分析之上,讨论具体区域间的经济合作问题,不应局限于青藏高原地区与东部发达地区。在有合作基础的前提下,任何区域中的任一单元,都可得接纳为区域经济合作的一方。运用一种某些被调查人并不适应的分类标准,恐怕也是问题的另一方面。

当然,这种认识并不足以让我们丧失对本课题研究的信心,我们首先认为统一标准与实践中的多样化存在本身具有张力,普遍性标准的排异反应只要被控制在可得接受的范围内即可,问题的关键可能更是对待问题的客观理解以及理性分析能力。同时,我们仍认为,青藏高原地区与东部发达地区的区域经济合作问题的研究具有典型性。展开此项研究事实上是对早已先入为主地认为是我国区域经济合作中重要合作双方的理性审视，对几成公理而事实上并非公理也不能公理化内容的探究，或许更能凸显问题。无论是对这一区域经济合作效用方面的积极肯定，还是批判分析，乃至合作模式探究、问题对策设计，都将对于展开具体单元间的区域经济合作起到非常重要的参考价值。就此而言，本论题的研究可以说更具有抽象意义上的贡献。就像在具有地方针对性立法的情况下全国性立法并不是无足轻重一样。

E选项及其注明区域中，我们也发现一些被调查者较重视青藏高原地区参与国际区域经济合作。如一些调查问卷中标明应与印度、尼泊尔、埃及等国家展开区域经济合作。我们走访中，一些被调查者也认为在青藏高原地区展开国际的区域经济合作非常必要，甚至在某些程度上效果要好于国内的区域经济合作。如一些被调查者提到的国际清真食品节，认为青藏高原地区畜牧业的发展与一些伊斯兰国家的长期贸易合作，具有明显的正相关性。一些被调查者还提到中东一些国家的铁路援建项目对青藏高原地区回族等劳动力资源的输出所具有的积极作用以及如藏族等民族民间工艺的发展与邻近国家贸易合作之间的正相关性等。但是在这些被调查者中，并没有只称赞国际区域经济合作并由此直接否认开展国内区域经济合作的。

你认为东部发达地区应当和下列哪些区域展开经济合作（　　）
A. 中部地区
B. 青藏高原地区
C. 西部其他区域
D. 东北地区
E. 其他区域（敬请在后面注明）＿＿＿＿＿＿＿＿＿＿

这一问题与前一问题原本是针对不同的被调查者，在我们进行的第一次问卷调查中，我们是将这两个问题放在针对不同区域的问卷中，即前一个问题是针对青藏高原地区被调查者设计的，后一个问题放在针对东部发达

地区调查的问卷中。但在我们做第二次调查时,将这两个问题同时放入一个问卷中,并且用同一份问卷在不同地区展开问卷调查。因为我们认为,无论是青藏高原地区还是东部发达地区的被调查者,都有自己的独立认知。虽然这种认知会受到区域的影响,如在青藏高原地区的被调查者可能就认为东部发达地区就应该和青藏高原地区而不是其他西部地区进行经济区域合作,中部地区、西部其他地区的被调查者或者也会做其所归属地区的选择,但不能因为对被调查者事先的非中立假想而放弃调查。事实上,在调查中一些很细微的因素也会影响到问题的回答,如在我们的走访中,身份的亮明也同样会得到被调查者善意但非真实的回答,这种迎合性的回答可能会影响到对问题客观性的判断,但却不足以使我们放弃调查,因为这种情形毕竟只属特殊情况。这也让我们在分析问卷及其他调查结论时更加审慎,并且力求各类调查间的相互印证。

就这一问题的统计而言,同样存在重复多选的情形,且多选问卷占到回收问卷的绝大部分(72%)。在统计中,我们也是采取先分别统计,其后做总体统计的方法。从青藏高原地区的回收问卷来看,各选项的比例排序为:B(95%)、C(89%)、A(79%)、D(74%),从东部回收问卷来看,各选项排序为:B(83.8%)、C(82.5%)、A(81%)、D(76.7%)。就 E 项的填写情况而言,东部发达地区回收问卷中的填写比例要高于青藏高原地区,前者比例为37%,后者只有25%。从所填内容来看,其中多为与一些外国地区开展国际区域经济合作,也有部分为具体选择省区的情形,后者中符合前面选项的,被分别计算在前面选项中。从问卷调查的结果来看,青藏高原地区还是被认为是东部发达地区展开区域经济合作的首选。

当然,上述数据中是否因为我们调查的重点区域是在东部发达地区和青藏高原地区,因而会导致 B 项比例较高?同时我们从东部发达地区的回收问卷来看,各项被选比例差距并不是很大。因而我们认为,单凭这一问卷数据来确定合作愿望,可能还是有一定问题的。况且,青藏高原地区与东部发达地区的区域经济合作问题本身是具有专业性的问题,对一些被调研者而言,其所作出的选择或许所依据的仅是直觉,而非对问题深度的认识和理性选择。因而问卷调查结果或许只能作态度、情绪方面的参酌,这一问题的最终判断可能尚需借助文献而展开,包括权威学者在内的多层面对话交流来理性思考。

综上我们的结论是,对于青藏高原地区与东部发达地区的区域经济合作,在民众态度方面还是具有较高的支持度,至少并不遭到排拒,因而基本上可以划归你情我愿的范畴。

二、对行为主体选择的意愿考察

你认为进行区域经济合作,主要应当在哪些主体间展开?(　　)
A. 政府与政府之间
B. 企业与企业之间
C. 政府与企业之间
D. 民间非政府组织之间
E. 其他主体之间(敬请在后面注明)_____

从回收问卷统计来看,无论是我们区分不同地区的问卷,还是进行合并统计,其比例排序没有出现变化,但从比例对比中,我们也多少能看出一些问题。青藏高原地区的问卷统计显示,各选项的比例排序为:B(94%)A(92%)D(74%)C(65%),东部发达地区的问卷统计中各选项的比例排序为:B(96%)A(81%)D(80%)C(54%)。对于这一统计数据,我们形成了如下基本认识,同时也认为有些问题值得进一步思考:

第一,从问卷统计来看,对于区域经济合作的展开,被调查者形成的共识是首先应当在企业之间展开。对于被调查者是否知晓"区域经济合作"这一概念的争论我们不得而知,但从这种选择后的结果来看,民众朴素的愿望还是建立在对市场经济的理解之上。

第二,从不同地区问卷统计来看,虽然排序没有变化,但是各项比例间还是有一些差距。我们看到,在市场化程度相对比较高的东部发达地区,在合作愿望方面更希望以企业作为展开区域经济合作的主体,而在青藏高原地区,虽然企业的选择比政府为高,但二者仅相差两个百分点。与东部发达地区比较,在企业选择方面的比例差达到 11 个百分点。这也说明在经济发展较为落后的青藏高原地区,对政府的依赖性更强一些,也是多希望或借助政府的力量来推进区域经济合作。这也给我们一定的启发,或许在区域经济合作法制建设中,在青藏高原地区也更应关注政府法制的问题,而在东部发达地区,可能借助企业内部规范效果可能会更直接一些。当然,在区域经济合作的法律构建中,无论是信赖政府力量还是凭依企业规范,二者都不能舍弃,只是从效率角度衡量,应当在法制建设中更好地把握侧重点而已。在我们的走访调查中,下述认识很值得我们在构建区域经济合作立法时予以考虑:认为在能够自由合作的区域,企业应当作为区域合作的最主要主体,而在困难合作区内,应当主要依靠地方政府的力量加以推动。

第三,对于民间非政府组织的作用,从调查所统计的比例来看,东部发达地区与青藏高原地区的反映也是有些不同。东部发达地区民间非政府组织的被选比例紧随政府被选比例,二者只有1个百分点的差距,还原为问卷数量,也不过只有4份的差距。加大问卷量的结果将会是怎样我们不得而知,但目前数据至少说明,在已经受惠于民间非政府组织的东部发达地区,对这一组织已经给予了相当的信赖,这无疑也在提示我们应当进一步加强民间非政府组织的建设,从而更好地服务于区域经济合作。

> 下列选项中,你认为哪一项最能影响到区域经济合作的成效?( )
> A. 青藏高原地区各省(区)政府的认识
> B. 东部发达地区政府的认识
> C. 青藏高原地区企业的认识
> D. 东部发达地区企业的认识
> E. 其他(敬请在后面注明)_____

这一问题旨在考察在区域经济合作中,到底何方的意识问题具有较大的影响性。从调查结果来看,D项被选比例最高(42%),其次是A项(30%),第三是B项(17%),其后是C(8%),最后是E项(3%)。这一问题的调查给了我们如下启示:

首先,我们看到,对于政府意识与企业意识并不能做出整体性的排序,在这一问题上,并不是笼统地说政府意识具有决定性或者企业意识更具决定性,而是要区分不同地区的政府和企业。在本问题的统计中,被调查人最关注的是东部发达地区的企业认识问题,或是因为东部企业更具能担负区域经济合作的重任,因而其意识便显得举足轻重,而对于青藏高原地区而言,民众对于政府的依赖性更为突出一些,是故更看重政府的态度。

其次,东部企业的认识与青藏高原地区各省(区)政府的态度具有较大影响的情况下,在我们的制度性安排中,就应当考虑到这种实际。因为企业行为中营利性特征十分明显,由此也应致力于东部地区企业现代化观念的培植,尤其是应借助外部规范(法律)及内部规范(章程)对于企业社会责任等理念进行强化,以避免在区域经济合作中只顾眼前利益,涸泽而渔,导致生态环境等诸多的问题。同时,我们也应看到,在青藏高原地区更看重政府意识的情况下,通过立法对于政府行为进行规范以及授权政府出台优惠政策加强引导都将成为问题的关键。

第三节 对合作范域选择的意愿考察

对于经济合作的领域问题,我们在调研中也是非常关注。因为这不仅是对认识的一般性考察,也是对区域经济合作中立法侧重点问题的考察。为此,我们不仅在青藏高原地区选取典型区域进行了调查,并且在东部发达地区和西部其他省份、中部地区也做了调查。同时在调查中我们不仅着重对政府公务人员和企业管理层人员做了调查,而且也走访了一些学者、民族地方的宗教人士等,并通过问卷调查使被调查对象更具有广泛性。无论在走访中还是设计的调查问卷中,我们都设计了区域合作范围的问题,也是希望在广泛的调查中较为客观地把握政府及民众对于区域经济合作领域的认识。

> 你认为与东部发达地区进行区域经济合作,应当主要在哪些方面?( )
> 1. 农林牧渔业
> 2. 工业、建筑业
> 3. 运输、邮电业
> 4. 商业
> 5. 金融业
> 6. 房地产业
> 7. 信息传输、计算机服务和软件业
> 8. 住宿和餐饮业
> 9. 租赁和商务服务业
> 10. 科学研究、技术服务和地质勘查业
> 11. 水利、环境和公共设施管理业
> 12. 教育业
> 13. 卫生、社会保障和社会福利业
> 14. 文化、体育和娱乐业
> 15. 旅游业
> 16. 其他(敬请在后面注明)＿＿＿＿＿＿＿＿＿＿＿

对于这一问题,因为在识别、记忆以及选择方面具有复杂性,因而我们采取一问多题的方式。第一次是将本题设计为任意多选题,被调查者可随意选择;第二次是设计为限选题,要求被调查者从十多个备选项中限选出五项;第三次也是设计为限选题,但要求被调查者从众多选言肢中选出自己认为最值得展开区域经济合作的一项。

一、青藏高原地区被调查者的意愿

从青藏高原地区的回收问卷统计来看,前五位排序为:工业、建筑业(87%)、商业(85%)、科学研究、技术服务和地质勘查业(79.5%)、教育(79%)、水利、环境和公共设施管理业(76%)。对青藏高原地区回收问卷进行分析,我们认为以下几点值得注意:

1. 从回收的问卷分析,在设为任选题的问题中,有73%的被调查人全选了除最后一项之外的所有选言肢,由此可见,从青藏高原被调查者的愿望来看,与东部发达地区进行区域经济合作的愿望非常强烈,这种强烈的愿望甚至表达在对合作领域的不加选择方面。可以说,许多问卷几乎是在不加思索的情形下完成的。在走访中我们也发现,许多被调查者被问及是否应当与东部发达地区合作时,也是不假思索地认为应当加强合作,并且认为在一切可能合作的领域都应开展广泛合作。这一结果除了说明青藏高原地区被调查者对与东部发达地区开展区域经济合作具有强烈的愿望之外,多少也能看出在许多人的脑海中,只要能进行合作就可以,而对于应当在哪些领域首先展开合作以及哪些合作应当是必须的和紧迫的等等问题,并没有多少理性的思考。我们认为,在理解青藏高原地区各省(区)政府及民众这一强烈合作愿望的同时,也应当关注这一现象背后隐藏的问题。因为在大家都有这种热情而普遍欠缺理性思考的情况下,很容易会引发众多的问题。这在我国改革开放之初吸引外资的经历中可以得到教训。因而,我们认为,既应当看到青藏高原地区各省(区)政府与民众的合作热情,又应当理性地判断,唯有如此,才能客观地认识问题,并为问题的解决提供客观基础。

2. 从回收的问卷调查分析,选择最多的还是工业。对于该选项的统计,我们是综合了三个问题中的被选比重。这在一定程度上反映了青藏高原地区民众对于经济发展的直觉判断,即一般都认为大型企业能参与青藏高原地区经济建设工作中,可能对青藏高原地区经济的发展能起到极大的促进作用。这一直觉性的认识中,我们认为也应当有一些问题值得进一步深入思考。一是青藏高原地区需要发展,这是毋庸置疑的,但是青藏高原地区需要什么样的发展?是不是也应当以劳动密集型的产业作为发展的领导力量?二是工业等的发展在青藏高原地区有无现实条件和基础?与青藏高原地区现实资源禀赋是否相合?青藏高原地区对工业的容纳量及生态环境极限值是多少?青藏高原地区现有的基础设施及政策环境等能否对工业的发展提供较好的支持?三是对全国整体的产业布局是否会产生消极影响?

3. 在青藏高原地区主要省份都在着力打造旅游业的背景下,旅游业未被选入前五项,也多少有些让人意外。这也在某种程度上说明民众的发展理念正在更新,已经逐渐在关注繁荣表象后面的更多问题。

二、东部发达地区被调查者的意愿

同样面对三道题的选择,东部地区回收问卷统计后产生的前五位为:科学研究、技术服务和地质勘查业(89%)、教育(83%)、水利、环境和公共设施管理业(82%)、工业和建筑业(77%)、旅游业(58%)。在其他选项中,所填入较多的是"资源开发利用""环境保护""劳务输出""轻工业""技术人才的交流与合作"。

由此我们发现,面对区域经济合作问题,东部发达地区的被调查者显得更具理性。他们显然更注重具有根本性、长期性的合作、发展领域。

在对有关区域经济合作领域的问卷分析中,我们发现,被调查者自身的背景(包括所从事职业、身份、学识)对于问题的回答具有明显的影响性。从事工业生产的人员,在合作范域中几乎必选自己身处的行业,而政府中的公务人员则在认识问题方面具有相对的理性,其选择明显具有思考的痕迹,这从我们对许多政府公务人员对于"你认为最重要的合作领域是什么"这一单项选择的回答即可以看出,我们看到许多标明身份为公务员的问卷中,所选的答案有变动的情形,这说明他们在直觉选择之外,还多少对于选言肢进行过一番比较,虽然不能就此断定问卷中的选择是其最为理性的选择,但至少可以认为,这些选择相较于一般民众而言,具有相对理性。

第三章 青藏高原地区与东部发达地区区域经济合作的现实需求解析

自改革开放以来,我国各地经济均得到长足发展,然而由于各地资源禀赋以及地理条件等的原因,在发展过程中的不平衡性逐渐显现。青藏高原地区一直以来就是经济发展水平相对滞后的地区。随着改革开放的不断深入以及社会的发展,这种不平衡性越来越突出,从而使青藏高原地区对东部发达地区的发展"心生仰慕",生成了与东部发达地区合作进而谋求发展的普遍愿望。这一愿望的生成,一是基于对自身发展现状的担忧,二是对东部发达地区发展速度以及民众生活水平的肯定与向往。

在我们的走访调查以及问卷调查中,几乎所有的被调查对象(包括企业、个人)认为青藏高原的发展滞后并且应当以东部发达地区为发展榜样。面对这一几乎是意料之中的调查结果,我们仍是认为必须做好一些问题的客观分析,避免从我们的直觉以及被调查对象的直觉来分析问题。下述解析即是围绕如下问题展开:(1)青藏高原地区是否真的经济发展滞后?(2)在哪些方面发展滞后,这些方面是否是影响发展全局性的问题?(3)是什么原因导致经济发展滞后,这些原因有无自我修复的可能性?(4)经济发展滞后究竟给整个社会的经济发展有无负面影响?这一负面影响到底有多大?是否足以推动区域经济合作?

第一节 青藏高原地区经济社会发展现状扫描

由于自然、历史、社会等多种因素的影响,青藏高原地区历来产业规模小,生产力水平低,人民群众普遍贫困。在经济方面存在如下较为突出的问题。

一、青藏高原主要地区经济结构仍显单一,生产总值位次仍处落后

青藏高原独特的地理环境及其资源条件,客观上决定了其地表资源利用的主体方式是农牧业,也即青藏高原的经济结构是以农牧业为主体的自然经济。近年来,尽管高原农牧业已经有了长足的发展,并且青藏高原地区一些省区第一产业的增长率多高于全国水平(见表3-1),但由于农牧业基础脆弱,农业总产值远低于东部发达地区(见表3-2)。同时受自然区位、资金、科技、文化、市场等因素的影响,其落后地位一直未能改变。[①]

表3-1 青藏高原主要省区与东部发达典型省份2009年生产总值对比表[②]

单位:亿元、%

地区	生产总值				第一产业增加值			
	数量	位次	增长率	位次	数量	位次	增长率	位次
全国	335353.0		8.7		35477.0		4.2	
西藏	441.4	31	12.4	13	64.0	31	3.3	25
青海	1081.3	30	10.1	23	107.4	30	5.0	8
广东	39081.6	1	9.5	27	2066.0	6	4.9	11
江苏	34061.2	2	12.4	13	2201.6	5	4.5	18

---

① 据青海省统计局统计数据显示,1999年,全国生产总值为82067.5亿元,青海238.4亿元,位居第30位,西藏105.6亿元,位居第31位;五年后的2004年,全国生产总值为136875.9亿元,青海465.7亿元,位居第29位,西藏211.5亿元,位居第31位;十年后的2009年,青海与西藏的位次仍然未变。

② 数据来源:青海省统计局、国家统计局青海调查大队编:《青海统计年鉴2010》,中国统计出版社2010年版,第539页。

表 3-2　青藏高原主要省区与东部发达典型省份 2009 年农业总产值对比表①

单位:亿元、%

地区	农林牧渔业总产值				农业产值		牧业产值	
	数量	位次	增长率	位次	数量	位次	数量	位次
全国	60361.0		4.6		30611.1		19468.4	
西藏	93.4	31	3.6	26	39.1	31	44.3	31
青海	157.3	30	5.8	4	61.3	30	90.1	27
山东	6003.1	1	4.3	23	3224.0	1	1683.8	1
江苏	3816.0	3	4.6	18	1948.2	3	874.0	9

长期以来,青藏高原地区现代工业基础薄弱,就第二、三产业增加值来看,青藏高原地区主要省区的位次仍然落后(见表 3-3)。就 2009 年统计数据来看,青藏高原地区工业增加值远低于东部发达地区,其中广东省工业增加值为西藏的近 549 倍。即使将青藏高原所涉区域的甘肃、新疆、云南、四川等全部计算在内,其工业增加值总和也比广东一省的工业增加值低 6905.6 亿元。况且将甘肃、新疆、云南、四川的工业增加值全部计入本身就是不准确的,如若仅将这些省区中属于青藏高原地区部分的工业增加值抽取出来,其总和自然更低,差距也将更大(见表 3-4)。从人均生产总值来看,青藏高原主要省区不论从数量上还是位次方面,也同样处在落后位置。据 2009 年数据显示,全国人均 GDP 数量为 25188 元,增长率为 8.2%,西藏人均 GDP 为 15295 元,位居全国第 28 位,增长率为 11.2%,位居全国第 16 位;青海人均 GDP 为 19454 元,位居全国第 22 位,增长率为 9.6%,位居全国第 23 位。② 这些都足以说明,青藏高原地区客观上属于我国经济发展的落后地区。

---

① 数据来源:青海省统计局、国家统计局青海调查大队编:《青海统计年鉴 2010》,中国统计出版社 2010 年版,第 542 页。

② 同上书,第 541 页。

表 3-3 青藏高原主要省区与东部发达典型省份 2009 年第二、三产业增加值对比表①

单位：亿元、%

地区	第二产业增加值				第三产业增加值			
	数量	位次	增长率	位次	数量	位次	增长率	位次
全国	156958.0		9.5		142918.0		8.9	
西藏	136.2	31	21.7	1	241.2	31	10.3	25
青海	575.3	29	11.3	23	398.5	30	9.8	29
广东	19270.5	1	8.7	28	17805.1	1	11.0	20
山东	19035.0	2	13.7	15	11543.7	3	10.7	23

表 3-4 青藏高原主要省区与东部发达典型省份 2009 年工业增加值等对比表②

单位：亿元、%

地区	工业增加值		利润总额		总资产贡献率	
	数量	位次	数量	位次	百分比	位次
全国	134625.0		25890.8		12.9	
西藏	32.7	31	5.6	31	5.4	31
青海	470.3	29	100.0	28	8.5	27
广东	17946.3	1	2643.1	3	11.5	15
山东	17032.7	2	3936.7	1	19.1	3

以上数据对比表明，青藏高原地区的发展具有必要性。当然，并非是说只要生产总值落于最后，就必然要谋求发展，但客观困境至少是发展需求的一个基础。从青藏高原主要省区近几年的各项经济指标增长率来看，发展的空间还是非常巨大。而从东部发达地区的情况来看，其生产总值远高于青藏高原地区，但其增长率受发展空间的局限，呈现出越往上走，步履越慢的情形。而这些又无疑说明，具有发展空间的青藏高原地区与东部发达地区之间区域经济合作的展开，对于全国经济增长将会产生重大的推动力量。

二、青藏高原地区城乡居民收入偏低，贫困问题依然严峻

自西部大开发以来，青藏高原主要省区的城乡居民收入有了较快速度的增长，但相较于东部发达地区，仍然有很大差距，无论从城镇居民收入还

---

① 数据来源：青海省统计局、国家统计局青海调查大队编：《青海统计年鉴 2010》，中国统计出版社 2010 年版，第 540 页。

② 同上书，第 545 页。

是农村居民人均收入来看,青藏高原主要省区的位次仍然居于全国后列,并且在城镇居民收入方面,东部发达地区主要省区是青藏高原主要省区的1—2倍,农村居民纯收入方面的差距更大,最大差距高达3.7倍(见表3-5、表3-6)。

表3-5 青藏高原主要省区与东部发达典型省份2009年城镇居民人均收入对比表①

单位:元、%

地区	可支配收入				消费性支出		恩格尔系数	
	数量	位次	增长率	位次	数量	位次	系数	位次
全国	17174.7		109.8		12264.6		36.5	
西藏	13544.4	26	106.9	31	9034.3	29	50.7	31
青海	12691.9	28	109.0	22	8786.5	31	40.3	25
上海	28837.8	1	108.6	25	20992.4	1	35.0	10
浙江	24610.8	3	109.7	14	16683.5	4	33.6	7

表3-6 青藏高原主要省区与东部发达典型省份2009年农村居民人均收入对比表②

单位:元、%

地区	纯收入		生活消费性支出		现金支出		恩格尔系数	
	数量	位次	数量	位次	数量	位次	系数	位次
全国	5153.2		3993.5		5694.8		41.0	
西藏	3531.7	26	2399.5	31	2489.9	31	49.6	30
青海	3346.2	29	3243.6	24	3934.9	25	38.1	12
上海	12482.9	1	9804.4	1	11261.7	3	37.1	10
浙江	10007.3	3	7731.4	3	11472.6	2	36.4	7

由于城乡居民收入水平偏低,直接影响到城乡居民消费水平的提高。从1999年至2009年,青藏高原主要地区社会消费品零售总额位次列全国最后,未曾改变过(见表3-7)。虽然在2009年统计中,西藏社会消费品零售总额增长率高达20.5%,位居全国首位,青海增长率达15.7%,也高于全国15.5%的增长率,但仍未改变青海第30、西藏第31的位次。③ 2010年青海省农牧民人均纯收入3862.68元,比上年增长15.44%;城镇居民家庭人均

---

① 数据来源:青海省统计局、国家统计局青海调查大队编:《青海统计年鉴2010》,中国统计出版社2010年版,第552页。
② 数据来源:同上书,第553页。
③ 同上书,第549页。

可支配收入13854.99元,比上年同期增长9.16%;消费性支出增幅超过可支配收入增幅0.26个百分点,人均消费性支出为9613.79元,比上年同期增长9.42%,超过可支配收入增幅0.26个百分点。① 即使如此,从根本上扭转青海贫困落后的局面,还有待时日,且需加强各方面的建设。

表3-7　西藏、青海社会消费品零售总额近十年对比表②

单位:亿元、%

地区	1999年		2004年		2009年	
	数量	位次	数量	位次	数量	位次
全国	31134.7		53950.1		132678.4	
西藏	37.9	31	63.7	31	156.6	31
青海	75.2	30	115.6	30	300.5	30

由此可见,贫困问题是青藏高原地区的主要问题,消除贫困仍是青藏高原地区长期为之奋斗的重大历史任务。并且从青藏高原主要省区来看,这一地区的贫困问题呈现出贫困面大、贫困人口多、返贫率高、贫困程度深等特点。

当然,贫困问题不只是收入低下,就贫困类型而言,学者认为应当包含收入贫困、人类贫困、信息贫困和生态贫困。③ 但无论从何种维度分析青藏高原地区的贫困问题,其结论都具有相同性。人类贫困被认为是指生存状况的贫困,缺乏基本的生存能力。其主要包括教育贫困、健康贫困、交通贫困及住房贫困等④。就这些指标而言,青藏高原主要省区正在并且还将受到

---

① 数据源自国家统计局青海调查总队统计,转引自http://xbkfs.ndrc.gov.cn/jjzb/t20110126_392531.htm(2011年7月13日访问)。

② 数据来源:青海省统计局、国家统计局青海调查大队编:《青海统计年鉴2000》、《青海统计年鉴2005》、《青海统计年鉴2010》。

③ 著名经济学家阿玛蒂亚·森即认为贫困主要是指能力不足或者权利缺失,而不只是收入低下。可参见阿玛蒂亚·森著:《贫困与饥荒》,王宇、王文玉译,商务印书馆2001年版,第24页。我国经济学家胡鞍钢教授在《〈中国减贫之路〉从贫困大国到小康社会(1949—2020)》一文指出了贫困的四个维度。转引自青海省减贫发展战略研究项目办公室:《欠发达地区科学发展之路——青海省减贫发展战略研究》,九州出版社2011年版,第18页。

④ 教育贫困定义为无法获得小学以上的教育,教育贫困人口是文盲人口和小学教育人口的总和;健康贫困是以婴儿死亡率、产妇死亡率、轻体重儿童比例及新型农村合作医疗未覆盖率等指标来衡量;交通贫困主要是将未拥有非人力交通工具(包括汽车和摩托车)作为衡量贫困的指标;住房贫困主要指无法获得现代房(即钢筋混凝土结构和砖木结构房)。详见青海省减贫发展战略研究项目办公室:《欠发达地区科学发展之路——青海省减贫发展战略研究》,九州出版社2011年版,第21—24页。

贫困问题的困扰。以青海省为例,近年来青海省教育贫困人口仍占应受教育人口的61%(见表3-8)①;基于幅员辽阔,特别是农牧区人口散居,医疗条件难以覆盖全部人口,因病致贫以及因病返贫现象还很严重;非现代住房比重在2007年还高达66.7%;交通贫困于2007年也高达34%。② 就信息贫困而言,青藏高原主要省区在知识发展方面还处在低水平,仍有一些地区未普及或覆盖互联网、电话。

表3-8 第五次人口普查青海省各种受教育程度人口和平均受教育年限表③

单位:万人、年

地区	6岁及以上人口数	各种受教育程度人数				平均受教育年限
		大专及以上	高中和中专	初中	小学	
全国	115670.03	4402.01	13828.35	42238.66	44161.34	7.62
青海	468.66	17.13	53.66	111.81	159.77	6.15

生态贫困可以说是青藏高原地区最为显著的贫困现象。④ 青藏高原绝大多数土地处于高寒地带,山地、沙漠、戈壁占总面积的四分之三左右,其中高山冰川、沙漠、戈壁、裸岩、盐碱地基本上不生长植物,不能为农牧业所利用。这类地方超过9150万公顷,占高原总面积的36.6%。海拔5000米以上多为雪山、冰川,冰雪融水成为诸多河流的发源地。5000米以下又多为高寒草甸和草原,约1.2亿公顷。其中不少是荒漠土地,高寒草甸、草原草场生产量低,每公顷不足1400公斤。年生长期只有4个月左右,且土壤厚度仅在30厘米左右,表层与草根交错盘结成草皮层,一旦草根受损,草皮极易被风蚀雨冲而退化。高原东部大通河、湟水、黄河谷地以及东南部谷地、西藏雅鲁藏布江流域及藏南谷地为农业区。可利用面积仅226.7万公顷,

---

① 据有关部门估算,2007年青海省教育贫困人口比例仍然高达57.7%,可参见青海省减贫发展战略研究项目办公室:《欠发达地区科学发展之路——青海省减贫发展战略研究》,九州出版社2011年版,第22页。

② 以上数据可参见青海省减贫发展战略研究项目办公室:《欠发达地区科学发展之路——青海省减贫发展战略研究》,九州出版社2011年版,第22—24页。

③ 数据来源:青海省统计局、国家统计局青海调查大队编:《青海统计年鉴2010》,中国统计出版社2010年版,第78页。

④ 生态贫困是指"因生态环境不断恶化,超过其承载能力而造成不能满足生活在这一区域的人们基本生存需要与再生产活动,或因自然条件恶化、自然灾害频发而造成人们基本生活与生产条件被剥夺的贫困现象"。可参见青海省减贫发展战略研究项目办公室:《欠发达地区科学发展之路——青海省减贫发展战略研究》,九州出版社2011年版,第26页。

不足总面积的1%,其中超过140万公顷已被开垦种植。这些农耕地中,自然条件和土质较好的约35%,其余耕地多在高山坡上,无法灌溉,且自然环境恶劣,易受霜雹袭击,一直靠天种植。受高海拔影响,青藏高原气候寒冷,年均气温为1.37℃,海拔4000米以上地带,年均气温在0℃以下。日照、辐射强烈,早晚温差大,多数地区属寒冷半干旱气候类型,降水量少。三分之二地区年降水量在400毫米以下,且降水分布不均,一般来说,前半年干旱,后半年降水总量达全年的80%左右。高原西北部寒冷干燥,东南部相对温暖潮湿。绝大部分地区空气稀薄,含氧量少,空气密度只有海平面的一半,含氧量只有海平面的60%—80%。① 恶劣的自然环境使青藏高原地区生态极其脆弱,也更易形成生态贫困。以青海为例,因其特殊的自然地理条件和生态环境状况,形成了若干特殊的生态贫困类型(见表3-9),生态贫困问题突出(见表3-10)。

表3-9 青海省生态贫困类型及特征一览表②

生态贫困类型	区域范围	自然灾害	生态贫困人口特征
高寒牧区贫困	果洛、玉树、海南、黄南、海北、海西6州22县155乡	干旱、80%以上草地退化、"高寒草甸—退化草甸—荒漠化"	"守着源头没水喝"、牧草资源减少
干旱山区贫困	互助、化隆、乐都、民和、平安、循化、湟中、湟源、大通、贵德、尖扎、同仁、门源	旱灾发生率65%	无地少地
沙漠化贫困	柴达木盆地和共和盆地	沙漠化	沙进人退

---

① 蒲文成主编:《青藏高原经济可持续发展研究》,青海人民出版社2004年版,第2页。
② 资料及数据来源:《青海省实施〈中国农村扶贫开发纲要〉中期评估报告》,第12—19页。本表引自青海省减贫发展战略研究项目办公室:《欠发达地区科学发展之路——青海省减贫发展战略研究》,九州出版社2011年版,第27页。

表 3-10　青海省生态贫困衡量一览表①

生态贫困地区面积及比例						
	1978	1985	1990	1995	2000	2007
生态贫困地区面积、比例及构成	生态贫困地区面积共 63.0 万平方公里,占省域面积的 88.8%。包括:高寒牧区 39.97 万平方公里;东部干旱区 2.84 万平方公里,沙漠化区 21.6 万平方公里。					
生态贫困人口(万人)	NA	NA	NA	NA	41.0	20.0
生态贫困人口比例(%)	NA	NA	NA	NA	12.2	6.1
农村人口安全饮用水未覆盖率(1978—2007)						
	1978	1985	1990	1995	2000 (1998)	2007
安全饮用水未覆盖人口(万人)	NA	NA	NA	NA	169.8	80.3
安全饮用水未覆盖率(%)	NA	NA	NA	NA	50.4	26.1

恶劣的自然环境与收入贫困的交加,极易使青藏高原地区陷入"收入贫困—向自然过度索取—生态破坏—更加贫困"的恶性循环之中。在生态环境保护具有外部性,且收入贫困已是青藏高原地区不争的事实之前提下,生态保护受惠方尤其是东部发达地区参与青藏高原地区生态保护建设就不仅是意志问题,而且是义务与责任的问题,这也使得青藏高原地区与东部发达地区的区域经济合作在一定程度上表现为权利与义务的范畴。

三、青藏高原地区自身发育程度低,对外依附性强

从某种程度上讲,市场发育是市场经济体制构建和运行机制形成的重要标志,市场发育水平和程度可以刻画出经济体制改革的深度与力度。② 与东部发达地区的市场发育状况相较,青藏高原地区市场发育严重不足。

青藏高原地区限于特殊的历史状况和地理环境,地方财政自给率低,仅

---

① 本表引自青海省减贫发展战略研究项目办公室:《欠发达地区科学发展之路——青海省减贫发展战略研究》,九州出版社 2011 年版,第 27 页。
② 程超泽著:《中国经济:增长的极限》,江苏文艺出版社 2002 年版,第 112 页。

靠自身发展受到许多客观条件的限制。因此,长期以来一直靠中央和发达地区的帮助。这种发展中的"输血"机制使得青藏高原地区对外依存度最大。在全国所有省区中,西藏对外的依存度最高。据统计,1999 年西藏固定资产投资总额为 56.60 亿元,投资主要依靠国家。1999 年全区基本建设总投资为 47.46 亿元,其中国家内预算资金 24.84 亿元,占总投资的 52%。基本建设的资金主要来自国家财政、中央部委的拨款的对口支援省市的投资,自筹资金只占 35.95%。① 十年后的数据显示,2009 年底以来,西藏总投资达 316.5 亿元。截至 2011 年 7 月,已累计完成投资 127 亿元。② 但无论是其中的已建成项目还是在建项目,仍然主要依靠国家财政及区外援建投资。即使如此,与东部发达地区相较,青藏高原主要省区在固定资产投资方面具有很大差距。(见表 3-11)

表 3-11 青藏高原主要省区与东部发达典型省份 2009 年固定资产投资对比表③

单位:亿元、%

地区	全社会固定资产投资				城镇固定资产投资		农村固定资产投资	
	数量	位次	增长率	位次	数量	位次	数量	位次
全国	224845.6		30.1		194138.6		30707.0	
西藏	379.4	31	22.4	25	328.7	31	50.8	30
青海	800.5	30	37.3	12	616.3	30	184.2	27
山东	19034.5	1	23.3	23	15439.1	1	3595.4	2
江苏	18950.0	2	23.9	22	14266.9	2	4683.1	1

第二节 青藏高原地区经济滞后的原因分析

就青藏高原地区经济滞后原因解析的论述较多,大多也是沿着内因和外因等方面进行分析。但需说明的是,在青藏高原地区经济滞后性分析中,

---

① 蒲文成主编:《青藏高原经济可持续发展研究》,青海人民出版社 2004 年版,第 73—74 页。
② 数据来源:中国西藏新闻网,转引自 http://xbkfs.ndrc.gov.cn/jjzb/t20100826_367678.htm (2011 年 7 月 24 日访问)。
③ 数据来源:青海省统计局、国家统计局青海调查大队编:《青海统计年鉴 2010》,中国统计出版社 2010 年版,第 545 页。

我们会发现,内因与外因的密切相关性。同时,从区域经济合作的角度对于这些原因进行初步分析,是一个较新的视角。能从这个角度更深一步观察问题、分析问题,是我们再次梳理青藏高原地区经济滞后原因的初衷。无论是外在的原因还是内在的原因,我们都基于如下两点进行审视:一是看这一外在的或内在的原因,青藏高原地区自身有无自信能够凭借努力加以改变?有无能力加以改变?二是假设开展与东部发达地区的区域经济合作,导致滞后的消极因素能否被弥补、消除或更替为良性因子?

一、恶劣的自然条件是外在的、客观的制约因素

前述对青藏高原自然地理条件的描述表明,青藏高原地区并不具备良好的地缘优势。在计划经济体制中,地缘特征虽然对经济发展具有一定影响,但以行政意志为依据的经济运作完全可以忽略地缘因素限制。如"三线"建设期间,资本大规模地向西部地区注入的事实足以表明这一点。但随着以市场为取向的改革逐步深入,地缘因素对经济的影响日益突出。在市场配置资源情况下,一方面地理以及与之紧密相关的交通、通讯条件对经济运行有着重要影响,它直接决定着资源配置的广延度,决定着产品的市场半径。另一方面,与地理因素相关的经济发展水平也在很大程度上决定着资源配置的流向。① 因此,青藏高原严酷的自然环境,将该地区社会经济的发展长期限制在极低的数量级上。这种自然及地域环境的影响因素,由于是客观的、外在的,因而对其的改变绝非一招致效,更非一夕之功。虽然在诸多方面尚有作为之处,但一些问题的解决可能并非以某人的意志为转移。就此而言,青藏高原地区经济滞后带有非常大的必然性,单凭落后的青藏高原地区民众来自我克服并最终扭转局面可能是一个遥不可及的预期。

二、政策偏向也是不容忽视的因素之一

我国地区发展不平衡问题除地理环境因素外,不能忽略区域差异中人为政策与制度因素。有学者认为,造成区域经济非均衡发展的原因主要有历史、自然条件、市场机制和政府的非均衡发展的区域政策等方面。② 但我

---

① 程超泽著:《中国经济:增长的极限》,江苏文艺出版社2002年版,第121—122页。
② 王红一:《中国法学会经济法学研究会2004年年会综述》,载《中国法学》2005年第1期。

们认为,就我国目前而言,除历史、区位、市场因素外,区域间经济发展差距不断拉大,应该说是二十多年以来国家相继出台的一系列改革开放政策不断推进的结果。新中国建立后即实施非均衡发展战略和赶超战略。该战略的指导思想是节衣缩食,以农补工,促进农村资源向城市和工业转移,农民和农业剩余向国家集中,不惜一切代价完成工商资本的原始积累,快速实现富国强民的战略目标。在此过程中,20世纪60年代还同步实施了西线开发战略,此后在梯度理论指导下,中国发展战略、发展重点和发展实施进行了战略大转移,这就是中国政府著名的长达十几年之久的政策与资金大跨度地向沿海地区"双倾斜"政策。① 70年代末期集中全国的资源重点发展珠江三角洲,80年代末期倾力打造长江三角洲,90年代中期重点建设京津唐及渤海三角地带,90年代末期实施西部大开发,2003年又提出了振兴东北等老工业基地的规划。国家投资重点的东移,无疑人为地加大了东西差距,对长期依靠国家投资的青藏高原地区经济发展产生了重要影响。正因为如此,学者们根据我国地区经济发展的现状和特点,以地域划分方法将沿海和内地分为东、中、西三大地带,即东部地带基本达到或接近"成熟型",中部和近西部大体属于"成长型",远西部则属于"开发型"或"待开发型"。② 多年的非均衡发展战略,成绩斐然的同时,也导致了作为世界上海拔最高、江河湿地面积最大、生物多样性最为集中的青藏高原地区,生态环境日趋恶化,灾害频繁,生态系统极其脆弱,严重影响着长江、黄河、澜沧江中下游地区的经济社会发展和人民群众的生产生活安全。从2009年人均GDP来看,上海为78225元,是西藏自治区人均GDP的5.1倍,是青海省人均GDP的4倍。而从历史来看,这一倍率呈上升趋势,即差距越来越大。③ 因而从某种意义上讲,青藏高原地区与东部发达地区间经济发展差距不断拉大的现状,是二十多年以来国家相继出台的一系列改革开放政策不断推进的结果。东

---

① 国家投资的重点开始逐步转移到沿海地区,在财政、金融、价格、工资等方面对沿海一些地区实行倾斜政策,如从1981年到1995年,东南沿海地区国有单位固定资产投资占全国的比重由45.91%上升到54.27%,15年内增加了8.36个百分点;而西部地区则由17.49%下降到14.27%,下降了3.22个百分点。

② 周国富:《中国经济发展中的地区差距问题研究》,东北财经大学出版社2001年版,第21页。

③ 青海省统计局、国家统计局青海调查大队编:《青海统计年鉴2010》,中国统计出版社2010年版,第541页。

部发达地区经济增长的主要动力是以先入为主的时序优势、制度安排的特许权、优惠的产业政策、庞大的国家投资、廉价的土地资源、得天独厚的区位优势和已经成熟的竞争优势为基础。在不断拉大与青藏高原地区的经济差距的同时,东部发达地区经济社会的可持续发展在区域统筹协调力、资源整合力、政策矫治力、生态支撑力、人文保障力等方面持续弱化。

在西部大开发的战略举措实施过程中,青藏高原地区也在充分利用中央所给予的倾斜政策,同时本地区也积极出台一些优惠政策。但由于市场经济条件下的西部大开发,已经不同于东部地区发展时的情形,经济要素的流动和资源配置主要依靠市场进行,在这种情况下,西部如果不能搞好自身软硬环境的建设,其所具有的资源方面的优势很难得到发挥。另一方面,在青藏高原利用西部开发的战略积极通过优惠政策吸引投资过程中,虽然取得了一定成效,但其间也不无失误。如对青藏铁路建设项目免征砂石黏土资源税等地方税,城建税税率由5%改为1%;涉及国家规定的收费项目,青海省积极争取减免;对铁路建设采料、用水免收地方所得矿产资源补偿费和水资源费,并提供电价优惠;土石方工程按同类工程最低价进行劳务投入,需建的房屋工程按当时当地同类工程最低造价承建,并确保工程质量等等。这些优惠政策被认为不仅没有必要,甚至对于铁路的建设起到负面作用。①

三、青藏高原经济滞后的另一重要因素是结构障碍

自20世纪80年代以来,沿海地区经济的增长主要依靠非国有经济,而

---

① 第一,青海省经济落后、实力较弱,是靠补贴过日子的"吃饭财政",修建青藏铁路本来是拉动地方财税增长、促进经济发展的极为难得的机遇,而优惠政策使税收流失,影响了地方财政收入,削弱了西部大开发中国家项目带动地方经济发展的应有作用,不利于尽快缩小东西部差距;第二,当前铁路建设的经济环境已经发生变化。国家是在市场经济环境中确定青藏铁路建设线路、建设费用概算的,不存在铁路建设费用不足需要地方政府通过税收减让的问题;第三,各工程局及施工单位都是以营利为目的的,它根据施工标价进行投标,中标本身就是有利可图,同样也不需要地方政府给予税收减让;第四,铁路建设施工单位不同于招商引资,他们完成铁路建设任务后就转战到其他项目,不同于通过地方政策扶持,降低经营成本来招商引资;第五,政府承诺"按最低价进行劳务投入,按最低造价进行承包建设"忽视了市场原则,应该回到市场规范的秩序内按市场规律办事;第六,对砂石开采的优惠政策在一定程度上带来了生态安全问题。此外,由于青藏两省区与铁路基础设施相关产业的关联度、紧密度不高,甚至中断,使得产业发展的联系效应、乘数效应大大减弱,因而对经济的拉动效应大大降低。可参见中国国民党革命委员会中央委员会:《关于西部大开发战略在青海实施中若干情况的反映和建议》,载 http://www.minge.gov.cn/chinese/pplrevo/politics/13951.doc(2010年4月15日访问)。

青藏高原地区则主要依靠国有经济。① 国有经济比重过大，加之改革滞后，国有企业基本上尚未搞活，于是企业缺乏活力，降低了整体经济发展速度。另一方面，非公有制经济发展水平较低，表现在：一是非公有制经济在量上低于沿海省区；二是非公有制经济占外商投资企业较少；三是非公有企业发展进程十分缓慢。从增长格局看，国有经济比重与经济发展速度存在一定的反比关系。正是由于所有制结构的差异，非国有经济比重较大的青藏高原地区经济发展缓慢，从而与东部发达地区经济发展的差距越拉越大。

而就产业结构而言，青藏高原地区产业结构建立和完善都比较晚，存在明显的失衡现象。东部发达地区产业结构调整明显，如广东省在2010年第一、二、三产业分别同比增长4.4%、14.5%和10.1%，产业结构呈螺旋式上升，三次产业结构为5.0∶50.4∶44.6，第三产业比重比2008年提高0.3个百分点。其中，先进制造业和高技术产业发展较快，两大类产业占规模以上工业增加值的比重由2009年的66.1%上升到2010年的67.8%。② 而青藏高原地区则进程缓慢。以青海为例，第一产业中的从业人口仍占总从业人口的近一半，第二产业的从业人员占总从业人口的比例不到20%；第二产业中重工业所占比重高达95%，且以能源、原材料工业为主，劳动力需求较高的轻工业份额较小，青海省第三产业的比重明显低于全国平均水平。③ "十五"以来，青海省相继投产一些重大工业项目，如百万吨钾肥工程、公伯峡、拉西瓦、直岗拉卡、康杨等一批大中型水电站、涩—宁—兰天然气输送管道、90万吨纯碱、盐湖提锂及资源综合利用、30万吨天青石采选、赛什塘铜矿等，这些项目都是以资源为依托，虽然对青海经济发展起到了拉动作用，但经济发展对自然资源消耗过高，对自然生态干扰较大。仅2005年1—9月青海单位生产总值能耗是全国水平的2倍，物耗水平依然较高。同时，资源

---

① 青海省统计局根据2004年第一次经济普查的数据测算，2004年全省经济总量为466.1亿元，其中公有经济完成359.45亿元，占77.12%；非公有经济完成106.65亿元，仅占22.88%。可参见《青海日报》2006年3月26日。
② 信息来源：国家发展与改革委员会地区经济司子站，http://www.sdpc.gov.cn/dqjj/qyzc/t20110225_396892.htm(2011年3月17日访问)。
③ 青海省减贫发展战略研究项目办公室：《欠发达地区科学发展之路——青海省减贫发展战略研究》，九州出版社2011年版，第31页。

开发回采率低,综合利用水平较差。① 就新兴产业而言,青藏高原地区相较于东部发达地区,呈现出总量小、技术水平低,生产能力难以提高、发展缓慢等特点。随着市场经济的加速发展,市场竞争日趋激烈,市场产业分工也将大幅度调整。青藏高原地区如不能适应市场的这一重大变化,势必出现传统产业萎缩,新兴产业难以发展的局面。青藏高原地区虽然具有后发优势,但在经济结构调整方面,单靠自身的努力远不能改变缓慢的局面。在青藏高原主要省区近年来经济增长势头迅速,诸多增长率位居全国前列的背景下,求"好"而不是求"快"应当是在经济发展中贯彻的首要理念,但在求"好"并且看"好"之际,仍应借助区域经济合作并在稳健发展的基础上加快对产业结构的调整。

四、资金瓶颈是青藏高原经济发展滞后的重要原因

青藏高原地区在借西部大开发战略的东风,积极发展经济过程中,在基础设施、生态环境和经济发展都取得了一定的成绩。这些成绩从纵向即历史角度来看,非常明显,但若横向比较,则仍然存在较大差距。就本课题组走访及问卷调查来看,位居青藏高原的企业有85%以上认为发展的障碍是资金供给方面的问题。我们认为,青藏高原地区经济融资渠道不畅,导致这一地区资本形成能力不足,是制约经济发展的重要因素。而融资制度安排不足、青藏高原地区企业产业结构水平低下和政府职能转变滞后是青藏高原难以生成有效资本形成机制的深层原因和症结所在。

第一,青藏高原地区本身造血能力低下,很难实现自我良性供给。青藏高原地区的大型企业多集聚于资源、能源方面,这些产业的加工链较短,技术附加值低,从而也使企业利润率明显偏低,也使经济发展过分依赖资源开发。受工业技术水平低、公有制经济与非公有制经济发展比例失衡、第三产业发展滞后、市场发育程度低等的影响,致使青藏高原地区整体的资金收益率水平低下,资本形成能力难以提高。

第二,国家对青藏高原地区的资金投入尚不能满足这一地区经济发展的需要。一是青藏高原地区自身资本积累能力有限,地方政府财政投入不

---

① 参见景晖等主编:《2005—2006青海经济社会形势分析与预测》,青海人民出版社2006年版,第11页。

足。由于受 GDP、人均收入、财政收入水平的制约,青藏高原地区资本自我积累率很低。青藏高原地区由于经济发展长期落后,地方政府财政收支状况十分拮据,致使不可能有更多的资金用于投资。二是中央政府的直接投资远远低于东部。在非均衡发展战略及向东部倾斜的投资政策影响下,国家一度对西部投资很少。虽然最近数据显示,2011 年上半年,中、西部地区投资分别增长 31% 和 29.2%,增速分别比全国投资增速高 5.4 和 3.6 个百分点。中西部地区占全国固定资产投资(不含农户)比重从去年同期的 47.7% 提高到 49.3%。东部地区投资增长 22.6%,增速比全国低 3 个百分点。① 但基于 20 世纪 80 年代到 90 年代,全国基本建设投资总额中,投放在东部地区的,大约为西部地区的 3 倍左右,因而从实质上转变投资倾向还有待时日。

第三,青藏高原地区自身吸引外部资金能力弱。通过吸引区域外部资金的流入应是获取发展资金的重要渠道。但由于资本收益率低以及投资环境不佳等原因,青藏高原地区吸引外部资金能力较弱。以吸收外资为例,2009 年江苏省协议利用外资 509.8 亿美元,实际利用外资 253.2 亿美元②;而同年青海省外方直接投资合同金额仅有 3.0835 亿美元,并且从近年数据分析,其增长缓慢。③ 不仅如此,青藏高原地区资金还出现外流现象:一是银行资金以贷款和拆借方式流向东部,证券交易的部分交易资金和部分保证金流向东部;二是青藏高原地区从东部高价购买加工制成品而流失大量资金。

第四,青藏高原地区经济间接融资能力弱,影响了资本形成。以银行为主的信贷融资,是我国目前主要的间接融资形式。从目前情况来看,国内主要银行机构总部设在北京、上海、深圳等经济发达或东部地区,使东部地区的金融机构,体系较为完善,金融市场较为发达,资金在东部形成了较好的

---

① 信息来源:国家发展与改革委员会固定资产投资司子站,http://www.sdpc.gov.cn/gdzctz/tzyj/t20110721_424207.htm(2011 年 7 月 25 日访问)。

② 信息来源:国家发展与改革委员会外资金利用司子站,http://www.sdpc.gov.cn/wzly/dfdt/t20100316_335013.htm(2011 年 7 月 25 日访问)。

③ 青海外方直接投资合同金额 2006 年为 38057 万美元,2007 年为 41601 万美元,2008 年为 30899 万美元,2009 年为 30835 万美元。可参见青海省统计局、国家统计局青海调查大队编:《青海统计年鉴 2010》,中国统计出版社 2010 年版,第 411 页。

聚集效应。加之近年来,国有银行纷纷提出"双大"、"双优"和"中心城市优先发展"的信贷战略,致使大型商业银行逐步从一般中小型企业和非中心城区内退出。青藏高原县域经济中因其他中小金融机构缺位而出现金融网点减少的现象。在我们走访调查中,青海许多乡镇所设的工商银行和建设银行都逐渐退出,主要在县级以上设立。这进一步造成青藏高原这一地区间接融资体系的不健全,使得通过银行等金融机构获取融资的能力大大削弱。

第五,青藏高原地区的直接融资机制发展缓慢。上海和深圳证券交易所,是我国目前直接融资市场的主要场所,它们均在东部发达城市。上述两个证券交易所的建立,形成了极强的区域资金聚集效应,对证券交易所所在地和周边地区的经济发展产生了很好的带动作用。而从青藏高原主要省区企业来看,规模企业本身较少,百强企业中青藏高原地区的企业无缘其中。除此之外,青藏高原地区主要省区中,青海只有十家上市公司,西藏也只有九家。① 这也使青藏高原地区的企业从资本市场寻求输血的愿望较难实现。

综上可见,青藏高原地区本为贫困落后地区,其自身造血能力极弱,而其发展又急需外部资金的支持,但现有机制与环境均不如意。在此困境之中,或许通过与东部发达地区的区域经济合作,能使青藏高原地区走出一条又好又快的发展之路。

五、交通等基础设施薄弱也是青藏高原地区经济发展滞后的重要制约因素

青藏高原地处偏远,地形以高原、荒漠、戈壁等为主,自然条件十分恶劣,兼之长期以来又受历史、社会、经济发展等诸多因素的影响,历史上一直是我国交通闭塞的地区。新中国成立后,经过多年建设,尤其是改革开放以及西部大开发战略的实施和推进,青藏高原地区交通闭塞、出行不便、资源

---

① 青海省的上市公司目前只有十家之多,即盐湖钾肥、ST 东盛、青海华鼎、西宁特钢、ST 金瑞、青海明胶、盐湖集团、三普药业、ST 贤成和西部矿业;西藏上市公司屈指可数,只有五洲明珠股份有限公司、西藏旅游股份有限公司、西藏奇正藏药股份有限公司、西藏发展股份有限公司、西藏矿业股份有限公司、西藏天路股份有限公司、西藏诺迪康股份有限公司、西藏珠峰摩托工业股份有限公司、西藏城市投资发展股份有限公司等九家。可参见中国证券监督管理委员会编:《中国上市公司年鉴2010》,中国经济出版社2011年版,第509—510页。

交流困难的状况已经有了较大改观,铁路、公路、民航、管道等多种现代化运输方式都有了不同程度的发展①,初步形成了青藏高原地区的综合交通网络大骨架,交通运输条件有了明显的改善,对促进青藏高原地区经济、社会发展,扩大对外开放,发展旅游业以及脱贫减困等起着十分重要的作用。但与全国总体水平相比,尤其是与东部沿海经济发达地区相比,还有很大差距,综合运输能力严重不足。综合交通基础设施不仅数量少而且分布严重不均,综合交通网络十分单薄,结构尚不合理,而且技术装备水平不高,布局尚未完全展开,抗灾能力弱,运输系统十分脆弱。由于交通设施的不足,加剧了青藏高原地区的封闭性与偏远性,一方面对外联系困难,使资源优势难以变成市场优势,另一方面使投资环境质量低下,难以吸引外部力量开发区内资源,延缓了开发进程,同时,还阻碍着西部地区的物流、人员等的畅顺流动,形成经济运行高耗低效,严重制约着青藏高原地区社会经济的发展。

  国内外交通与经济发展的实践表明,二者之间存在着极强的相关性。②区域经济的发展产生更多的交通需求,在要求交通高速度、高质量发展的同时,也为交通的建设与发展奠定了必要的物质基础;交通作为社会经济系统的重要组成部分,在某些情况下,可以推动生产力的发展,对社会经济的发展起到一种引导和拉动作用。交通建设可以引入和激活相关区域的资源要素,拉动和创造交通需求,沟通区域间的联系并带动区域社会经济的发展。因此交通建设与区域经济发展之间具有相互推拉、交互作用的关系。就青藏高原地区而言,交通落后是制约这一区域经济发展的主要因素,因而加强这一区域的交通建设更是具有重要的现实意义。

  首先,交通建设能改善青藏高原地区的投资环境,促进经济开发与发展。所有发达区域在工业化前期都通过大规模的交通运输建设,降低位移成本,使资源更经济和有效地结合起来,扩大贸易市场,有效引导区域发展。

---

  ① 输油气管道也是青藏高原地区综合运输网络中的一种运输方式,其对合理利用运能、缓解铁路运能压力,优化完善综合运输体系等具有重要作用,同时对将青藏高原特有的资源转化为经济效益,拉动相关产业的发展也将起到促进作用。

  ② 目前交通建设促进了经济发展这一观点已被普遍接受,多认为区域社会经济发展与该区域交通状况有着直接的、复杂的内在联系。可参见董小林著:《公路建设项目社会环境影响评价》,人民交通出版社2000年版,第56页。

在剧烈的市场竞争条件下,时间价值越来越重要。方便而迅捷的交通对于一个市场的成长无疑具有至关重要的作用。① 而由于历史等原因,青藏高原地区历来交通闭塞,但这一区域又是资源较为丰富的地区。资源的利用者或主要市场区都在本区域之外,因而使得交通在这一区域显得十分重要。同时,青藏高原地区也具有丰富的旅游资源②,但旅游观光业的主要客源地也在我国中东部地区,这也决定了青藏高原地区的发展必须凭借交通区位优势,才能发挥产业优势,形成劳动力的专业化方向和产业部门生产方式的进步,而交通条件的便捷性、通达性是满足产业分工与协作的关键。再者,青藏高原地区本身经济不发达,对于劳动力的吸纳能力极为有限,致使这一区域外出务工人员逐年增多,从而对旅客运输,特别是长途客运需求量增大,但目前的综合交通难以满足。因此改善青藏高原地区的交通环境,可以吸引众多的国内外投资者,从而迅速有效地促进这一区域的资源开发,使该区域蕴藏的土地、矿产、森林、水源、旅游等巨大的资源潜力变为现实的生产力,并能保证人员、物资有序流动,从而带动区域经济的快速发展。

其次,由于青藏高原地区是少数民族聚居地,少数民族人口占该区域的比重在50%左右③,基于交通不便,这一区域长期处于闭塞状态,经济原本就不发达。近年来,东部已进入自我发展、自我积累的良性循环阶段,东西部的差距在进一步拉大。国外敌对势力也一直都在对青藏高原地区少数民

---

① 英国经济学家拉德纳的研究表明交通运输设施可以有效地扩大市场范围,生产者将运输距离减少一半可使市场范围扩大4倍。可参见沙治慧:《西部大开发继续推进中的公共投资研究》,四川大学2005年博士学位论文,第79页。

② 青藏高原旅游资源丰富并极具高原特色和民族风情。其中青海湖鸟岛、孟达自然保护区、藏传佛教著名寺院布达拉宫、塔尔寺等都是国内具有垄断性的旅游资源。根据全球多家杂志多次评选结果而得出的本世纪十大旅游热点中,"神秘高原西藏"位列其中。中国西部共有2个,另一个是"神秘禁地罗布泊"。

③ 其中据2009年统计,青海少数民族人口总计为2581414人,占全省人口的比重为46.32%。事实上,从2005年到2009年,这一比重一直未曾改变。可参见青海省统计局、国家统计局青海调查大队编:《青海统计年鉴2010》,中国统计出版社2010年版,第96页。从青海省统计局召开的第六次人口普查新闻发布会数据来看,少数民族人口比重提高到46.98%。可参见新华网,http://news.xinhuanet.com/2011-05/06/c_121386053.htm(2011年8月12日访问)。而西藏自治区统计局2011年5月公布的西藏第六次全国人口普查主要数据显示,西藏常住人口为3002166人,藏族和其他少数民族人口占91.38%。可参见新华网,http://news.xinhuanet.com/2011-05/05/c_121380300.htm(2011年8月12日访问)。

族搞渗透和分裂活动,如果不加快这一区域经济的发展,地区差距、贫富差距继续扩大,就会直接影响社会稳定和社会主义现代化建设进程。因此,加快交通建设,促进西部地区经济发展,是维护民族团结和边疆稳定、加强国防建设的客观需要。

最后,交通条件的改善,可以降低运输成本,缩短运输时间,减少交通事故,同时可扩大市场边界,增强区域经济的影响力和辐射力,加快市场流动和交换的步伐,并促进房地产开发、商贸流通、旅游等新兴产业的发展以及地区产业结构的调整,改变区域投资环境,调整生产力布局,提高区域范围内的聚集经济效应。对于青藏高原地区这一经济贫困区域而言,加快交通建设不仅能发挥如上作用,同时青藏高原地区交通建设还具有扶贫方面的重要贡献。交通建设过程中,交通建设不仅可以带动相关产业,促进经济增长,而且还具有间接拉动作用。如铁路沿线、公路沿线经济带、产业带,或者以交通运输干线为轴线形成"经济走廊"或"通道经济"等的形成。并且交通建设本身可为建设地带来的就业、创利等方面的积极效应。这对消除地区差别和城乡差别,保障青藏高原地区少数民族生存权和发展权等具有十分重要的法律意义。① 在我国现今城市化进程中,青藏高原地区因其地广人稀的特点,城市化进程相对缓慢,但交通建设的发展,在城市化进程中所起到的作用是非常明显的。交通条件的改善尤其是农村公路通达性的逐步提高也加快农村人口涌入城市的步伐,推动了城市化的进程。

上述交通建设重要意义的阐述无疑说明青藏高原地区应将交通建设问题作为经济发展、区域稳定、民族团结和发展的重要基础性工作。而从现今青藏高原地区的交通现状来看,较为明显地存在如下问题:第一,青藏高原地区仍以公路交通为主,同时各种运输方式之间并没有形成实现资源共享,其相互衔接性仍然较差;第二,当前交通基础设施总量严重不足,总体水平低下,覆盖面小,通达性差;第三,从青藏高原地区最为基础也最为重要的公路交通来看,也明显存在路网密度低、等级低和通达程度

---

① 经济发展对于保障少数民族生存权与发展权具有重要的法律意义。而交通建设对经济发展所具有的鲜明贡献,使得交通建设对于少数民族生存权、发展权的保障可谓功不可没。于少数民族生存权、发展权与经济发展间关系的相关论述可参见周忠瑜等著:《少数民族权利保障研究》,中央文献出版社2006年版,第95页以下。

低等问题;第四,由于青藏高原地区目前的经济改革正处于由传统农业经济向现代工业经济和由计划经济体制向市场经济体制转变的过程中,交通市场化水平较低,交通管理体制尚有待改进,尤其是青藏高原地区交通的法制化尚未形成,未能对交通问题作出专门规范,进而严重影响到交通事业的进一步发展。①

综上可见,青藏高原地区交通问题同样是制约经济发展的基础性问题,但基于民族性而存在的传统文化与交通发展之间存有的张力现象,以及基于经济落后、建设资金紧张而又客观存在的失地农牧民权益保护问题等等,都无疑是摆在交通建设面前的道道难题。展开与东部发达地区的区域经济合作或是难题破解之道。

第三节 青藏高原地区经济滞后的效应分析

作为中国社会经济的重要组成部分,青藏高原地区经济发展与沿海地区形成的差距不仅仅影响其本身,而且还影响到全国。这种影响可分为两类:一是总量上的影响,即青藏高原地区落后的经济发展的水平拉低了全国人均收入量;二是关联性影响,即在社会整体发展格局中,青藏高原地区相对落后于其他地区,以致形成对全局的制约。这种影响主要在如下几个方面:

第一,青藏高原地区的发展差距制约着中国第三产业发展。近些年来,由于青藏高原地区与沿海等地区发展差距拉大,沿海地区与青藏高原地区投资回报形成了较大势差,这在一定程度上减弱了青藏高原地区工业化的原始积累能力,延缓了青藏高原地区非农产业进程。自然,这种结果又制约着中国第三产业发展的速度。②

第二,青藏高原地区的发展差距制约着中国统一市场的发展与形成。这在两层意义上体现出来:(1)青藏高原地区的投资需求和消费需求在很

---

① 可参见周继红、马旭东:《论青藏高原交通立法与私权保护》,载《西北民族研究》2008年第3期。
② 参见程超泽著:《中国经济:增长的极限》,江苏文艺出版社2002年版,第131—132页。

大程度上决定着全国市场发育程度。由于青藏高原地区恶劣的自然条件,如海拔高、氧气缺乏、地势复杂、气候寒冷、人口稀少等,限制了其经济与社会全面发展。长期以来,青藏高原地区的经济与社会发展速度一直比较缓慢,也难以形成自我发展的能力。且经济发展相对落后,人均国民生产总值增长率低,固定资产投资增长率低,人均实际收入水平低,有效需求不足。尤其是青藏高原地区广大农牧业区,市场化水平很低,甚至可以说根本就没有脱离出自然经济状态。因此,中国市场的整体发育水平受到颇大影响。(2)青藏高原地区发展滞后又影响着基础工业产品同加工工业产品、农产品与工业产品比价的合理调整,从而对统一市场的发育与成长带来明显的影响。

第三,青藏高原地区的发展差距关系到国家的安全与社会的稳定。尽管青藏高原地区比十多年前取得了巨大进步,但由于各地区经济成长率差异甚大,将不可避免地产生一系列经济社会政治后果。沿海地区发展迅速,出口贸易成长很快,而青藏高原地区农业落后、人口增长、环境恶化、投资不足等等。若任由各地区差距和收入水平扩大化,会造成社会不满情绪和不稳定因素,并有可能影响社会稳定与安全。青藏高原地区是多民族聚居的地区,尤其西藏更是中国国防安全的重要屏障,有着广阔的边境线,而从藏区和藏传佛教所影响的范围来看,更是覆盖了三分之二以上的边境长度。基于其对国家安全所具有的重要意义,青藏高原地区的发展不能单纯从区域经济自身的发展来考虑,而必须放到关系国家安全的高度来定位和构架,走国家特殊扶持、促进经济与环境协调发展的道路。

第四,从经济发展与青藏高原地区减贫之间的正相关性而言,无论是针对收入贫困,还是人类贫困、信息贫困以及生态贫困,青藏高原地区经济的滞后都将直接影响到青藏高原地区的减贫效果。(见表3-12、表3-13、表3-14、表3-15)

由表3-12可见,在1978年至2007年,绝对贫困人口负弹性系数达到0.94,经济每增长1个百分点,绝对贫困人口就减少0.94%;国内线贫困人口负弹性系数达到0.75,经济每增长1个百分点,国内线贫困人口减少0.75%;国际线贫困人口负弹性系数为0.20,经济每增长1个百分点,国际线贫困人口减少0.2%。

表 3-12　青海省经济增长与收入贫困减贫的关系(1978—2007)①

	1978—1985	1986—1990	1991—1995	1996—2000	2001—2007	1978—2007
GDP平均增幅(%)	11.2	5.3	7.6	8.8	12.1	9.3
绝对贫困人口减少率(%)	12.2	14	1.3	-5.1	19	8.7
国内线贫困人口减少率(%)	6.3	12	-12	0.1	17.4	7
国际线贫困人口减少率(%)	1.4	-1.8	-0.8	1.0	7.3	1.9
绝对贫困人口负弹性	1.09	2.64	0.17	-0.58	1.57	0.94
国内线贫困人口负弹性	0.56	2.26	-1.58	0.01	1.44	0.75
国际线贫困人口负弹性	0.13	-0.34	-0.11	0.11	0.60	0.20

由表 3-13 可见,经济每增长 1%,住房贫困人口与交通贫困人口分别减少 0.11% 和 0.35%,新型农村合作医疗未覆盖率的降低更是明显与经济增长有关。教育贫困人口的减少之所以未与经济增长呈现明显的高相关性,被认为与教育贫困人口本身的内涵有关系,但这并不表明经济增长对教育减贫没有作用。

表 3-13　青海省经济增长与人类贫困减贫的关系(1978—2007)②

	1978—1985	1986—1990	1991—1995	1996—2000	2001—2007	1978—2007
GDP平均增幅(%)	11.2	5.3	7.6	8.8	12.1	9.3
教育贫困人口减少率(%)	3.4	-0.4	NA	NA	-3.7	0.1
新农合未覆盖人口减少率(%)	2.8	-2.8	-1.6	30	16.3	9.9
住房贫困人口减少率(%)	2.4	-1.3	-1.1	-0.8	-4.0	1.0
交通贫困人口减少率(%)	1.4	-1.2	-1.3	1.0	12.6	3.3
教育贫困人口负弹性	0.30	-0.08	NA	NA	-0.31	0.01
新农合未覆盖人口负弹性	0.25	-0.53	-0.21	3.41	1.35	1.06
住房贫困人口负弹性	0.21	-0.25	-0.14	-0.09	-0.33	0.11
交通贫困人口负弹性	0.13	-0.23	-0.17	0.11	1.04	0.35

---

①　本表引自青海省减贫发展战略研究项目办公室:《欠发达地区科学发展之路——青海省减贫发展战略研究》,九州出版社 2011 年版,第 32—33 页。
②　同上书,第 33 页。

由表 3-14 可见,除互联网未普及人口指标外,经济每增长 1%,电视未普及人口、广播未普及人口、固定电话和移动电话未普及人口均有不同程度的下降。信息差距历来被认为是东西部的重要差距之一,经济增长与信息减贫之间的正相关性无疑说明,青藏高原地区的经济发展具有重要的现代化意义。

表 3-14　青海省经济增长与信息贫困减贫的关系(1978—2007)①

	1978—1985	1986—1990	1991—1995	1996—2000	2001—2007	1978—2007
GDP 平均增幅(%)	11.2	5.3	7.6	8.8	12.1	9.3
电视未普及人口减少率(%)	2.4	5.6	5.7	9.8	70.0	NA
广播未普及人口减少率(%)	6.4	-1.0	2.3	0.8	15.1	5.8
固定电话未普及人口减少率(%)	1.4	-1.7	-1.5	-0.3	12.2	2.8
移动电话未普及人口减少率(%)	1.4	-1.8	-1.6	-1.1	14.6	3.3
互联网未普及人口减少率(%)	NA	NA	NA	-1.2	0.6	-0.3
电视未普及人口负弹性	0.21	1.06	0.75	1.11	5.79	NA
广播未普及人口负弹性	0.57	-0.19	0.30	0.09	1.25	0.62
固定电话未普及人口负弹性	0.13	-0.32	-0.20	-0.03	1.01	0.30
移动电话未普及人口负弹性	0.13	-0.34	-0.21	-0.13	1.21	0.35
互联网未普及人口负弹性	-0.14	0.05	-0.03	-0.14	0.05	-0.03

仅就表 3-15 中 2001 至 2007 的数据统计说明,经济每增长一个百分点,生态贫困人口减少 0.8%,这一正相关性也同样表明经济增长对于青藏高原地区的重要意义。

第五,从保障少数民族权益,实现民族平等和共同繁荣角度而言,青藏高原地区经济滞后也将明显影响到少数民族的生存权、发展权、平等权、环境权等等。自新中国建立以来,国家一直致力保障于少数民族权益。其主要体现在如下方面:一是确定少数民族生产生活必需品,保障少数民族基本生活;二是对于民族用品的生产和供应采取优惠政策;三是国家设立"少数

---

① 本表引自青海省减贫发展战略研究项目办公室:《欠发达地区科学发展之路——青海省减贫发展战略研究》,九州出版社 2011 年版,第 34 页。

表 3-15 青海省经济增长与生态贫困减贫的关系(1978—2007)①

	1978—1985	1986—1990	1991—1995	1996—2000	2001—2007	1978—2007
GDP 平均增幅(%)	11.2	5.3	7.6	8.8	12.1	9.3
生态贫困人口减少率(%)	NA	NA	NA	NA	9.7	NA
安全饮用水人口减少率(%)	NA	NA	NA	NA	10.1	4.4
生态贫困人口负弹性	NA	NA	NA	NA	0.80	NA
安全饮用水人口负弹性	NA	NA	NA	NA	0.83	0.47

民族贫困地区温饱基金",实施扶贫攻坚计划;四是颁行相关法律法规,切实通过制度化手段强化少数民族生存权的保护。② 这些过去乃至当今还在重视的举措,在市场经济环境下,必须有赖于区域经济发展的基础。无论是将国家对少数民族权益保障的举措视为雪中送炭还是锦上添花,但毋庸置疑的是,少数民族地区自身的发展在权利保障方面的作用和价值将更高一些。这也就决定了少数民族权益的保障不能仅靠"输血式"的方式,更多应是自身采取积极举措。而在经济滞后的背景下,生存权尤其是发展权的保障可能会变成一种奢谈。就此而论,经济滞后的消极影响不是间接而是直接地影响到少数民族权益保障问题。因而寻求合作并不断提升自我造血能力应当是青藏高原地区必然的选择。

---

① 本表引自青海省减贫发展战略研究项目办公室:《欠发达地区科学发展之路——青海省减贫发展战略研究》,九州出版社 2011 年版,第 34—35 页。

② 详见周忠瑜等著:《少数民族权利保障研究》,中央文献出版社 2006 年版,第 105 页以下。

第四章　青藏高原地区与东部发达地区区域经济合作的适配性分析

前述意志性方面的考察,旨在通过走访及问卷调查等形式,较为客观地展现政府及私主体对于青藏高原地区与东部发达地区区域经济合作的看法、想法及观点。但我们非常清楚,对于调查的结论的分析不应当是全盘接受,也不应当不屑一顾,调查结论的科学性与调查区域设置、问卷设计、分析归纳等的科学性相关,同样也受到调查对象的覆盖面、代表性、典型性,以及调研回访次数等的影响。因而由调研结论径直去分析问题,难免有些不适。为此,我们对于青藏高原地区对于东部发达地区区域经济合作的现实需求做了分析,但这也只是对于一种现实愿望的揭示,只是说明了无论从民众意愿还是面临现实困境的破解,均是强烈指向区域经济合作。但事实上青藏高原地区能不能与东部发达地区开展区域经济合作?能不能使区域经济合作更加有效化?在哪些方面展开区域经济合作更具效率性?要回答这些问题就必须更加理性地分析青藏高原地区与东部发达地区有无区域经济合作条件的问题。

第一节　青藏高原地区资源禀赋及区域合作前景

青藏高原广袤的土地、众多的河流、连绵的雪山峡谷、大片的森林、浩瀚的草原、复杂的地质地貌以及多种多样的气候,赋予了人类丰富的自然资源。

一、矿产资源

青藏高原地域辽阔,地质构造复杂,成矿作用强烈,是世界找矿潜力最大的地区之一。中国陆域地质调查已初步确定冈底斯—念青唐古拉、班公湖—怒江、西南三江、东昆仑、柴北缘、祁连构造成矿带等 6 个重要成矿带资源潜力最大,并确定了 22 个重点勘查规范区,面积约 192 万平方公里。现已发现有 3600 余处重要矿点或矿化点,已探明的矿产主要有锂、锶、锰、盐、铬、铜、煤、金、银、铁、铀、硼、钾盐、镁盐、石油、天然气、铅锌、石棉等 160 多种矿产,其中 80 多种有较大规模的储量和开采价值。其保有储量潜在总值占全国矿产保有储量潜在总值的 25.62%,居全国第二位。[①] 青藏高原矿产资源潜力巨大,其中铜、铬铁、铅、锌、金、银、盐湖矿产(硼、锂)、地热、矿泉水为优势矿产,具有潜在优势的矿产有锑、钼、稀有金属(铷、铯、锶)、钾盐以及水泥用灰岩、花岗石等建筑非金属矿产。国家紧缺矿产铬铁矿床,已查明矿床资源储量 519.6 万吨,保有 364.5 万吨,矿石品位富,多为冶金级矿石。[②]

据 2005 年完成的青藏高原区域地质调查成果报告,青藏高原地区被认为有望成为中国战略资源的重要基地。在 2005 年完成的调查中,发现矿床、矿点及矿化点 600 余处,其中一些矿床已进入勘查评价阶段,显示具有大型、超大型规模前景。预测铜的远景资源量 3000 至 4000 万吨,铅锌的远景资源量 4000 万吨,铁的远景资源量数 10 亿吨。[③] 仅就柴达木地区而言,诸多盐湖资源均位居全国首位,其中氯化钾、氯化镁、氯化锂等储量占全国已探明储量的 90% 以上。[④] 这些矿产资源的开发利用对解决东部发达地区经济发展中的资源瓶颈问题,缓解资源短缺的局面将起到非常重要的作用。

然而在青藏高原地区矿产资源开发中,目前也存在诸多的问题。最主

[①] 马生林著:《青藏高原生态变迁》,社会科学文献出版社 2011 年版,第 27 页。
[②] 王旭等:《青藏高原矿产资源开发与地质环境保护协调发展的对策探讨》,载《干旱区资源与环境》2010 年第 2 期。
[③] 资料来源:中国新闻网,http://news.memail.net/2;中国网,http://www.china.com.cn/economic/txt/2007-02/12/content_7796339.htm(2009 年 12 月 21 日访问)。
[④] 可参见国家发展和改革委员会 2010 年《青海省柴达木循环经济试验区总体规划》。

要表现在开发利用程度低下方面。青藏高原地区由于工业基础薄弱、生产工艺和技术装备落后,致使一些优势矿产资源也多限于采掘和选矿,同时一些矿产资源保有储量多,但经济附加值高的矿产和富矿相对不足,且共生、伴生矿床多,单一矿床少,大规模开采难度大①,在开采中采富弃贫、采易弃难和浪费资源现象严重,兼之其他诸如交通条件等的问题②,使青藏高原地区的矿产开发利用急需通过区域经济合作等有效举措来提高。此外,采矿中的地质灾害性也是不容忽视的问题之一。③

但无论如何,我们看到,青藏高原地区丰富的矿藏资源之开发利用需在科学发展观及循环经济等新理念的指导下有序展开。而作为技术等诸多方面受限的青藏高原地区而言,单凭本区域力量无法达到科学有效地利用。因而区域经济合作应是目前相对可行的重要方式之一。就青藏高原地区的柴达木(国家级)循环经济试验区而言,无论是盐湖化工、油气化工、煤化工、金属冶金等产业方面,均具有广阔的市场前景。如低水硼酸锌作为无机阻燃剂品种之一,具有巨大的经济效益和良好的社会效益④,仅在格尔木工业园区即可建成年产2000吨的硼酸锌项目。仅从部分地域的招商引资资料中我们即可看到,年产20万吨的硅酸钠项目、年产10万吨高纯镁砂联产30万吨PVC项目、年产20万吨乙二醇项目等比比皆是。⑤这些项目若能在区域经济合作基础上顺利展开,将对我国经济发展带来不可低估的作用。更为重要的是,对于生态脆弱的青藏高原而言,一方面需要实施生态环境之保护,另一方面,又必须为资源瓶颈的东部发达地区提供资源支撑,在科学发

---

① 马生林著:《青藏高原生态变迁》,社会科学文献出版社2011年版,第27页。
② 虽然青藏铁路横跨班—怒成矿带、冈底斯—念青唐古拉成矿带,青藏铁路通车后,由于运费的大大降低,运输能力的显著提高,与内地经济联系的加强,将极大地刺激青藏高原地区矿业发展。但交通问题仍然是制约青藏高原地区矿产资源开发利用的主要瓶颈之一。
③ 可参见王旭等:《青藏高原矿产资源开发与地质环境保护协调发展的对策探讨》,载《干旱区资源与环境》2010年第2期。
④ 其可广泛用于橡胶制品配件、电梯、电线电缆、军用制品、船舶涂料、各种盖布及电器零部件。2002年全球需求量大致在5万吨左右,到2006年需求量增至20万吨以上;目前我国氯乙酸产能已达12万吨/年,需求量约10万吨,未来几年国内氯乙酸需求将保持平均10%的增长速度,2010年消费量约18.5万吨,将给氯乙酸工业发展提供广阔的市场基础。
⑤ 仅在2012年4月青海省柴达木循环经济试验区管理委员会印制的《柴达木(国际级)循环经济试验区招商项目册》中,即列有近40项与矿产资源相关的招商项目,且年产量及市场前景都十分看好。

展观下,还必须积极倡导并践行循环经济理念,这些诸多方面的协调,也必然要求青藏高原地区加强与东部发达地区的区域经济合作,最终达至区域之间的协调发展及互利共赢。

二、水利资源

青藏高原地区河流水量丰沛、落层集中,水利资源蕴藏量极为丰富。青藏高原是许多大江大河的发源地。发源于青藏高原的大江大河主要有长江、黄河、澜沧江(下游为湄公河)、怒江(下游称萨尔温江)、森格藏布河(印度河)、雅鲁藏布江(下游称布拉马普得拉河)以及塔里木河、黑河等。这些河流分属于太平洋水系、印度洋水系和内陆水系,流域面积 80 多万平方公里,占青藏高原地区总面积的 41.67%,被誉为"亚洲水源"、"中华水塔"。[①]我国地表水总径流量是 2700 亿立方米,其中 2/3 来自于高原和山地,而来自青藏地区的约 1000 亿立方米,占总径流量的 37%。[②]

更为重要的是,青藏高原地区可谓我国水能蕴藏量最集中的地区。[③] 据不完全统计,该地区主要河流天然水能理论蕴藏量达 31906 万千瓦,约占全国河流天然水能理论蕴藏量的 44%。[④] 有认为在一些河段建坝发电,其装机规模非常可观。如在雅鲁藏布江干流下游河段长 496.3 公里,河道落差达 2725 米,平均坡降 5.5%,水能理论蕴藏量达 6881 万千瓦,占全干流的 87%,占全西藏水能理论总蕴藏量的 1/3,尤其是在下游大拐弯河段,从派至墨脱河段,河道绕南加巴瓦峰形成马蹄形大拐弯,派的水面海拔高程 2880 米,墨脱县邦博水面海拔高程为 630 米,相差 2250 米。派至邦博河道长 240 公里,而两地直线距离仅 39 公里。若在此河段派附近的赤白筑高坝,正常水位控制在 2970 米,并修建引水式电站,水头可达 2340 米,多年平均流量 1914 立方米/秒,装机容量达 3800 万千瓦枯水期经调节后的径流量为 903 立方米/秒,可保证 1660 万千瓦,它的装机规模是世界首屈一指的,是我国

[①] 王作全等:《三江源自然保护区法律对策研究》,载《青海民族学院学报》2002 年第 4 期。
[②] 蒲文成主编:《青藏高原经济可持续发展研究》,青海人民出版社 2004 年版,第 8 页。
[③] 可参见马生著:《青藏高原生态变迁》,社会科学文献出版社 2011 年版,第 22 页。
[④] 在各河流中,金沙江(含雅砻江)水能理论蕴藏量最大,达 11328 万千瓦,其次是雅鲁藏布江干流加五大支流的水能,理论蕴藏量达 9261 万千瓦,大渡河为 3556 万千瓦,黄河 1363 万千瓦,怒江 2010 万千瓦,澜沧江 729 万千瓦,其他河为 3659 万千瓦。

目前正在施工的长江三峡水电站装机规模的两倍多。①

青藏高原也是我国拥有湖泊数量最多和面积最大的地区。青藏两地湖泊面积大于 100 平方公里的就有 63 个,其面积为 3.1 万平方公里,占全国湖泊面积的 42%。其中青海湖是我国最大的内陆咸水湖,面积 4283 平方公里,蓄水量高达 854.5 亿立方米。西藏现有各类湖泊 2000 多个,其中大于 1 平方公里的就有 612 个,面积超过 500 平方公里的有 7 个,超过 1000 平方公里的有 3 个,湖泊总面积为 2.42 万平方公里,占全国湖泊面积的 30%。②

青藏高原地区丰富的水能资源必将随着经济发展而被逐步开发,也将为青藏高原地区乃至西部其他区域、中部地区,尤其是东部地区的发展提供强大的动力。但目前所面临的困境是,青藏高原地区因地理位置偏西、远离东部经济发达地区,当地电力负荷有限,加上开发难度大,目前只有黄河上游水能资源开始大规模开发,雅鲁藏布江上只有一些支流水能资源得到开发利用,总体上开发利用程度很低。有数据显示,西藏水能资源蕴藏量为 2 亿千瓦,占全国水能资源的 30%,其中可开发 5600 多万千瓦,约占全国的 20%,但现在已开发利用的水能资源还不足可开发利用的 0.5%。③ 这一现状也在一定程度上显示,一方面青藏高原地区具有极其丰富的水能资源,另一方面却存在开发利用的困境。虽然一些水能资源的开发利用方面本身存在开发困难的问题,但一些地方的水能资源未能开发利用却存在本区域无力开发以及开发后鲜有大用户而致开发成本过高等问题。加强与东部发达地区之间的合作,积极引进有能力开发一些水能资源的企业,以及区域内大用户的产生,也必将让青藏高原地区经济的发展走上良性循环的轨道。

三、能源资源

青藏高原不仅有着丰富的石油、天然气、煤炭资源,而且太阳能、风能、地热能等也非常可观。

青藏高原地区的石油、天然气资源有较好的成矿条件。据"青藏高原空

---

① 数据来源:http://www.ly-hydro.com/news_show.asp? newsid = 69(2011 年 8 月 12 日访问)。
② 马生林著:《青藏高原生态变迁》,社会科学文献出版社 2011 年版,第 25—26 页。
③ 同上书,第 24 页。

白区1∶25万区域地质调查成果报告会"公布的数据,青藏高原地区石油资源储备达到了100亿吨,相当于两个大庆油田的石油储备。目前,我国自产石油量仅能满足2/3的实际使用量,还有1/3的能源缺口依靠大量进口,10年之后,自产量与进口量比例为1/3与2/3,一半左右的汽车可能因为能源危机而无法使用。但位于青藏高原腹地的羌塘盆地,潜在的石油储备可以使我国在50年内不增加石油进口量。几年后,这块西部荒原将有望"变身"全国石油基地[①],并成为东部发达地区区域经济合作的重要对象。

  青藏高原因处在亚欧板块和印度板块碰撞的接触地带——地缝合线两侧,地壳很不稳定,强烈的岩浆活动不断地从地下深处携带大量热能,烘烤、加热深浅不同的地下含水层,使其形成储热层。现统计有1000余处地热区,是世界上海拔最高的地热活动区,也是我国大陆上地热资源最丰富的地区。地热资源集中分布在喜马拉雅山北坡到冈底斯山和念青唐古拉山前麓。西藏的地热蕴藏量居全国第一位,估算总热流量为每秒55万大卡,相当于标准煤约240万吨/年所释放的热量。据调查,西藏地区储热温度超过150℃的水热区有110处,其中可供发电的地热资源量在百万千瓦以上。[②]羊八井热田是目前中国最大的高温湿气热田,也是世界已获开发利用的大型地热田之一。青海年总放热量3.36×10^4千焦,折合标准煤117万吨。地热资源是目前全球倡导的绿色可再生的安全资源,具有技术成熟、利用方便等优势,它不受昼夜和季节变化的限制,不仅可供电、供热,还可以用于旅游、温泉保健、养殖热带鱼等,对于农业以及卫生医疗事业等的发展具有重要的意义。西藏地区利用地热资源修建温室,利用地下热水进行灌溉,利用地热区土壤温度高等条件发展农业生产已取得显著成效;青藏高原许多地方修建温泉浴池,对医治高原条件下的常见病和多发病有显著疗效。

  青藏高原因为海拔高,空气稀薄洁净,水汽含量很少,阳光穿过大气时损耗少,直接辐射较强,兼之晴天较多,决定了太阳能资源得天独厚,具有独

[①] 资料来源:中国广播网,http://finance.ce.cn/macro/nyzl/nycbnews/200606/16/t20060616_7388779.shtml(2011年8月12日访问)。

[②] 可参见 http://kangtipeng.blog.163.com/blog/static/3144628201081461324300/(2011年8月12日访问)。

特优势。西藏大部分地区的日照时间每年达 3100—3400 小时,平均每天 9 小时左右,每平方厘米接受的太阳辐射热量为 190—200 千卡。太阳能资源十分丰富,居世界第二位。青海的太阳能资源仅次于西藏,在国内属第二高值区。青海省平均海拔 4000 米左右,全省年平均日照率为 60%—80%。太阳辐射强,全年接受的太阳能折标煤 1623 亿吨,折合电能 360 万亿千瓦时,相当于龙羊峡电站年发电量的 6 万倍。① 丰富的太阳能资源,为农作物生长提供了充足的光能资源,不少地区已经突破"高寒禁区",把冬小麦的种植高度推到海拔 4000 米以上,青稞的上限达海拔 4800 米。青藏地区丰富的光能除用于农业生产外,还用于工业生产和生活方面,拉萨已建有太阳能浴室、太阳灶、日光暖房等。② 青海农牧区的 112 个无电乡全部建成太阳能光伏电站,解决了 908 个无电村农牧民的生活用电,覆盖农牧民人口 50 多万,占全省 1/7 的人口靠太阳能告别无电时代。③ 此外,丰富的太阳能资源也为荒漠化土地的利用带来了希望。无论是光伏发电还是新型的其他太阳能发电,一方面使得青藏高原广袤的荒漠化土地得到利用,另一方面也使青藏高原地区成为新能源、新技术的孵化地。我们曾专门走访过一些利用太阳能资源的企业,如青海省中控太阳能发电有限公司即是国内最早从事塔式热发电技术的一家企业,其所研制的逐日技术,能使太阳能得到充分的利用,同时避免光伏发电高成本及硅原料二次污染的问题,并且其与浙江大学进行的校企合作,也将进一步惠及青藏高原地区。因而,展开区域合作,其价值不仅要以合作方之间的直接利得来衡量,此外所产生的诸多利益也应使我们看到区域经济合作的意义和价值。

  青藏高原是大风区,风能资源也很丰富。西藏每年有 200 天平均风速在每秒 3 米以上,那曲、阿里两地区冬春风力都在八级以上。特别是藏北高原年有效风速时数在 4000 小时以上,且多阵风,全区年风能储量高达 930 亿千瓦时。④ 青海一年中 3—20 米/秒的风速大于 125 天以上的地区占全省面积的 90%,年风能资源理论折合 7854 万吨标煤,相当于电能 1745 亿千瓦

---

① 王小平等编著:《青海绿色发展机制探索》,青海人民出版社 2011 年版,第 249 页。
② 王嘉英:《青藏高原的能源特色》,载 http://www.redlib.cn/html/6818/2001/23521618.htm(2011 年 8 月 12 日访问)。
③ 王小平等编著:《青海绿色发展机制探索》,青海人民出版社 2011 年版,第 249 页。
④ 马生林著:《青藏高原生态变迁》,社会科学文献出版社 2011 年版,第 22 页。

时。柴达木西部和唐古拉及祁连山区风能的年储量达 1000 千瓦时/平方米以上,风能的开发利用有着很大的潜力和发展前景。① 目前已有多家企业从事风能发电,进一步加强区域经济合作,将会进一步解决风能资源利用中的诸多问题,从而也将是新能源的开发利用更上一层楼。

此外,被誉为"21 世纪最有希望的战略资源",同等条件下能量比煤、石油、天然气高出数十倍,且方便、清洁的可燃冰的发现②,使青藏高原地区更具广阔的能源前景。据初步估计,青海蕴藏的可燃冰远景资源量至少有 350 亿吨油当量。③

四、野生动植物资源

青藏高原地区野生动植物资源同样十分丰富,这一区域不仅是野生动物的乐园,更是野生植物和珍贵药材的重要产地。因其野生动植物资源极其丰富,而且独有性高,被世界自然基金会列为全球 25 个生物多样性重点保护地区之一。特殊的地理环境也使青藏高原成为世界海拔最高、生物多样性及遗传基因物种最为丰富和集中的地区,被誉为"珍稀野生动植物天然园和高原物种基因库"。④

青藏高原独有、闻名世界的国家一级保护动物有藏羚羊、野牦牛、雪豹、黑颈鹤、白唇鹿、马鹿、雪雀、长嘴百灵、普氏原羚、玉带海雕、藏雪鸡等 38 种,占全国一级保护动物的 36.7%;二级保护动物大头盘羊、香獐、猞猁、蓝马鸡、金雕等 85 种,占全国二级保护动物的 46%。此外,冬虫夏草、红景天、藏茵陈、大黄、秦艽、雪莲等也是青藏高原特有的珍稀物种。⑤ 2009 年 8 月 10 日,世界自然基金会在尼泊尔发布报告说,各国科学家 10 年来在喜马拉雅山脉东段共发现了 353 个新物种,包括世界上最小的鹿、会飞的青蛙和

---

① 马生林著:《青藏高原生态变迁》,社会科学文献出版社 2011 年版,第 22 页。
② "可燃冰"是由水和天然气在高压、低温条件下混合而成的一种固态物质,外貌极像冰雪或固体酒精,在温度、压力、气源三者都具备的条件下,可燃冰晶体就会在海底或冻土带地层介质的空隙间生成。由于含有大量甲烷等可燃气体,因此极易燃烧。可参见王小平等编著:《青海绿色发展机制探索》,青海人民出版社 2011 年版,第 233—234 页。
③ 王小平等编著:《青海绿色发展机制探索》,青海人民出版社 2011 年版,第 235 页。
④ 马生林著:《青藏高原生态变迁》,社会科学文献出版社 2011 年版,第 30 页。
⑤ 资料来源:中国民族报电子版,http://www.mzb.com.cn/zgmzb/html/2003-09/02/content_40064.htm(2011 年 8 月 12 日访问)。

100万年历史的壁虎等。①

但有资料表明,近200年来,青藏高原濒于或已灭绝的鸟类有110种,兽类200多种,两栖类30多种以及500余种植物。野牦牛、黑颈鹤、雪鸡、雪豹、马麝、普氏原羚及有"高原精灵"之称的藏羚羊均遭受前所未有的灭绝威胁。冬虫夏草、藏茵陈、雪莲等随着藏药产业不合理采集以及过热发展,不仅使原料有枯竭的危险,当地脆弱的生态环境也将会遭到更为严重的破坏。② 因而合理安排生产,尤其是借助高新技术并在科学发展观指导下发展生物产业,保护青藏高原地区的生态环境,也是青藏高原地区面临的重大问题。这一困境的解决,同样也应重视区域经济合作的重要作用。

五、畜牧业资源

青藏高原地区被联合国教科文组织确定为"世界四大无公害超净区"之一,其草原辽阔,牧草质量好,营养成分高,有着悠久的畜牧生产历史和传统,畜牧业在这些地区的国民经济中占有重要位置,"既是牧区各民族经营的传统产业和高原经济发展的主体产业,又是农牧区广大群众脱贫致富的支柱产业与具有发展潜力的'朝阳产业'"。③ 三江源、环青海湖地区以及祁连山南麓及羌塘草原自古即为水草丰美的天然草原。目前青海与西藏两地拥有天然草场17.47亿亩(青海5.47亿亩、西藏12亿亩),其中可利用草场13.01亿亩(青海4.76亿亩、西藏8.25亿亩),这些草场牧草种类丰富,且具有高蛋白、粗脂肪、无氮浸出物含量高、粗纤维含量低、适口性好等特点,具备发展生态畜牧业得天独厚的优势。现各类牲畜存栏4700万头(只),其中被称为"雪山之舟"的牦牛有1120多万头(青海500万头、西藏620万头),藏羊2580多万只(青海1430万只、西藏1150万只)。④

上述牲畜的毛、皮、肉、奶、骨等是发展轻工业的优势原料。以牦牛生物工程产业为例,其主产品是各类牛肉,副产品为有机肥、牛皮、内脏、牛骨和

---

① 马生林著:《青藏高原生态变迁》,社会科学文献出版社2011年版,第32页。
② 可参见中国民族报电子版,http://www.mzb.com.cn/zgmzb/html/2003-09/02/content_40066.htm(2011年8月12日访问)。
③ 马生林著:《青藏高原生态变迁》,社会科学文献出版社2011年版,第28页。
④ 同上书,第28—29页。

牛血。据有关介绍,牦牛血具有抗高原缺氧的作用,目前在药品、食品、营养品、化妆品等方面都具有十分广泛的应用;牦牛骨富含钙、磷等矿物质成分,具有显著的补钙、增加骨矿物质含量和增加骨密度、改善骨质疏松等保健功能;牦牛胚胎可制成胚胎可制成胚胎精华素等系列产品;牦牛胎盘对人机体也具有一定的补气养血等保健作用。在资源日趋紧缺、青藏高原地区尚需退牧还草保护生态等的情形下,生物产业必须走深加工和精细化之路,而这也使我们必须正视区域经济合作。

六、森林资源

青藏高原藏区森林茂密,由西藏雅鲁藏布江中下游广阔地带、青海东南部、甘肃南部和四川、云南西部的大片原始森林构成的林业区,是我国仅次于东北大小兴安岭的第二大林区。据统计,青藏高原地区林业用地面积为6235.91万公顷,占全国林业用地面积的23.7%,其中林分和疏林面积分别为2315.84万公顷和626.69万公顷,占全国林分面积及疏林面积的20.40%和34.80%;灌木林和无林地分别为1755.63万公顷和1281.04万公顷,分别占全国灌木林及无林地的59.10%和17.49%;经济林果和苗圃面积分别为152.59万公顷和0.76万公顷,其中苗圃仅为全国苗圃的6.7%。青藏高原地区森林覆盖率为12.79%,[1]人均占有林地0.153公顷,比全国平均水平(0.114公顷)多34%。[2] 其中西藏有林面积1.08亿亩,几乎均为未开发的原始林区。活立木蓄积量为17.03亿立方米,森林覆盖率为9.84%。[3] 人均森林面积为3.145公顷,是全国人均森林最多的省(区)。青海现有森林面积4755万亩,森林覆盖率4.4%。其中灌木林地2590.5万亩,疏林地376.5万亩,有林地633万亩,未成林造林地357万亩,苗圃3万亩,其他类型林795万亩。全省森林积蓄量为3592.6万立方米。[4]

---

[1] 此系川、青、甘、滇四省平均数。而更科学的数据统计中,应计入新疆等一些区域的统计之后再求平均数,特此说明。

[2] 资料来源:《青藏高原林业资源的可持续发展探讨》,http://www.reader8.cn/data/2008/0804/article_160815.html(2011年8月12日访问)。

[3] 本卷编委会编:《中国西部开发信息百科——西藏卷》,西藏人民出版社、江苏科学技术出版社2003年版,第23页。

[4] 曹文虎、李勇著:《青海省实施生态立省战略研究》,青海人民出版社2009年版,第55页。

青藏高原地区林业资源丰富,可利用价值高,尤其是珍贵的高原森林在涵养水源、保持水土等生态保护和建设中起着非常重要的作用,也正是因为青藏高原地区的森林资源与生态环境等问题紧密相连,从而对其开发利用就更需资金、人才、观念以及先进科技等全方位的支持,而在青藏高原地区自身很难满足上述条件和要求的情况下,与东部发达地区的区域经济合作可能是这一区域发展的必然选择。

七、旅游资源

青藏高原别具一格的广袤草原、横空出世的冰山大川、色彩斑斓的地形地貌、丰富的野生动植物、绚丽多彩的民族风情和历史悠久的古老文化,构成了青藏高原旅游资源的独特优势。如举世闻名的古迹布达拉宫、唐代古刹大昭寺、历代班禅大师的居所扎什伦布寺;高原明珠青海湖及其鸟岛,藏传佛教圣地塔尔寺,西北地区独特的丹霞地貌坎布拉风景区;四川阿坝州的九寨沟、黄龙国家级风景区;甘肃省甘南藏族自治州的拉卜楞寺;云南省迪庆藏族自治州境内的碧塔海自然保护区,等等。众多的自然景点和人文景观,以其独特的神韵和魅力,吸引着世界各地的旅游者。不少自然、人文景观尚待开发。

仅就青藏高原地区主要省区的青海西藏而言,有认为可分为七大旅游区:一是以西宁为主的青海湖和位于湟中县内的塔尔寺、互助北山、坎布拉等旅游区;二是以三江源为主的长江、黄河源头及可可西里等旅游区;三是以青海西部戈壁大漠为主的格尔木、胡杨林、地质探险的旅游区;四是以祁连山为主的北线草地、古道、原始林区等景区旅游区;五是以拉萨为主的布达拉宫、大昭寺、罗布林卡、羊八井、纳木错、墨脱自然保护区旅游区;六是以日喀则为主的扎什伦布寺、白居寺及萨迦县内的萨迦寺、阿里地区象泉河畔的古格王朝遗址等旅游区;七是以西藏山南地区为主的喜马拉雅山东段南坡垂直自然景观以及位于亚东县的雍布拉康宫殿等旅游区。①

旅游业被认为是关联度高、带动性强的特色产业。就青藏高原地区而言,认为对拉动内需、增加就业、扩大开放、构建和谐社会具有重要作用。②

---

① 马生林著:《青藏高原生态变迁》,社会科学文献出版社2011年版,第37页。
② 同上书,第36页。

而与此同时,旅游市场开发过程中的不规范等问题,已经影响到部分地区的生态环境,因而如何做好保护中的合理开发利用,同样是如今非常值得关注的问题,尤其在与东部发达地区展开区域经济合作过程中。

一般认为,资源条件是西部对外开放的最有力的因素。青藏高原自然资源很丰富,然而,从近十多年实践看,青藏高原地区的资源条件对外资并未形成强大吸引力,经济效益相对较差。究其原因,一方面资源开发滞后,资源型产业开发和加工基本上还是高投入、高消耗、低产出、低效益的粗放型发展模式,资源优势并没有转化为现实优势。在市场开放程度提高的情况下资源的流动性较强,资源的流动淡化了特定区域固有的资源优势。另一方面,受技术水平的制约,资源开发能力和后续加工能力不协调,资源开发的产业链依然很短,致使许多有价值甚至价值超过主矿产的共生矿被作为废料而排放,资源开发的经济效益不明显。

上述家底的展示以及基本的原因解析,旨在说明两点:一是青藏高原地区具有良好的资源,这将成为区域合作的物质基础;二是青藏高原地区的资源优势并未转化为发展优势,而在谋求这一转化进程中,东部发达地区的参与即展开与青藏高原地区的区域经济合作具有广阔的前景和双方共赢的良好预期。

第二节 依据区域经济合作主要理论的分析

由于青藏高原地区自我造血能力极其有限,因而在区域合作方面有着客观而紧迫的需求。然而,对于区域经济合作问题,在理论界也颇有争议。大多数学者主张应当展开广泛的区域经济合作,而有些学者认为为了构建统一的市场秩序,应当淡化区域政策,对于发展不平衡的问题,通过政策倾斜来解决并不是最好的办法。[①] 这些理论争议本身,即说明我们非常有必要对于青藏高原地区与东部发达地区区域经济合作的理论基础作一分析和探讨,以求直面一些问题,并通过研究得出一些基本结论,从

---

① 可参见《中国首届区域经济开发法律问题高层论坛综述》中徐士英教授的发言,载刘隆亨主编:《中国区域开发的法制理论与实践》,北京大学出版社2006年版,第12页。

而利于实践。

区域经济合作理论源于区域分工理论。亚当·斯密在其自由贸易理论中,即认为各国应当专业化生产具有绝对优势的产品,并通过交易实现双方利益的最大化。大卫·李嘉图则进一步指出,只要成本比率在各国之间存在差异,各国就能够生产各自比较优势的产品,通过交易从中获益。这些理论均说明了区域间交易及合作的重要性,但却是立足于不太实际的假设之上,因而也为后来的经济学家所质疑,并在不断反思、充实的基础上,形成了诸多关涉区域经济合作的理论。

一、区域生命周期理论

1966年,汤普森(J. H. Thompson)在《对制造业地理的几点理论思考》一文中提出了区域生命周期理论。该理论认为,一旦一个区域步入工业化道路,它就像一个生命有机体一样遵循一个规则的变化次序而发展,从年轻阶段到成熟阶段再到老年阶段。不同阶段的区域面临一系列不同的问题,处于不同的竞争地位。在区域发展的年轻阶段,市场明显急剧扩张,区域的比较区位优势突然被承认,投资资本大量涌入。支持区域经济进一步增长的新技术要么从区外引进,要么自主开发。年轻的工业区域具有明显的竞争优势。到成熟阶段,工业区域对其他区域来说取得了主宰地位,其管理人员由于具有专业知识而被输出到其他地区。这时,区域竞争开始逐渐加剧,分厂的转移以及与之相伴而生的人才流动是成熟阶段区域经济传播的主要形式。在老年阶段,区域原有的成本优势丧失殆尽,市场明显转弱。其厂房和机器可能已经过时,其产品由于经过长期生产与普及,技术达到完全标准化,很容易被其他地区的企业掌握,而产品由技术密集型变为劳动密集型产品,劳动力的成本将对该产品生产产生最大的影响。同时,经济发达地区的城市化进程加速也会使土地变得更为稀缺,房地产价格趋于上升,土地的使用费用上升,企业不可能有太大的扩展空间。因此,当一个区域的产业已经发展到成熟阶段后,若不适时转移出去,就容易产生衰退产业与新产业在用地、用水、用电、用工等多方面的冲突,导致区域产业拥挤,区域经济陷入萧条乃至危机之中。从经验的角度分析,老年阶段的区域是以传统产业为主的区域,处于中等发达水平的区域若不及时调整产业结构,便有可能沦为老年阶段的区域。而一旦老年阶段地区陷入萧条的泥潭,全国就会出现落后病、膨胀病与萧条病这三种典型的区域病并存的局面,整个国家的综合发展将受到严重影响。因而,从理论上说,当一个国家的发达地区接近中等发达水平(人均 GDP 约为 5000 美元—6000 美元)时,必须从全局的角度统筹区域发展,联动解决多种现有或潜在的区域病。① 因而,成熟产业的适时转移是发达地区的理性选择。

改革开放以来,我国东部的一些地区在近十年内先后达到中等发达水平,如长江三角洲、珠江三角洲与环渤海地区,已经发展成为经济与技术密集区,许多城市的人均 GDP 将于近五年超过 5000 美元。但同时有一些城市已经出现了严重的膨胀问题。② 在这种区域发展格局下,东部发达地区产业结构与产业布局的大规模调整是不可避免的,而且产业布局调整必然要求产业与技术在区域间转移。另一方面,对落后的青藏高原地区来说,接受东部发达地区的产业和技术转移,对其本身的发展利多弊少,是其实现经济起飞、跳跃式发展的先决条件和必然要求。因为青藏高原地区不可能在无传统产业发展的基础上突然起飞。跳跃式发展必须有个过程,在这个过程中,吸收传统产业是个极其重要的内容。青藏高原地区可以通过接受东部发达地区的产业转移,增加就业机会,提高域内居民的收入水平,并以此为契机积累经济起飞的条件。因此,我们认为,东部发达地区与青藏高原地区之间构建紧密合作的经济联系,形成跨省区域经济,是完全有可能的,根本原因在于跨省经济合作能够带来双赢,获得宏观开放条件下的利益最大化。而其他的诸如生态、环境等问题则是在合作发展的前提下需要着力解决的问题,其本身不应当成为东部发达地区与青藏高原地区区域经济合作的障碍。

二、区域产业结构理论

所谓区域产业结构是指区域内具有不同发展功能的产业部门之间的比

---

① 胡乃武、张可云:《统筹中国区域发展问题研究》,载《经济理论与经济管理》2004 年第 1 期。
② 如早在 1989 年时,上海市人口密度和工业企业密度分别达到 25104 人/平方千米和 20.7 家/平方千米,在老市区,这两个指标分别达到 42900 人/平方千米与 34 家/平方千米,其拥挤程度从全球范围来看都是极其罕见的。可参见胡乃武、张可云:《统筹中国区域发展问题研究》,载《经济理论与经济管理》2004 年第 1 期。

例关系。① 学者多认为,一个区域的优势之发挥,除比较优势外,还取决于各产业间的联系与比例关系。区域的经济发展与产业结构之间是一种联动的因果关系,区域的经济发展会促进区域内产业结构的变动,而区域内产业结构的升级又会促进区域内经济的发展,两者相互促进。② 配第—克拉克定理揭示,随着经济的发展,劳动力必然先从第一产业转向第二产业,再向第三产业转移。③ 有学者在前人研究成果之基础上指出,随着人均收入的不断增加,工业在国民生产总值中所占的比例也不断增加,农业的比例不断下降,服务业比例略有上升。在劳动力就业结构方面,农业中就业比例不断下降,工业中就业比例变化缓慢,第三产业中劳动力比例明显上升。这种就业结构的变化表明农业产业中转移出来的劳动力转入了服务产业。④

这一理论揭示,在区域经济发展中,仅靠自身的比较优势也很难实现快速发展。在青藏高原地区,虽然具有丰富的矿藏资源及其他自然资源,但显然也不能仅靠资源实现全面而快速的发展。这也使得这一区域的发展需要在区域经济合作的良性展开方面努力。

三、要素流动与区域分工理论

传统经济学理论一般认为经济发展区位分布是由自然环境决定,自由贸易的开展可使资源凭借市场机制的自发调节实现合理配置,最终实现区域经济均衡发展。而经济学家俄林则进一步指出,区域贸易、国际贸易与要素自由流动会使区域之间生产要素价格与商品价格达到一个均衡价格。区域经济合作促进了生产要素的流动,生产要素的跨区域流动推

---

① 可参见张杰:《次区域经济合作研究——以大图们江次区域经济合作研究为中心》,吉林大学 2009 年博士论文。
② 可参见陈秀山、张可云著:《区域经济理论》(商务印书馆 2003 年版)之相关论述。
③ 早期的产业结构理论被认为源自威廉·配第的经济理论,其指出产业结构的不同导致世界各国的国民收入水平的不同,工业从业者的收入普遍高于农业从业者的收入,而商业从业者的收入又高于工业从业者的收入乃是因为工业比农业、商业比工业的附加值更高。在此基础上,经济学家科·克拉克在把整个国民经济划分为第一产业、第二产业和第三产业,并指出,随着经济的发展,劳动力必然先从第一产业转向第二产业,再向第三产业转移。这被称为"配第—克拉克定理"。可参见〔英〕威廉·配第:《政治算术》,马妍译,中国社会科学出版社 2010 年版;张杰:《次区域经济合作研究——以大图们江次区域经济合作研究为中心》,吉林大学 2009 年博士论文。
④ 可详见钱纳里著:《工业化和经济增长的比较研究》(上海三联书店 1989 年版)中的相关论述。

动了区域经济合作。根据俄林的经济理论,如果不同区域间生产要素价格存在差异,生产要素就会由一个区域流向另一个区域,而且不同地区将因此而获得更多利益。①

此理论揭示,不仅产品因比较优势而流动,生产要素也将跨区域流动,并且正是各地区生产要素禀赋的差异,决定了地区间的贸易格局。生产要素流动可能会在在一定程度上改变一个区域的要素禀赋,因而资本、劳动力等生产要素的跨区域自由流动,将促进不同区域间区域贸易和经济联系,进而为区域经济合作奠定了基础。青藏高原地区在资本、技术等生产要素方面的禀赋先天不足,而此理论无疑对改变青藏高原地区的生产要素禀赋具有重要的理论意义,其所指明的方向无疑是通过区域经济合作的有效展开。

四、共同市场理论

此理论又称为大市场理论,以西托夫斯基和德纽为代表。这一理论核心是:第一,通过国内市场向统一的大市场延伸,扩大市场范围获取规模经济利益,从而实现技术利益;第二,通过市场扩大,创造激烈的竞争环境,进而达到实现规模经济和技术利益的目的。西托夫斯基认为,各参与主体如果仅考虑自身的贸易保护政策,其结果是市场不能拓展,只能面对有限的国内市场,不可能实现规模经济,而大市场的形成则可消除保护主义的障碍,通过大市场内的激烈竞争,实现专业化、规模化生产等方面的利益。②

此种理论虽然主要针对国际大市场的形成,但在国内有必要力避地方保护主义的现实下,对于国内区域经济合作之开展仍具有重要的理论价值。就青藏高原地区而言,其市场发育程度不尽如人意,单靠自有市场无法解决发展问题。因而这一理论事实上也可作为青藏高原地区与发达地区展开区域经济合作之必要性分析的理论基础。

五、协议性国际分工理论

日本学者小岛清在质疑古典学派比较优势原理的基础上,提出了协议性国际分工理论。认为在实行分工之前两国都分别生产两种产品,但如果

---

① 可详见陈秀山、张可云著:《区域经济理论》,商务印书馆2003年版中的相关论述。
② 可参见戴中等:《国际经济学》,首都经济贸易大学出版社2002年版中的相关内容。

仅靠完全竞争不可能实现规模经济,反而可能会导致垄断以及影响贸易之发展与稳定,而通过协商分工后,则能保证都各自生产一种不同的产品,导致市场规模扩大,产量增加,成本下降,从而使协议各国分享惠益。①

这一理论之实现,虽有待一些条件的成就,但从国内区域经济合作而言,其也提供了相应的理论方法。在青藏高原地区与东部发达地区之区域经济合作中,我们同样也不能单纯等待市场自发配置资源,而是应当积极通过区域间的行政合同、企业合同等形式,引导区域经济合作有序展开,并实现各合作方的共赢局面。事实上,许多学者在针对国内区域经济合作问题时,也多关注政府合作问题。有认为地方政府合作可推动区域合作。地方政府合作应建立在关于合作的共识的基础之上,可联合提供区域公共物品。②

六、后发优势理论

为实现经济快速发展而推行的地区非均衡发展战略为东部发达地区经济起飞奠定了良好的基础,从而也演绎出了"让一部分人先富起来"的历史过程,其结果使得东西部发展的差距越拉越大。在生产相对过剩,需求约束增强的基本格局下,由于地区发展不平衡所带来的消费需求空间分布的"断裂",使沿海发达地区市场日趋饱和的消费品难以顺利转向具有巨大潜在消费需求而缺乏购买力的内陆欠发达地区,从而增大了有效需求不足的强度,成为经济增长的严重障碍,因而必须要解决如青藏高原这样一些地区的市场构建以及经济发展问题。为此,学者提出了欠发达地区的"后发优势理论",认为欠发达地区具有潜在的后发优势,可以借助后发优势实现"赶超"战略。周振华先生即指出:"我们知道,在一个渐进式改革开放过程中,势必存在着'先发优势'与'后发优势'的差异。所谓的'先发优势'就是在此过程中借助于率先市场化所享有的发展机会;所谓'后发优势'则是此过程中借助于已经成熟了的市场化条件所享有的发展机会。从阶段性来看,'先发

---

① 此理论之相关评介可参见李玉潭等著:《东北亚区域经济发展与合作机制创新研究》(吉林人民出版社2006年版)等著述。

② 可参见杨龙、戴扬:《地方政府合作在区域合作中的作用》,载《西北师大学报》2009年第9期。

优势'与'后发优势'的过程分布是不同的。在改革开放的前期,具有先发优势的地区有较多的发展机会;而到了改革开放的后期,具有后发优势的地区将面临更多的发展机会。"①

青藏高原地区在自然条件和地理位置方面均不占优势,但其蕴藏有丰富的资源和巨大的发展潜力,在经济发展中具有一定的"后发优势"。勘测表明,青海和西藏两省区蕴藏有价值高达万亿元以上的矿产资源,自然条件可谓得天独厚。高海拔、无污染,为发展有机农牧业提供了大好条件;雪域高原与内地迥异的自然风光以及独特的民族文化,也为旅游业的发展具备了良好的条件。同时,已建成的青藏铁路将把青、藏两地从交通上更紧密地联结起来,也将青藏高原地区与东部发达地区紧密地联结起来。这就为建立具有较强大经济实力的、具有基本一致的对外经济合作方向的综合地域社会经济体系奠定了良好的基础。在未来的区域经济发展中,一方面,导致地区差距扩大的主要因素(如要素条件、产业基础、区位和人文环境等)将继续存在;另一方面,抑制差距进一步扩大趋势的有利因素也正在形成。随着国家对地区差距扩大严重程度的日益关注,从发展战略和政策设计方面正在进一步出现有利于青藏高原地区加快发展的环境条件。青藏高原地区的发展必须去营造具有鲜明特色的"后发优势",可以总结并借鉴东部发达地区经过长期探索而形成的成功经验,可以在体制改革、机制设计、政策制定、模式选择、先进技术的使用等方面少走弯路。并且在新一轮发展博弈过程中,利用市场、改革、地域、人文等可以利用的经济社会资源在比较中将"后发优势"突出出来,实现跨越式发展。② 否则,就可能成为非均衡发展战略的牺牲品。

除上述理论之外,波斯勒所提出"技术差距理论"、埃萨德提出的"要素替代理论"、克鲁格曼设计出的"中心—外圈模型"、琼斯等人提出的"区域比较利益理论"、以舒尔茨为代表的"人力资本理论"、熊彼特的"创新理论"、弗里曼的"国家创新理论"等,均可作为区域经济合作的基础理论,从这些理论中也可进一步展开青藏高原地区与东部发达地区区域经济合作之必要性的诸多分析。

---

① 周振华主编:《地区发展》,上海人民出版社1996年版,第32页。
② 李清均著:《后发优势:中国欠发达地区发展转型研究》,经济管理出版社2000年版,第15页。

第三节　青藏高原与东部发达地区区域经济合作的条件分析

由前述分析可见,无论是面对青藏高原地区自身发展的问题,还是面对东部发达地区经济的进一步提升,抑或是从全国经济协调、可持续发展的角度来看,青藏高原地区与东部发达地区区域经济合作都应具有广阔的前景。而无论从区域生命周期理论还是后发优势理论来解析青藏高原地区与东部发达地区的区域经济合作基础,其结果都指向区域经济合作的可行性。

古典经济学的分工贸易理论,包括亚当·斯密的绝对利益理论、大卫·李嘉图的比较利益理论、赫克歇尔·俄林的资源禀赋理论等告诉我们,基于成本比较、资源约束、环保制约等各方面的考虑,任何区域都不可能生产本区域所需要的全部商品,解决这一矛盾的唯一方式是区域间的专业分工和贸易。专业分工是在劳动生产率、要素资源禀赋差异的基础上形成的。它意味着,特定区域内的生产不再仅仅是为了满足本区域的自身消费和市场需求,更多的是满足区域外的消费需求。区域间的贸易往来,可让不同的区域获得本身无法生产或生产不足的产品,从而使生产者获得新的生产要素资源、机器设备,消费者获得更丰富、品种更繁多、不同于本地区传统的商品。因而,区域间的专业分工和贸易往来可使参与主体从中获得"比较利益",对双方都会是有利的。[①] 从区域资源禀赋差异和比较优势的角度来看,西方区域经济学的多数学者都力主发达地区与不发达地区的专业分工和经济合作。从现实分析,这些观点对于青藏高原区域经济合作的开展很有借鉴意义。

区域经济合作主要是以市场机制为契机,以区域利益为驱动,建立在优势互补、互利互惠基础上的一种合作方式。其突出特点是通过市场机制的作用,实现生产要素跨区域自由流动和最佳组合,打破长期以来我国经济发展条块分割的区域行政界限,促进地区经济和国民经济的健康协调发展。[②]

[①] 黄家骅:《论跨省区域经济的空间架构与合作激励》,载《当代经济研究》2005 年第 4 期。

[②] 徐春梅:《论地方政府在区域合作创新中的作用》,载《经济师》2004 年第 9 期。

青藏高原地区发展转型的一个重要路径就是积极、主动、平等地与发达地区进行广泛而深入的经济技术合作,而这种合作有其现实的经济基础和政策基础。

一、经济基础——青藏高原与东部发达地区经济的差异性和互补性

各区域在发展条件、发展基础、经济结构、资源禀赋、生产效率等方面存在较大的差异。差异可能会导致区域经济冲突和社会的不稳定,但差异的存在同时也是区域经济合作的前提条件,没有差异,各个区域都是千篇一律,就谈不上各自比较优势的发挥,也就没有合作的必要。而且,我们能看到,区域经济合作可以产生单个地区不能产生的功能和作用。首先,由于我国各地区自然资源禀赋条件不同,分布不平衡,区域经济合作可以实现资源互补,发挥比较利益。其次,通过区域经济合作,可以促进区域性生产要素的交流,改善行业外区域经济环境。同时,通过区域内及区际生产要素的聚集,可以优化成本数量与结构,提高各行业的劳动生产率。最后,区域间经济合作,还可以使经济单位之间交易实现内部化,降低运输成本。[①] 以这些功效来反观青藏高原地区与东部发达地区的经济合作,我们能看到,这些功效在两地区地理环境、历史文化背景、现代发展机遇等存有差异的情况下,完全能够被充分彰显。这也正是青藏高原地区与东部发达地区得以合作的现实条件。

改革开放以来,东部发达地区经济获得了高速发展,拥有资金、技术和管理优势,相对于青藏高原地区而言较为发达。而青藏高原地区拥有资源、劳动力和市场优势,这使二者之间的差别所在。同时,东部发达地区与青藏高原地区之间具有很强的互补性。东部发达地区可以为青藏高原地区的发展提供资金和技术支持,并随着自身的产业升级,将传统产业向青藏高原地区转移,加快青藏高原地区的工业化进程。而青藏高原地区可以为东部发达地区经济发展提供资源支持。同时,随着青藏高原地区的经济发展,居民购买力的提高,也为东部发达地区企业创造了广阔的市场。青藏高原区域经济发展,通过区际的投入产出关联,必然为东部发达地区的企业提供新的

---

① 徐春梅:《论地方政府在区域合作创新中的作用》,载《经济师》2004年第9期。

商机,也为东部发达地区积累的资金、技术和人才提供新的用武之地。青藏高原地区也需要接纳沿海地区的产业与资本转移,向沿海地区提供较具优势的工业资源、人力资源、农业资源,从而获得发展所急需的资金、技术、管理等要素。并且希望通过内陆与沿海的加强合作,打通面向国际市场的出口渠道,借助东部发达地区较高的外贸依存度而加大外向经济的比重。通过分工合作,东部发达地区与青藏高原地区可以发挥各自的比较优势,实现优势互补,实现和谐的区域经济关系。这种关系是一种动态的,随着各个区域的发展而向前推进,因而是一个互动与协调的发展。东部发达地区与青藏高原地区相互联手,加强合作,必将会极大地推进西部大开发的进程。

在传统体制下,东部发达地区与青藏高原地区之间也有经济合作。但这些经济合作大多是以政府为主角,并且是以行政方式来运作。如以前的省市自治区之间的"对口支援",是以中央政府和地方政府为主体,合作双方之间是一种不计报酬、无偿援助式的关系。这种经济合作虽然对落后地区的发展起了一定的作用,但其忽视了经济利益,不利于调动双方的积极性,因而很难持续下去。在市场经济条件下,东部发达地区与青藏高原地区之间的合作虽然不排除无偿援助,但更多的应该按经济规律办事,采用市场的方式来运作。具体地说,要坚持互惠互利、利益共享的原则,让企业成为合作的主体。首先是通过国家的政策导向,引导国内外商家加入青藏高原的经济发展进程。然后在具体的合作工作中,采用更有实效的方式,如双方企业共同投资开发资源,或通过股份制等经济联合体共同开发新产品,或通过经贸合作帮助青藏高原地区的企业产品打入国内外市场。

二、政策基础——统筹区域协调发展

中国区域经济合作始于新中国成立后,并被赋予过多的战略意义,因而只是中央政府在产业布局层面上的安排。20世纪80年代初期,东部沿海地区经济增长点的形成使得相关产业群在地理位置、技术、贸易及流通范畴上呈现出合作态势,从而表现出很强的自发性。然而,由于经济体制与市场经济发展的不完善,这种合作遇到了交易成本递增的障碍。90年代中后期,全球范围内国家之间的竞争在微观层面上表现为地方政府之间的竞争,地区产业的精深化发展要求促使经济发展水平、经济文化、制度、政策水平相

近、要素互补性强的区域广泛合作。进入21世纪,随着经济体制改革和市场经济不断完善,区域经济合作本着"和而不同、双赢态度、渐次思维、责任系统、公论衡平"的柔性规范态势,呈现出不同的形式。

面对错综复杂的国内外政治经济形势,中央政府以规划全国经济布局,构建长远经济发展战略的思想,主动推行了西部大开发、振兴东北老工业基地、中部地区崛起等区域经济发展战略。在此背景下,青藏高原落后的经济社会现状除了新形势下战略安全的考虑外,中央政府和学者们更多地从公平的角度出发进行规划。解决生态环境、不同文化在落后地区的冲突、民族分离主义、社会动荡等问题成为中央政府的首选。从中央政府陆续出台的各项方针、政策中,不难找出上述战略意图。然而,值得关注的问题是,青藏地区市场制度无法起到相应的支撑作用,使得青藏地区的主导产业群成为"没有自身能力"的产业,这势必激化中央政府由国家意志催生出来的产业结构与青藏地区市场制度生成缓慢之间的矛盾,陷入所谓发展战略的"悖论"。在某种意义上,不尽快破解这一"悖论",那么我们正在目睹的青藏高原经济高速增长的奇迹,就将是一种暂时的经济现象。

为解决上述问题,党的十六届三中全会通过了《中共中央关于完善社会主义市场经济体制若干问题的决定》(以下简称《决定》),提出了坚持"以人为本,树立全面、协调、可持续的发展观,促进经济社会与人的全面发展"的科学发展观。同时,《决定》又提出了实现全面建设小康社会战略目标的五个统筹思想。从区域经济发展的全局来看,如何解决我国日益扩大的区域经济发展不平衡是目前最重要、也最难解决的问题之一。为此,温家宝总理在2004年3月5日的《政府工作报告》中明确指出:"促进区域协调发展,是我国现代化建设中的一个重大战略问题。要坚持推进西部大开发,振兴东北地区等老工业基地,促进中部地区崛起,鼓励东部发达地区加快发展,形成东中西互动、优势互补、互相促进、共同发展的新格局。"我们认为,统筹区域发展、形成促进区域经济协调发展的机制,是在全面建设小康社会的新形势与新任务下,对长期实行的区域非均衡发展战略的调整和发展,也是政府促进区域经济发展的基本思路。其不仅已成为社会的共识,还为青藏高原地区与东部发达地区区域经济合作提供了坚实的政策基础。

除上述基础外,我们的调查研究表明,青藏高原地区与东部发达地区的区域经济合作具有较为广泛的民意基础,并且一些调查揭示,青藏高原地区的民族文化、宗教文化等均不构成这一跨省区经济合作的障碍。随西部大开发的进一步深入以及我国法制现代化的建设,诸如法制不统一等所产生的摩擦力将会越来越小。青藏高原地区民众也正在接受现代化理念的洗礼,现今表现出的发展理念也足以表明,东部发达地区与青藏高原地区展开区域经济合作将具有更为坚实的思想基础。

第四节 对青藏高原地区区域经济合作的实证分析

青藏高原地区在寻求区域经济发展的过程中,逐渐以市场为导向,并积极探索青藏高原地区与东部发达地区经济合作的新方式。而青海省连续十三年举办的"青海省投资贸易洽谈会"(以下简称"青洽会")就是一个积极而有益的尝试。此外,中国(青海)国际清真食品及用品展览会以及在西藏自治区部分市或地区与发达省市签订的区域经济合作框架协议等,也是青藏高原地区与发达地区或相对发达地区之间展开区域经济合作的积极尝试。在青藏高原地区,这一区域的经济合作还依存在一些独具特色的活动中,如通过郁金香节、国际藏毯节、民族饮食文化节、青海昆仑文化旅游节、青海湖文化旅游节等,青藏高原地区与国内外建立了广泛的区域经济合作。

一、"青洽会"——一个对区域经济合作效益的典型分析

(一)"青洽会"的由来及其定位

2000 年根据原国家经济贸易委员会倡议,结合西部大开发的需要,于该年 6 月 26 日至 28 日在西宁市召开"民营企业参与西北经济结构调整项目洽谈会"。① 此后,在中央及各省区的大力支持下,青海省政府先后以"会展"等形式积极推动区域经济的合作与发展,迄今已成功举办了十三届。

原国家经济贸易委员会决定举办"青洽会"的初衷是,针对西部地区结

---

① 参会的除国家有关部委及单位、省区市外,一些国内大型企业集团和著名的民营企业纷纷前来,参展产品多达千余种。"青洽会"的成功举办,吸引了美国、英国、法国、澳大利亚、沙特、伊朗、日本、韩国、俄罗斯、新加坡、哈萨克斯坦等多国客商参会。

构调整任务艰巨的实际情况,为进一步加强东西部地区之间的经济合作,吸引东中部企业参与西部产业结构调整,不断推动西部省区的经济结构调整步伐。经青海省政府的积极努力争取和国家的综合考虑,国家决定"会展"在青海举办且每年定期举办一次。为了突出结构调整这一特色,扩大合作领域,体现区域特点,进一步彰显青海的主体地位和作用,从第五届"青洽会"开始,会议名称改为"中国青海结构调整暨投资贸易洽谈会"。实践证明,青海省政府承办的多届"青洽会",一方面,为对外开放、宣传青海、招商引资提供了一个有效平台,对促进地区产业结构的调整,扩大东西部地区间合作与交流,实现区域经济协调发展产生了积极的推动作用。另一方面,就区域经济发展而言,对中央政府政策的落实,地方政府经济行为的介入不仅是必要的,而且也是可行的。

"青洽会"最大的特点就是不同部门和地区政府的积极组织和参与。首先,"青洽会"是在政府的推动、引导和干预下,对口帮扶和对口支援,以实现东部发达地区在合作中与青藏高原地区"共享双赢"。为组织好每届"青洽会",青海省及各地区组成专门班子,围绕青海省企业结构调整、基础设施建设、生态环境保护、优势资源开发、特色经济构建、旅游文化事业发展,精选了一大批前期工作扎实、经济效益突出、合作性强的项目,以吸引投资合作。其次,从"青洽会"的内容来看,特色经济创建、优势资源开发、产权转让、大型项目重组成为"青洽会"的重点和亮点,其推出的项目几乎涵盖了各个行业。同时,作为先天条件优厚的资源大省,青海在项目选择上充分考虑了自身特色和优势,在招商产业上,将青海矿产、盐湖等特色资源的精深加工项目,高原动植物为主的中藏药、食品、生物化学制品等项目,生态环保、高新科技、新材料、信息技术等新兴工业项目作为"青洽会"的招商重点。最后,"青洽会"是以市场运行机制为基础的。"青洽会"尊企业为市场主体,并重视大企业在跨区域资源配置中的作用。

(二)"青洽会"所取得的成果

历届"青洽会"在政府的主导下,通过一系列的具体活动,主要内容包括:投资洽谈、科技成果、信息通信、农牧产业化、中藏医药、名优产品、房地产和建材及装饰产品展、大会论坛、文化交流、就业人才招聘等等。对青海省来说,一定程度上解决了所有制结构的不合理,推动了企业转制,加快了结构调整,扩大了对外宣传,促进了商品贸易发展,转变了人们的思想观念等,意义十分重大。可以肯定地讲,"青洽会"对青海省经济社会的发展产生了积极而又深远的影响,为实现青海省经济结构的调整,加快资源开发,扩大对外开放,推动西部大开发战略的实施创造了条件。

自"青洽会"举办以来,每年均有东部发达地区的企业与青海企业缔结中长期建设项目及商贸合同。其合作涉及基础设施建设、农牧业、旅游业、生态环境建设、工业、房地产业、商业贸易、企业重组等众多领域,经贸洽谈成效显著。(见表4-1)

表4-1 历届中国青海结构调整暨投资贸易洽谈会汇总表[①]

单位:项、亿元

届次	时间	会议共达成项目数及金额		青海达成项目数及金额			
		项目数	合作金额	项目数	合作金额	协议项目	合作金额
第一届	2000年	199	91	134	72	—	
第二届	2001年	175	97	110	70.2	—	
第三届	2002年	323	135	174	80	—	
第四届	2003年	271	285.21	171	220.9		
第五届	2004年	230	351.66	89	115	52	103
第六届	2005年	168	262.9	121	209.16		
第七届	2006年	211	320.8	153	218.7		
第八届	2007年	214	330.38	130	222.70		
第九届	2008年	259	378	132	242.88		
第十届	2009年	136	398.74	278.24	—		
第十一届	2010年	—	—	127(196)	1922(1230)		
第十二届	2011年	—	—	259(265)	1502	—	
第十三届	2012年	344	1652.5				

---

① 数据来源:本表中部分数据源于青海工业经济信息网,http://www.qhszs.com/qhnews/qh-gyjjxxw/channels/921.html;部分源自中国日报网,http://www.chinadaily.com.cn/micro-reading;另有一些源自百度百科"青洽会"词条,http://baike.baidu.com/view/161499.htm;第十一届、第十二届数据部分来源于青海政府网,http://www.qh.gov.cn;部分为我们走访中有关部门提供的内部统计参考数据。

(续表)

届次	时间	会议共达成项目数及金额		青海达成项目数及金额			
		项目数	合作金额	项目数	合作金额	协议项目	合作金额
备注	1. 第三届青洽会中,贸易金额达 8 亿元。 2. 第八届青洽会中,银行、企业合作签订借贷合同 250 亿元。 3. 第十一届青洽会中,青海与中央企业签订合作项目 26 项,合同总额 1230 亿元;与各省区市签订合同项目 101 个,签约金额 692 亿元。项目签约总额 1922 亿元中,利用国外和境外资金 176 亿元,利用省外资金 1746 亿元。绿色经济、循环经济和低碳经济项目达 70 个,签约金额 555 亿元,占省内签约金额的 80%。 4. 第十一届青洽会中,共签订工业类项目 90 个,占项目总数的 70.9%,签约金额 1541 亿元,占全部签约金额的 80%。能源类项目占主导地位,共签订能源类项目 22 个,签约金额 977.8 亿元,占工业类项目签约金额的 63.5%,占全部签约金额的 51%,其中太阳能、风能等新能源项目 14 项,签约金额 395.72 亿元,占能源类项目的 40%。 5. 第十二届青洽会中,新能源、新材料类项目签约 42 项,签约金额达 512 亿元人民币,占全部签约金额的 34%。在引进外资方面,共签订外商投资项目 9 项,签约金额 1.16 亿美元。而青海省传统的重化工类产业仅签约 24 项,签约金额 347 亿元人民币,占全部签约的 23%,项目数和签约金额较往届呈下降趋势。 6. 自第十一届起,青洽会数据不再统计会议共达成项目数及合作金额。 7. 在我们走访中,青海省经贸委经协办提供的参考数据为:第十一届项目数为 196 项,合作金额 1230 亿元;第十二届项目数为 265 项,合作金额仍为 1502 亿元。 8. 第十三届"青洽会"中,区域经济合作更加广泛,有 38 个地区和部门与青海省签约,签约额较高的省市有北京市 400 亿元、浙江省 124 亿元、江苏 101 亿元、河南 104 亿元、山东 92 亿元。 9. 在第十三届"青洽会"中,青海省西宁市、海西州、海东地区依然是签约重点地区。其中西宁(包括西宁经济技术开发区)55 项,签约金额 408 亿元;海西(包括柴达木循环经济开发区)85 项,签约金额 478.14 亿元;海东(包括海东工业园)41 项,签约金额 299.8 亿元;三个地区合计签约 1185.9 亿元,占全部签约金额的 72%。						

(三)"青洽会"对青藏高原地区与东部发达地区区域经济合作的贡献

"青洽会"的连续举办是青藏高原地区与东部发达地区经济合作的有益尝试,它全面展示了青海的投资机遇和自身优势,对青海省地区经济的发展起到了很好的拉动作用,同时也为东部发达地区的一些资本找到了寻利的出路,而且无论从地区就业乃至全国经济的发展而言,都产生了较为显著的作用。

第一,从资本流动方面而言,通过"青洽会"这一形式,部分资本从东部发达地区被持续引入。从几年的数据统计来看,几乎每年的签约项目和资金都远远突破预计数额。

第二,通过"青洽会"引入的资金,营运于企业的产权交易、新技术成果、科技成果转化以及水能、盐湖、石油天然气、有色金属、非金属矿产、畜牧业、野生动植物、旅游等资源的开发利用方面,从而能激活这些行业,促进青藏高原地区劳动力的就业,并为区域经济增长做出重大贡献。并且,青海地区也通过"青洽会"的平台,将本地富裕的劳动力不断地向东部发达地区输送。在劳动力以及技术性人才的双向流动中,地区经济观念的转变与提升就具备了一定的基础。这无疑也将对地区经济的发展以及区域经济合作的纵深产生深远而良性的影响。

第三,通过"青洽会"进行的区域经济合作,使东部发达地区的先进技术、管理经验等随同技术人才的流动或自由往来而迅速传递给了青藏高原地区,从而使这一地区的发展具有了鲜明的后进优势,从而也为这一地区跨越式发展奠定了基础。而且,我们单纯就"青洽会"而言,其表面上似乎针对青海而言,但其效用的发挥却不仅仅限于青海,其辐射作用很大。从投资环境上来讲,青海作为中国西部连接西藏、新疆乃至东盟国家联系中国内地的重要枢纽,近年来受到越来越多国内外投资者的关注。青海投资环境的改善,也必将为其他区域的发展起到重要的促进作用。同时在诸多方面也会提供众多的经验支持。

第四,从东部发达地区商家近年来在青藏高原地区市场开拓方面来看,"青洽会"所起到的作用也无疑是非常积极的。一方面,东部发达地区商家的产品在青藏高原地区打开了市场。另一方面,这些产品在营销过程中对于青海地区营销人才的培养以及市场理念的培植也是具有重要的影响,同时也包括对消费观念的影响。

第五,在"青洽会"积极促进东部发达地区与青藏高原地区区域经济合作的同时,也显现出了青海投资环境方面的诸多问题,包括基础设施建设、生态环境保护、劳动力就业、知识产权、消费观念,等等。这些不断出现的问题实质上对于进一步做好东部发达地区与青藏高原区域经济合作而言,既是挑战,同样也有积极的方面。至少这些问题的出现能使我们进一步深思市场机制下的区域经济合作,也同样会寻求诸如法律等有效的可控手段,从而为进一步做好区域经济合作奠定基础。

二、青海地区其他蕴藏区域经济合作之形式简析

除颇具规模的"青洽会"之外,在青海省还通过其他相类似的形式不断加强与国内外的区域经济合作。择其主要者有:

（一）中国(青海)国际清真食品及用品展览会

自 2007 年开始,由中国国际贸易促进委员会、青海省人民政府等主办的中国(青海)国际清真食品及用品展览会(以下简称"清食展")每年在青海举办,这一旨在加强与伊斯兰国家的经贸协作和交流的国际清真食品及用品展览会,为促进青海省清真食品及用品产业的发展以及国内发达地区与青海地区的区域经济合作提供了平台。

2007 年"清食展"中,国内有 9 家企业和我省的 6 家企业分别签订了总金额达 8000 多万元人民币的经贸合作协议。其中,广东省江门祥和冷冻食品行与青海刚察草原肉食品有限公司签订牛羊肉供销合作协议;青海民和湟乳制品有限公司分别和河南镇平天历物业有限公司、安徽白帝物业有限责任公司签订湟乳奶粉购销合作协议;青海雪峰牦牛乳业公司分别和香港沃德集团公司、上海金尼波进出口商贸公司签订清真食品供销合作协议;青海藏羊地毯集团有限公司分别和中国进出口银行陕西省分行、北京银泰置业有限公司签订伊斯兰用品供销合作协议;广东利伟食品贸易行和青海刚察草原肉食品有限公司签订合作协议;青海品祥园商贸有限公司和浙江义乌伊赫撒商贸有限公司签订清真食品供销合作协议。

2008 年"清食展"共举办了 30 多场洽谈活动,共签约 36 个项目,协议合同资金及贸易成交额达 2.13 亿美元,其中青海省签约 9760 万美元,4 天中销售额达 2200 万人民币。国内有 24 个省市区的 230 多家企业参展,其中大型知名企业有正大、小肥羊、月盛斋、中粮集团、今麦郎、康师傅、徐福记、王老吉等。

2009 年"清食展"举行期间,第二届青海清真食品节、2009 年中国—穆

斯林国家经贸合作高层论坛、第二届中国穆斯林民族服饰表演赛、青海项目推介会、河南省情暨万村千乡采购说明会、四川省专场推介会、跨国采购洽谈会等活动也分别在展会期间举行。该届展会除境外24个国家和台湾地区的参展企业116家外,国内共有22个省市区的530余家企业参展,其中16个省市区组建了省市区专馆参展。参展企业中名列世界500强和中国500强的大型企业有伊利、月盛斋、康师傅、科尔沁牛业、娃哈哈、中粮集团、上好佳、雨润等13家企业。该届展会有80余家中外企业签订了贸易投资合同和协议,签约项目135个,合同协议资金达3.82亿美元,其中青海省企业签约43个,合同及协议资金1.22亿美元。

2010年"清食展"中,22个国家和国内24个省市区的700多家企业参展,除国外企业120家外,其余多数为国内企业,其中不乏正大、伊利、皓月、太太乐、徐福记、月盛斋、三宝双喜等大型知名企业。80余家中外企业签订了贸易投资合同和协议,签约项目103个,合同协议资金超过了4亿美元。

2011年"清食展"共有来自国内29个省市自治区的500多家企业、国外12个国家和台湾地区的106家企业以及省内121家企业参展,有100多家中外企业签订了贸易投资合同和协议,签约项目130个,合同协议资金达4.5亿美元。

2012年"清食展"更是吸引了来自35个国家和地区、国内31个省市区政府、商协会及清真食品用品行业企业的嘉宾客商来青海交流合作,共谋发展。

"清食展"现已是中国清真行业中最具影响力的展会,也已成为促进中国与广大伊斯兰国家扩大经贸合作、振兴清真产业的一个重要平台,其不仅推动了青海省清真产业的发展,也使区域经济合作在各省市间积极展开。据统计,目前,青海省共有清真食品饮料生产、加工厂家300多家,清真餐饮服务企业(店铺)5500余家,用品生产、加工厂家20多家。2011年,青海省清真产业产值约为30亿元人民币。清真产业的壮大发展,带动了青海省轻工业的快速发展,加快了青海省产业结构调整。①

---

① 以上数据均来源于http://www.qhnews.com,http://www.qh.gov.cn,http://www.qh.xinhuanet.com(2012年8月12日访问)。

（二）中国（青海）藏毯国际展览会

迄今已成功举办九届的中国（青海）藏毯国际展览会（以下简称"藏毯展"）也是促进区域经济合作的又一重要载体。

2004年7月首届"藏毯展"由来自印度、巴基斯坦、尼泊尔等国的地毯商及国内青海、西藏、天津、上海等10多个省市区的地毯企业参加展览，共有约300个展位，土耳其、美国、日本等20个国家和地区的数百名采购商前来洽谈采购。参加展会的国内外客商达成了合作意向，成交了部分进出口合同，成交金额800多万美元。当年，青海藏毯企业出口创汇达到1500万美元。从事这项产业的农牧民人数超过1.3万人，全年实现总收入3930万元，展会成为加强国内外经济合作的新桥梁。

2005年6月第二届"藏毯展"成交金额达到1589万美元，比首届展会增加了近50%。全年出口创汇2252万美元，参与整个产业的农牧民人数达到2.12万人，总收入达到6360万元。

2006年第三届"藏毯展"将藏毯交易和展示并举，突出现货交易，辅以展销地毯原辅材料和藏文化艺术品。该届展会参会参展国达34个，国内共有21个省区市地毯企业组团参加，实现成交金额3960万美元，比上届翻了一番多，全年藏毯出口创汇额持续攀升，达到2735万美元，参与藏毯产业农牧民增加到3.3万人，总收入翻过亿元大关，达1.32亿元。

2007年第四届的展会主办方由往届的3家增加到了5家，除青海省人民政府、西藏自治区人民政府、中国食品土畜进出口商会外，增加了世界手工地毯协会和中国家用纺织品行业协会，这为进一步提升展会质量和招商招展工作的顺利开展起到了积极的促进作用。该届展会实现合同金额4380万美元，其中，现金交易356万美元。

2008年第五届"藏毯展"上，国外参展9个国家，共有25家企业参展，有41个国家和地区、150家企业参会。国内20个省市区的86家企业参展，30个省市区的300多家企业参会。实现成交金额4820万美元，其中，现货交易392万美元，青海省内参展企业成交额占总成交额的40%。

2009年第六届"藏毯展"是在各国遭受金融危机影响的背景下举办。是年3月，连国内毯织品行业展会中一流的上海国际地面铺设及装饰材料博览会上，都存在展馆空落、不少参展商订单挂零的情况，而于该年6月举办的"藏毯展",却呈现出了参展商家普遍有成交,地毯现货国内行情较旺,全毛织地毯、手工藏毯市场前景看好的特点。

2010年第七届商务部首次作为展会的主办方,该届展会参展参会客商共4000多人,共实现成交额5860万美元,现货交易4650万元人民币,比上届分别增长21.3%和55%。

2011年第八届"藏毯展"共实现交易额7100万美元。展会举办8年来,参展参会国家和地区由第一届的十几个增加到三十多个;国内组团参展参会的省区由16个增加到30个;参会参展的企业从220家增加到400多家。参展客商人数和成交金额分别比2004年增长了3倍和6.3倍。

2012年第九届"藏毯展",各类地毯、挂毯成交额达到了8300万美元,比上一届增长了16.9%。

在"清食展"、"藏毯展"等的推动下,青海省特色轻工业不断壮大,特色农畜产品加工业、民族纺织业、藏毯及手工业等具有地方特色和文化内涵的轻工产业快速发展,发展势头强劲。据统计,农副食品加工业实现增加值年均增长12.9%,食品制造业年均增长20.3%,饮料制造业年均增长26.9%,医药制造业年均增长16.7%,纺织业年均增长22.7%。2012年上半年,在青海省重工业因市场需求不足矛盾逐步加深,亏损面扩大的时候,以生产食品、用品为主的轻工业在刚性需求带动下快速增长,轻工业增速远远超过重工业,完成增加值29.87亿元,增长29.7%。① 由此也足见区域经济合作形式对于产业结构等方面的影响,从而启示我们,做好区域经济合作方面的制度安排,其意义极其重大。

三、西藏地区开展区域经济合作之实证分析

除去上述青海地区从区域经济合作中取得的显著成效之外,西藏地区近年来在区域经济合作方面也取得较大成就。这些区域经济合作的展开,对于青藏高原地区经济的发展起到了巨大的促进作用。

(一)中央企业对口支援西藏

2012年3月2日,国务院国资委和西藏自治区人民政府在京召开中央

---

① 以上数据见 http://www.huaxia.com/qh-tw/qhyw/2012/07/2925851.html(2013年7月13日访问)。

企业援藏工作座谈会,以贯彻落实中央第五次西藏工作座谈会和对口支援西藏青海工作座谈会精神,推进中央企业深入参与西藏经济社会建设。会上,双方签署了《合作备忘录》,确定了共同推进中央企业与西藏自治区开展广泛合作的宗旨主要内容和工作机制。国务院国资委和西藏自治区政府将坚持以企业为主体、市场为导向、优势互补、融合发展的基本原则,以建设西藏推进西藏经济社会跨越式发展和长治久安为目标,以重大项目建设深化产业经济技术合作与交流为重点,全面开展中央企业与西藏战略合作,提高西藏经济社会发展水平,实现西藏与中央企业互利共赢共同发展。

事实上,国家极为重视青藏高原地区经济与社会的发展。早在1980年3月14日至15日,中共中央在北京召开了第一次西藏工作座谈会,形成了《西藏工作座谈会纪要》。其后,中央根据西藏的实际情况和国家的经济情况,加大了西藏的援助,并相应制定了对于西藏的各种优惠政策。如年均定额补助增加到4.96亿元,各种专项拨款0.9亿元,基本建设投资2.622亿元。[1] 1984年3月,中央召开第二次西藏工作座谈会,其后决定由北京、上海、天津、江苏、浙江、福建、山东、四川、广东等省市和水电部、农牧渔业部、国家建材局等有关部门,按照西藏提出的要求,分两批帮助建设43项西藏迫切需要的中小型工程项目,工程建设内容涉及10个行业,总投资4.8亿元。[2] 中共中央、国务院于1994年7月20日至23日召开了第三次西藏工作座谈会,讨论并一致同意《中共中央、国务院关于加快西藏发展、维护社会稳定的意见》,落实了全国支援西藏的62个、投资总额达23.8亿元的建设项目。[3] 2001年6月25日至27日,中共中央、国务院在北京召开了第四次西藏工作座谈会,要求进一步加大对西藏的建设资金投入和实行优惠政策的力度,继续加强对口支援。考虑到西藏的特殊情况,确定西藏的重点建设项目资金主要由国家来承担。中央在增加直接投资的同时,还要实行特殊的扶持政策。此次会议期间,确定各省市对口支援建设项目70个,总投资约10.6亿元。[4] 2010年1月18日至20日,中央召开第五次西藏工作座谈

---

[1] 资料来源:http://tibet.news.cn/misc/2008-10/18/content_14671407.htm(2011年8月12日访问)。
[2] 资料来源:http://tibet.news.cn/misc/2008-10/18/content_14671404.htm(2011年8月12日访问)。
[3] 资料来源:http://tibet.news.cn/misc/2008-10/18/content_14671427.htm(2011年8月12日访问)。
[4] 资料来源:http://tibet.news.cn/misc/2008-10/18/content_14671439.htm(2011年8月12日访问)。

会,会议中,温家宝总理指出,要继续保持中央对西藏特殊优惠政策的连续性和稳定性,进一步加大政策支持和资金投入力度。继续执行并完善"收入全留、补助递增、专项扶持"的财政政策,加大专项转移支付力度,对特殊民生问题实行特殊政策并加大支持。继续实行"税制一致、适当变通"的税收政策。加大金融支持力度,继续维持西藏金融机构优惠贷款利率和利差补贴等政策。加大中央投资力度,继续扩大专项投资规模,中央投资要向民生领域倾斜,向社会事业倾斜,向农牧业倾斜,向基础设施倾斜。加大人才培养力度,培养更多当地急需的各类专业人才。落实西藏干部职工特殊工资政策,完善津贴实施办法,并按全国规范津贴补贴的平均水平相应调整西藏特殊津贴标准。加大对口支援力度,继续坚持分片负责、对口支援、定期轮换的办法,进一步完善干部援藏和经济援藏、人才援藏、技术援藏相结合的工作格局。①

国家多次通过专门座谈会等形式,组织、引导中央企业对西藏自治区进行各项援助,许多中央企业一直与西藏地区广泛开展经济技术合作交流,有力带动了西藏经济发展。如2012年2月20日,中国电建集团与西藏自治区政府签订战略合作协议。② 截至2011年底,中央企业在西藏累计投入文化、教育、医疗、卫生、抗灾救灾、人才培训、无偿捐赠、行业扶持等方面无偿援助资金50多亿元,其中承担对口援藏任务的16家国务院国资委监管中央企业累计落实对口援藏项目976个,投入对口援藏资金18.28亿元,派出援藏干部138名。中央企业在西藏电力、水利、通信、能源、矿产、旅游等行业累计投资400多亿元,承建铁路、公路、基建、通信、水利、水电、资源勘探等各类项目合同总额240多亿元。目前,有15家中央企业与西藏自治区政府签订了各类战略合作协议,11家中央企业承担了《"十二五"支持西藏经济社会发展建设项目规划》中41个重要项目,"十二五"时期中央企业已计划在藏投资800多亿元。③

此类区域经济合作形式是由中央政府与地方政府共同推动的结果,虽

---

① 参见:http://news.xinhuanet.com/politics/2010-01/22/content_12858927.htm(2012年8月12日访问)。
② 参见:http://finance.ifeng.com/roll/20120223/5644817.shtml(2012年8月12日访问)。
③ 数据来源:http://news.hexun.com/2012-03-05/138974672.html?from=rss(2012年8月12日访问)。

然多是采用专门座谈会等的形式,但却因座谈双方的权威性而具有实施的较强保障性,并且此类座谈会通常会签署《工作备忘录》。从援助形式来看,采取了干部援藏、经济援藏、人才援藏、技术援藏、智力援藏等相结合的方式。从援助范围来看,涉及文化、教育、医疗卫生、人才培训、行业扶持等多个方面。总体而言,这一由行政手段来推动的区域经济合作,从当前情况来看,效果十分显著。当然从可持续性、稳定性角度来看,对此合作形式的法定化可能将对青藏高原地区的经济发展和社会进步更为有益。

(二) 科研院所与西藏自治区之间的合作

近年来,为从科技、智力等方面帮助欠发达地区,一些科研院所与欠发达地区的政府部门达成合作协议,以协同创新,共谋发展。这一形式在西藏地区也多有存在。2012 年 3 月 29 日,中国科学院与西藏自治区在成都召开科技合作会议,既对 2011 年院区合作工作成效进行了回顾,同时也做出了 2012 年院区合作工作设想。并且在此次会议中,确定"发展经济、保护环境、改善民生"为院区合作的指导思想。①

此类区域合作形式,是践行"知识援藏、人才援藏、科技援藏"的重要方面。其符合西藏自治区社会经济发展的长远利益,因而也应当是区域经济合作中应当给予重视的内容。在这一合作形式中,合作双方同样能实现双赢,而目前面临的问题是,此类合作形式存在相对随意性的问题,同时,在无相应法律规范跟进的情形下,也将产生一些问题。如在没有相应法律规制的情况下,在生态极其脆弱的青藏高原地区所为的一些科学实验,可能恰是对该地生态毁灭性的行为。因此,无论是为使此类合作形式具有可持续性,还是对此类合作形式进行相应的保护性利用,均需法制建设的跟进。

(三) 以援藏为主的省区合作

这主要表现为一些发达省份,通过政府行政行为,落实中央援藏要求的行动,以及通过省区政府间、市县政府间达成相关合作协议展开经济合作的形式。

自 20 世纪 50 年代开始的全国对口援藏即对西藏自治区经济发展产生了重要的促进作用,并且极大地改变着西藏百姓的生活。1994 年 7 月,中央

---

① 参见:http://roll.sohu.com/20120330/n339427335.shtml(2012 年 8 月 12 日访问)。

第三次西藏工作座谈会作出了由经济较为发达的地区支援西藏建设和发展,并实行"分片负责、对口支援、定期轮换"的重大决策。2001年6月召开的中央第四次西藏工作座谈会决定,将对口援藏工作在原定10年的基础上再延长10年,并扩大了对口支援范围,将西藏未与内地建立对口支援关系的30个县区全部纳入支援范围,新增了3个省和15家国有重要骨干企业,分别承担对口支援任务(可见表4-2)。

表4-2 主要省市对口支援西藏分配情况表

援藏省市	对口地区	备注
北京市、江苏省	拉萨市	
重庆市、天津市、四川省	昌都地区	
上海、山东、黑龙江、吉林	日喀则地区	
湖南、湖北、安徽	山南地区	
广东省、福建省	林芝地区	
浙江省、辽宁省	那曲地区	
河北省、陕西省	阿里地区	

很早就展开的以援藏为主的发达地区与西藏自治区之间的区域经济合作,对于西藏自治区的经济发展产生了重大的促进作用。以下数据和实例或能说明以援藏为主的省区合作所产生的效益:

(1) 据统计,仅在"十一五"时期,援藏资金就累计达到了75.5亿元,绝大多数的项目和资金均向"三农"和民生领域倾斜。[1]

(2) 国务院于2011年7月6日批准了《"十二五"支持西藏经济社会发展建设项目规划方案》,方案涉及项目226个,总投资约为3300亿元,比"十一五"期间投资翻了近一番。

(3) 2011年4月至6月中旬,上海共有近40个重点援藏项目开工建设,已累计完成投资约8000万元。"十二五"期间,上海市共计划安排242个援助项目,安排援藏资金15.1亿元。[2]

---

[1] 颜园园:《对口援藏5年投入近76亿》,载 http://finance.stockstar.com/JL2011050500001176.shtml(2011年7月25日访问)。

[2] http://news.stockstar.com/wiki/topic/SS,20110710,00000360.xhtml(2011年8月12日访问)。

(4) 2011 至 2012 年两年,北京市确定 25 项援建项目,共投资 4.1 亿。①

(5) 安徽省除选派干部到山南地区工作外,第一批支持山南地区资金 6264.05 万元,支持建设项目 23 个,第二批安排支持资金 1 亿元。同时充分发挥安徽省科教优势,第一批为山南培养各类人才 106 人,企业交流与合作也正向深层次、多领域发展。②

(6) "十二五"期间,河北省援助对口地区西藏阿里资金将达到 5.8 亿元,重点实施利民惠民、基础保障、财源建设、环境修复、维护稳定五大工程。据不完全统计,2001 年以来,河北省按照中央有关要求,有计划、有针对性地安排资金 1.55 亿元,援建项目 115 个,为西藏阿里地区建设了学校、医院、城镇道路和小康示范村等一系列急需的民生项目,为推动阿里地区经济社会发展方面发挥了重要作用。③

(7) 2012 年 3 月 14 日,四川雅安市与西藏拉萨市签订了区域经济合作框架协议,共同开发藏茶文化,变资源优势为经济优势。④

以省市援藏为主的区域经济合作形式,虽然最初源于行政手段的推动,但在不断的实践中,也在不断总结经验,也不断有新的形式出现,如东部发达地区的政企合作,之后共同进行援藏。这种形式也将在单纯的行政支付之外,会形成以企业为主体,旨在实现双赢的区域经济合作模式。

四、上述区域经济合作实践中所存问题分析

上述在青藏高原地区存有的各类区域经济合作之形式和载体,对于推动青藏高原地区的经济发展和社会进步,做出了显著而重大的贡献。然而,上述形式并不能涵盖区域经济合作的全部意义,一些形式甚至很难将其作为长远发展的举措。究其存在的问题,我们认为主要有以下几点:

第一,以"青洽会"等为代表的,通过贸易会形式的经济合作形式,从合

---

① http://www.xdrc.gov.cn/ReadNews.khtml? NewsID=2874(2013 年 7 月 13 日访问)。
② http://www.chinatibetnews.com/yuanzang/2005-08/19/content_42243.htm(2011 年 7 月 25 日访问)。
③ http://www.xz.xinhuanet.com/yuanzang/2011-10/18/content_23914705.htm(2012 年 8 月 12 日访问)。
④ 可详见:http://gb.cri.cn/27824/2012/03/14/2625s3600856.htm(2012 年 8 月 12 日访问)。

作领域和地域来看，以传统产业的合作占主要地位，主要涉及农业、林业、交通、水电、建材、轻工、旅游、商贸和教育等，初级农产品贸易、资源开发性的短平快项目居多，技术含量和附加值低、经济效益不显著，而现代产业、高新产业和深加工产业合作仍然缺乏，企业之间的合作还有很大潜力，经济合作的深度和广度远远不够。

第二，无论是由行政手段推动的合作，还是借助会展等载体开展的合作，目前多数尚处于较低层次，最为主要的合作在物质交换、商品贸易、劳动力输出等方面，而技术合作、生产合作、人才合作、资本合作等高层次的合作仍缺乏。青藏高原地区应紧紧围绕资源开发、产业结构调整和国有资产重组工作，与国内外商家开展多种形式的经济合作，主要包括资本运营、品牌合作、技术入股、配套合作、经贸联合等，使经济合作的层次不断地纵深化，形式不断地多样化，推动一大批跨地区、跨行业、跨所有制项目的启动。此外，还应创新性地采用一些新的合作形式，如以产权换资金、以项目换技术、以市场换品牌等等。因而目前的合作形式及内容仍有进一步提高之必要。

第三，从合作动力和机制来看，目前无论是援藏为主的合作还是贸易会为载体的合作，都是以政府协调、推动为主，还缺乏以市场为动力的合作，缺乏企业之间的主动合作，企业的参与意识不强，不少企业经济效益不佳，也缺乏参与区域经济合作的长远发展战略。企业尤其是大型企业集团在区域经济整合中的作用未能充分发挥。根据区域发展的新趋势和新要求，合作机制有待进一步改进和完善。在区域经济合作中政府主要发挥倡导、协调和推动作用，最终应以市场为主导，以企业为参与的主体，才能真正达到区域经济合作的效果和目的。地方政府的引资目标责任制虽在一定程度上可以动员有关地区、部门、企业招商引资的积极性，但同时也必须看到，这种行政手段往往会造成地区和部门为完成上级下达的考核指标而发生引资短期化行为，不管采取任何方式，也不考虑所引进企业项目对本地经济的产业关联程度。招商引资不应是短期行为，企业、资金和项目不是被引进来就可以了，更要能发展，只有这样才会真正促进地方经济的持续增长，否则的话，靠这种引资拉动的经济增长只能是短暂的和粗放型的增长。[1]

---

[1] 马广琳、刘俊昌：《中国区域经济协同发展中存在的问题及对策研究》，载《经济问题探索》2005年第5期。

第四，现存的诸多合作形式，其随意性与政策性较为鲜明，因而在合作过程中，后续发展的动力不足。一些合作项目仿佛只是现实所需的应景举措，对项目之后期的监督检查乃至绩效考察等，大多没有较为规范的要求。这也使我们看到，无论是在区域经济合作开展前的刺激，还是合作过程中的监督检查，包括以生态保护为核心的审视，乃至合作之后的效益评价，法律可谓大有所为。然而，目前区域经济合作大多不是运行在法律轨道之上，甚至就某些问题而言，还处于想上法律轨道而不得的时候。就此而言，在青藏高原地区与东部发达地区区域经济合作之问题中，立法应是当务之急。

第五章　青藏高原地区与东部发达地区区域经济合作中的法律价值解析

青藏高原地区与东部发达地区区域经济合作现实基础的探究，所解决的是能不能的问题。即使得到了肯定的回答，我们仍应更多关注如何开展区域经济合作的问题，尤其是以何为切入点做好区域经济合作的问题。我们看到，进入21世纪以来，我国区域经济合作呈现出范围不断扩大、程度不断加深、层次不断提高的发展趋势，区域间正朝着融合互动和一体化的方向发展，区域经济合作已成为我国新世纪经济发展的增长极和发动机。青藏高原地区也应不失时机地积极参与和东部发达地区的区域经济合作。

然而，在展开区域经济合作过程中，不断显现出的一些问题要求国家及地方政府着力解决。因而我们应当直面这些问题，并针对这些问题积极寻找解决方案。针对青藏高原地区与东部发达地区的区域经济合作，尤其是在面对不同的目标函数、较大的发展差异，乃至毕竟有些差异的背景文化，我们必须明确在推进区域经济合作时应主要凭依何种手段这一基本性的问题。对此，我们不仅从依法治国、建设法治国家这一现时代根本理念中来树立法制建设在应对社会及经济问题中的价值观念，同时，国外发达国家走过的路对我们很有借鉴性，而从中看到的法律价值，不由地让我们思考法律在推进青藏高原地区和东部发达地区区域经济合作中的作用和价值。

第一节　国外区域经济发展及区域经济合作的立法经验

从世界范围来看,区域经济发展不平衡是一个具有普遍性的问题。除了少数国土面积极小的国家,几乎所有国家都面临程度不同的区域发展问题。20世纪30年代以后,世界各国政府,特别是工业发达国家政府逐渐意识到,依靠市场的力量来消除区域不平衡现象只不过是一种天真的幻想,因而都把区域经济发展不平衡作为一个突出的矛盾给予重视,纷纷通过确立加快开发的指导思想和方针政策,采取有效措施和干预步骤加以缓和并得到解决。因此,在国外,区域开发以及为此目的而展开的区域经济合作都是以法制为先导,这几乎成为国际惯例。从实践层面考察,各国政府在开发落后地区、缩小发展差距的过程中,已积累了许多立法方面成功的经验和失败的教训。虽然一些立法和政策都是在相应的背景下生成的,而且一些立法具有专项性,但对这些经验和教训加以总结,无疑能给我们提供一些有益的启迪和借鉴。同时,就区域经济发展之立法而言,既有专门针对特定区域的立法,也有在立法之下,促进不同区域间合作之立法。这两种立法均表现出区域经济发展中法律之价值。

一、美国的区域经济政策及立法

美国曾经是一个地区经济发展很不平衡的国家。可以说,在其独立时期,就存在不平衡的问题,当时为殖民而挺进西部,对印第安人居住的地区进行殖民掠夺。此后又为解决地区间发展不平衡的问题,对于西部等落后地区进行开发。但无论是早期殖民时期还是开发时期,作为一个有良好法治传统的美国,是通过制定和实施一系列法律为其开发保驾护航。美国于20世纪30年代起开始着手在全国范围来促进落后地区的经济发展,并采取了一系列的政策措施。归纳起来,美国经验主要有以下几个方面:

（一）制定综合性的区域开发基本法

美国是世界上市场经济国家中最早重视区域开发并以法律形式促进落

后地区发展的国家。① 美国开发落后地区各项规范性措施的出台,大都经历了研究、立法、设立机构和财政拨款这样一个过程。各项政策的变动也需要经过立法程序来完成。美国在最初的"西进"运动中主要采用单行立法,而在后来的南部开发中,则总结经验,首先制定区域开发的基本法。这些基本法主要有:

1.《麻梭浅滩与田纳西流域发展法》

该法由美国总统罗斯福于 1933 年 5 月 12 日签署通过,又名《田纳西流域管理法》。根据该法建立了一个既有国家权力同时又兼具私营公司特点的国营公司——田纳西河流域管理局,由其对田纳西河流域进行综合治理和开发。该局最大的管理特点就是依法管理,因为同年通过的《田纳西河流域管理局法》规定了田纳西河流域管理局的自主经营权、多元化的决策机构、择优录用的人事制度和灵活的机构设置,因此依法管理的田纳西河流域管理局是流域得以成功开发的重要组织保障。国会最初只拨给田纳西河流域管理局 7.5 亿美元,管理局以此在田纳西河流域建设了一系列诸如水电、洪水控制、通航等造富民众的工程,从而使该流域 7 个州约 41000 平方英里的土地由穷变富,到 20 世纪 50 年代,流域内的农场基本实现了电气化,居民收入和生活水平有了根本改变。②

2.《区域再开发法》

1961 年由美国总统肯尼迪签署颁布,被认为是美国第一个比较系统地解决落后地区发展问题的基本法案。③ 其对实行区域开发的目标和范围、政府援助的主要标准等基本问题有着明确规定,如明确开发的一般目标就是要通过财政援助、优惠贷款以及社会信息服务等多种途径,帮助落后地区减少失业,提高收入水平。依照该法之规定,美国专门成立了区域再开发管理局(1965 年更名为经济开发署),根据各地区的失业状况、收入水平及其他标准,如地理上相互接近和一些特殊情况,具体确定有资格接受援助的地区。规定对过去一年的平均失业率超过 6%,且过去两年内至少有一年的失

---

① 刘水林、雷兴虎:《区域协调发展立法的观念转换与制度创新》,载刘隆亨主编:《中国区域开发的法制理论与实践》,北京大学出版社 2006 年版,第 29 页。

② 可参见文正邦、付子堂主编:《区域法制建构论——西部开发法治研究》,法律出版社 2006 年版,第 173—174 页。

③ 可参见郑长德:《世界不发达地区开发史鉴》,民族出版社 2001 年版,第 151—164 页。

业率超过全国平均水平以上的地区给予投资项目和财政资金的支持。① 尤其是到 60 年代后期还通过重点选择欠发达地区发展条件比较好的地方(原则上每个县有一个)作为重点发展的中心,实行倾斜式发展,以此带动欠发达地区的发展。② 每一开发区都必须有一个发展水平较高并具有发展潜力,因而能够支持和带动整个地区经济发展的增长中心。在资金分配上,经济开发署把绝大部分援助项目都放在增长中心,一般能够创造更多的就业机会。对于增长中心以外的地区,则主要是通过人力资源培训和社会服务,提高当地居民的素质。

当时设立地区再开发管理局的目的是想通过对那些失业率持续超过全国平均水平或者人均收入低于全国水平一定幅度的地区提供援助,由此促进这些地区的发展。从具体的做法看,主要有三个:第一,编制跨区域(县或者州)的区域振兴方案,例如在阿巴拉契亚复兴方案中就包括了 13 个州,振兴方案的主要目的是增加就业,可见,美国在不同时期也会编制一些针对具体问题和具体地区的发展规划。第二,通过大量的联邦财政拨款加强对基础设施、环境治理、人力培训等方面的投资,也包括对中小企业的支持性贷款(贴息或者低息),这被称为通过提供公共事务和开发设施,改善给不发达地区带来严重而持久失业的投资环境。据估计 1965 年—1975 年间,美国联邦政府共拨款 23 亿美金用于欠发达地区的开发。第三,引入"增长极"的概念,例如美国的经济开发法案要求建立"开发中心"(Development Center),开发中心必须是具有足够规模和潜力的地区,能够通过其经济发展来减轻周边地区的不发达状况,到 1975 年,这样的"开发中心"曾经达到 260 个以上。"开发中心"主要是要求具有充足的人口、资源、公共设施、产业和商业服务基础等,除人口应该在 25 万人以上的标准外,并无划分或者确定的统一标准。

3.《阿巴拉契亚区域开发法》

该法由约翰逊总统于 1965 年签署颁布。根据该法,由政府拨款 10.9

---

① 可参见张军扩、侯永志:《发展区域经济增长极的国际经验》,载 http://www.chinareform.org.cn/Economy/Macro/Experience/201108/t20110802_117910.htm(2012 年 10 月 21 日访问)。

② 最初,受援助地区即再开发区的范围较小,一般以县为单位,个别也有包括几个县的。从 20 世纪 60 年代后期起,为了提高援助资金的使用效率,经济开发署把受援地区划分为一些规模较大的开发区,一般由地理上相互接近的 5 至 15 个县组成。

亿美元,对宾夕法尼亚直到亚拉巴马共 13 个州的阿巴拉契亚地区进行综合治理和开发,成立阿巴拉契亚地区发展委员会具体负责开发治理工作。该法实施过程中,充分发挥阿巴拉契亚地区的特色和优势,打破州与州因地方利益不同而形成的分歧界限,进行地区间综合治理,实现了该地区的成功开发。①

4.《公共工程和经济开发法》

1965 年由美国国会通过,根据该法,由美国政府拨款 30 亿美元,在全国萧条落后地区兴建基础工业并改善当地交通状况,从而为地区经济发展奠定坚实的基础。同时为那些在再开发区建厂或扩建的私人公司提供低息贷款。提供贷款的数额最多可高达土地、建筑、机器和设备总成本的 65%,其归还期最长可达 25 年以上。经济开发上则提供公共工程、技术援助、规划指导,以及经济和贸易调整援助等方式,帮助困难地区发展经济。阿巴拉契亚地区地区开发计划则把援助的重点放在公共设施特别是公路网络的建设上面,并提供就业岗位培训和技术信息服务。

(二) 注重发挥一些重要的单行法的作用

如前所述,美国最初是通过单行立法而不是通过基本法来保障区域经济的发展,但即使在确立基本法之后,仍然注重单行立法的构建与完善。在专项的单行立法方面,重要的有:

1. 有关土地的立法

在美国独立之后,就有"1784 年土地法令"、"1785 年土地法令"、"1787 年西北土地法令"、"1796 年土地法令"等。1862 年林肯总统签署实施的《宅地法》为最具影响的土地立法。根据该法规定:凡年满 21 岁的美国公民或者是已递交了入籍申请者或者是户主或者是在美国军中服役期满 14 天者,只要未参加过反对合众国的战争,花费 10 美元的手续费,均可申请 160 英亩的宅地,并在占据的土地上居住、耕种满 5 年者可获土地所有权。若不满 5 年,则可在占据的土地上居住满 6 个月后以每英亩 1.25 美元的价格购买。该法极大地促进了民众开发西部的积极性。1877 年美国制定了《沙漠土地法》,规定移民在产权登记后 3 年内灌溉了土地,即可按每英亩 25 美分

---

① 文正邦、付子堂主编:《区域法制建构论——西部开发法治研究》,法律出版社 2006 年版,第 176 页。

的单价购买 640 英亩的土地。1891 年购买土地面积被修改为 320 英亩。1878 年制定《木石法案》，该法案规定可在不能耕作的土地上标出界限后申请土地所有权。1909 年制定的《扩大定居移民份地法》，规定移民只要将 80 英亩的土地成功耕种 5 年即可获得该地的所有权。①

2. 有关促进交通建设的立法

就区域经济发展而言，美国关于促进交通建设的法律设计最初主要体现在"内地改进"中的经济补贴中。② 这一经济补贴使得从事公共设施的私人企业能够享受国家资助，从而敢于承担起投资费用高、建设周期及收益周期长的交通基础设施建设。在铁路建设方面，除经济补贴之外，还出台了一些授予铁路土地的法令。1862 年和 1864 年国会通过了提高铁路私营公司补助金法案，规定不同地形上构筑每英里铁路给予不同的补贴。③ 为使资金能真正落到实处，杜绝不必要的建设资源浪费和降低人为成本，美国国会于 1887 年 2 月通过了《州际贸易法》，对铁路运营及收费等予以法律规制，确保交通建设从混乱无序走向有序一体。"从资金供给、筹措和项目目标设定，到交通规划、交通安全和交通环境评估程序，美国的交通授权法全面涵盖了绝大多数人们能够想象得到的与交通有关的诸多事项。这样的一种交通授权法，对于那些仍在摸索交通立法的国家，有很大的参考价值。"④美国最新的交通授权法整合了以往的关于交通项目环境评估的要求和程序，使其更加明晰和流畅。⑤

3. 有关环境保护的立法

为平衡地区经济发展，美国政府很早就出台了相关立法遏制其日益严峻的环境问题。如 1891 年通过了《森林保护法》，欲以此保护因西部大开发

---

① 文正邦、付子堂主编：《区域法制建构论——西部开发法治研究》，法律出版社 2006 年版，第 169—170 页。

② 内地改进，主要是指与国民经济发展关系密切的交通运输业，包括水道、运河和铁路等公共工程，以国家名义给从事这类事业的企业以经济补贴。此被认为是美国交通运输业迅速发展的重要原因之一。可参见何顺果：《美国史通论》，学林出版社 2001 年版，第 125 页。

③ 其补贴标准为：平原 1.6 万美元，山陵 3.2 万美元，山区 4.8 万美元。参见文正邦、付子堂主编：《区域法制建构论——西部开发法治研究》，法律出版社 2006 年版，第 170 页。

④ 周江评：《美国交通立法和最新的交通授权法》，载《城市交通》2006 年第 1 期。

⑤ 参见同上注。

和工业化进程中的破坏性开发而日益减少的林地。尽管该法收效甚微,但其开创了美国关注环境立法的先河。20世纪60年代后,面对愈发严峻的环境问题,美国国会相继通过了如《清洁空气法》(1963年)、《水质法》(1965年)、《气质法》(1967年)、《国家环境政策法》(1969年)、《国家环境改进法》(1970年)、《水质改进法》(1970年)、《噪音控制法》(1972年)、《安全饮水法》等一系列旨在解决环境的法案。从效果来看,其"不仅缓解了严重的环境问题,从一定程度上弥补了破坏性开发的损失,而且也遇到了后工业时期落后地区开发中潜在的非理性开发倾向,以保证落后地区的可持续开发"。[1] 从实际效果来看,这些立法不仅极大地改善了美国工业化所带来的环境问题,而且对全国区域经济合作、经济腾飞起到了良好的辐射作用,从而拉动了美国区域经济健康、良性、可持续的发展。

4. 有关教育和人力资源的立法

教育乃兴国之本,教育是一个国家经济腾飞的关键。毋庸置疑,美国是迄今为止世界公认的超级大国,但贫富差距造成公民受教育机会的不平等,直接影响到美国区域经济发展的极不平衡。在欠发达地区,知识水平和公民文化素质的低下也直接制约着当地经济的快速发展。为改变这一现状,约翰逊政府时期制定了相关法律法规,为实现地区间的协调发展以及落后地区的可持续发展,提高落后地区的教育水平并实施有利于落后地区的人才政策提供了法律依据。如1965年《高等教育法》使100万贫困大学生获得了继续深造的机会。该法还授权成立由老教师和青年教师组成的讲师团,深入贫困地区帮教,发展落后地区的教育事业。再如,为改变落后地区教育现状,美国政府加大教育投资力度,大力发展教育事业,出台《住房建筑法》,为移动人口提供住房补贴,为其装备就业知识等。通过教育和人力资源立法,扫清了经济发展,尤其是落后地区发展的障碍。[2] 另外,1993年颁布的《受援区和受援社区法案》也明确提出,援助的目标在于创造经济机会,包括就业机会、就业培训和职业转换培训等。[3]

---

[1] 文正邦、付子堂主编:《区域法制建构论——西部开发法治研究》,法律出版社2006年版,第177页。

[2] 参见同上书,第176页以下。

[3] 参见刘隆亨主编:《中国区域开发的法制理论与实践》,北京大学出版社2006年版,第32页。

(三) 建立规范的财政转移支付制度

美国政府不仅通过建立规范的财政转移支付制度,来平衡各地区之间财政能力的差异,由于美国政府财政收入大部分集中在联邦一级,而许多公共服务项目如教育、公共福利、医疗卫生和公路建设则主要由州和地方一级承担,因此,联邦政府通过转移支付的形式对州和地方财政给予补助。联邦财政补助包括专项补助、分类补助和一般项目补助等三种形式,主要用于增强州和地方政府提供公共服务的能力,以平衡各地区的公共服务水平。同时,它也是联邦政府调节和控制州和地方政府行为,以实现其宏观经济政策目标的重要工具。

纵观美国立法,我们看到,其虽然更多是对特定区域经济的立法,但在其立法之中,实质上包含着诸多有关区域经济合作的立法。可资借鉴之经验主要有:

第一,借助法律制度保障特定区域之发展。此既表现在立法方面,也表现在司法与执法之中。立法方面最为主要的即是鼓励土地开发,并借助立法解决资源开发与环境保护等方面的突出矛盾。

第二,重视税收等优惠政策的运用。最为主要者采取"积极资助、参与管理"的措施,优先发展交通、通讯等基础设施,实施专项补助为主的转移支付制度,培育欠发达地区自我发展能力为核心、实行若干优惠政策,并鼓励资本向不发达地区流动。

第三,成立专门机构,负责制定开发落后地区所应遵循的基本战略,包括综合战略、减缓痛苦战略、根治战略等。

第四,既关注被开发区域的专门性立法,也从联邦立法层面给予配套鼓励,从而能形成立法的体系化。

第五,在运用法律手段的同时,也直接运用行政手段进行适度引导和干预。[①]

二、日本的区域开发政策及立法

日本的区域开发政策及立法是从战争废墟中的国土复兴开始的,其区

---

① 童海华:《国外区域经济发展经验》,载《中国经营报》2011年8月27日。

域开发政策和区域开发理念均有自己的特点。作为典型的大陆法系国家，其立法素以细腻、严谨、易于操作而著称。具体到区域开发政策及立法，日本将重点放到了影响全局的地方性区域开发，此不仅振兴了地方经济，而且对全国经济的快速健康发展起到了举足轻重的作用。随着日本经济的日益振兴，其内容更臻完善。

（一）确定明确的、多元的区域开发目的

区域开发的目的，一是缩小区域间发展的差距，二是以此为基础促进国土的整体均衡性发展，最终提高国家整体经济水平。但通过这样的区域开发，如果地区内每一位居民经济水平没有提高，就可以说区域经济开发的最终目标还没有达到。因此，区域开发的第三个目标就是保证地区内居民的生活质量。也就是说区域开发是为了提高区域内居民的生活质量，创造适于居住的社会。为开发重要的中心枢纽城市，确定明确、多元的区域开发目的，以1950年颁布的《北海道开发法》为序幕，日本政府先后出台了一系列重要法律。如1954年的《孤岛振兴法》、1956年的《北海道东北开发库法》、1957年的《开发九州地方促进法》、1960年的《开发四国地方促进法》和《开发北陆地方促进法》、1962年的《大雪地带对策特别措施法》、1969年的《冲绳建设城市再开发法》、1972年的《冲绳振兴金融公库法》、1985年的《振兴半岛法》等。从根本上而言，这些重要且针对性很强的法律法规使日本落后地区的经济得到了长足的发展，其以法律作为后盾，明确了重点，取得了不俗的成绩。

（二）建立区域发展法律体系

在日本，区域开发的法律规划体系以地区发展的法律体系为核心。对区域开发进行规划并实施时，首先要制定相关的法律框架，以明确所制定规划的法律依据及编制目的。也即实施区域开发项目时，首先制定相关法律，并以此为依据制定规划并确保财政资金的支持，从而有效地推进开发项目的实施。1950年制定的《国土综合开发法》和1974年制定的《国土利用开发法》被定位为全国性的规划，作为地区发展的根本法。其后，又陆续制定了《孤岛振兴法》、《过疏地区振兴特别措施法》、《新产业城市建设促进法》、《农村地区工业引入促进法》、《北海道开发法》、《多级分散型国土形成促进法》、《地方中心法》等一系列区域发展的法令。这些法律构成一个完整的区域发展法律体系,并成为日本区域经济发展的基础法律依据。

(三) 系统、有序、严格的开发计划部署

日本政府十分重视区域开发的系统性和有序性,其从决定国家兴旺的全局出发,对不同区域、不同地方有计划地协调部署,做到运筹帷幄,其在许多法律中均有所体现。如《新产业都市建设促进法》(1962年)第10条第1款规定,新产业都市建设须根据新产业都市建设的基本方针,拟订基本计划。该条其他款项和第11条还就计划的提出程序和内容作了具体规定;《大雪地带对策特别措施法》(1962年)第3条和第4条也明确对大雪地带的开发须制订大雪地带对策基本计划;《振兴半岛法》(1985年)第3条规定:"相关都、道、府、县知事应该制定出与该振兴半岛对策实施地区的振兴半岛计划,接受内阁总理大臣的认可。"日本政府不仅十分重视区域经济开发的系统与有序,还强调各计划之间的相互协调,《孤岛振兴法》(1954年)第2条第2款要求孤岛振兴计划在有依据《国土综合开发法》第7条之2第1项或第10条第4项的综合开发计划的场合,必须与综合开发计划相互协调。《人口过疏地区活化特别措施法》第6条第3款也规定:市町村计划必须与根据其他法令的规定制定的地区振兴计划保持协调,同时必须与该市町村建设的基本构想或大范围的社会经济生活圈的整备计划相符合。① 同时,日本政府实施了严格的开发计划部署,以《北海道开发法》和"北海道开发计划"为例,开发区须有严格的分期计划,层层推进,以保证开发的系统性和有序性,以实现该地区的良性开发。

(四) 采用灵活多样的区域开发方式

日本政府在重视区域开发的系统性和有序性的同时,采用灵活多样的区域开发方式。作为实施区域开发项目的主体,有政府部门(中央政府,都道府县,市街村)、国营公司及公团(城市基础设施整备公团)、第三部门、民营部门(民营开发商)、个人和工会农会等。在地方政府实施开发项目的情况下,可以接受中央政府的财政补助。因为国营公司、公团也以政府主导的形式实施项目,所以可以和政府部门实施的情况同样考虑。事实是,无论由

---

① 参见文正邦、付子堂主编:《区域法制建构论——西部开发法治研究》,法律出版社2006年版,第198页。

哪一方来实施开发项目,在资金上都有很大的制约。于是,产生了政府与民营部门共同实施开发项目的方式。其具体方式为:第一,共同出资方式,从由第三部门实施项目的投资结构来看,此方式分为民营企业主导型和政府主导型两种;第二,合建方式,即项目的核心部分(设施)由政府部门和民营部门协调建设,所有权形式为共有或划分拥有;第三,公设民营方式,此方式由政府部门进行设施的修建整修,委托民营企业进行管理和运营;第四,PPI方式,即基础设施由政府部门实行,其他的开发按照市场竞争的原则实行;第五,PFI方式,在PFI方式下,对政府部门规划的公共项目进行市场投标,不光是资金调集,连技术知识也由民营企业提供,从公共设施的设计到维护管理,运营都完全委托民营企业。可以肯定,上述不同方式将实施区域开发项目的各种主体紧密联系在一起,力求使全国各地区经济平衡发展。

(五)实施优惠财政补助措施

在战后,日本政府为进行区域开发,与《全国综合开发规划》相结合制定了相应的法律依据,同时对相关的开发项目采取了各种财政补助措施。其中之一是中央政府主导的公共项目的实施,另外还有对地方政府负责实施的项目的补助。关于后者,由中央政府来提高国库补助率、补助利息及两者结合的方法,而地方政府则通过灵活运用地方交付税以及与前者相结合等方法来扩大资金来源。在地方政府开发项目的实施过程中,为积极吸引企业投资,常对来投资的企业实行优惠政策。例如有对投资企业减免地方税等的不均课税方法,虽然地方税收因此有所减少,但减少的部分由地方交付税填补,中央政府也实行了向这样的地区优先分配地方债的财政补助措施。在北海道地区,为确保经费来源,其经费来自两个方面:其一,依《北海道开发法》,国家设立北海道开发事业费预算。其直辖部分交北海道开发厅支配,其辅助部分交北海道地方政府支配。北海道开发事业费主要用于道路建设、住宅和市政建设、环保设施建设和农林水产建设等八个方面的支出;其二,依法成立北海道东北开发公库,为北海道开发提供长期资金,以完善并鼓励民间投资及一般金融机关的金融活动。相比较而言,上述《北海道东北开发公库法》提供的是一种间接经费来源,目的就在于利用提供长期资金等优厚条件,吸引更多的非官方投资力量参与到区域开发。①

此外,日本政府给予欠发达地区开发项目的补贴比重明显高于其他地区,特别是对欠发达地区的公路及其他基础设施项目,还要多补贴 18%。② 日本通过设置专门的金融机构为欠发达地区筹集资金并提供低息、长期贷款或为开发作担保,欠发达地区用于开发贷款的利率只有一般银行利率的 60% 左右。③

由上可见,日本政府非常注重制定并落实区域规划与政策,同时借助法律作出系统、有序而又严格的开发安排,并针对性地采用灵活多样的区域开发方式。其在制定与实施区域经济政策的过程中,成立国土厅等专门机构,负责对政策作出权威解释,根据有关措施分配经济和社会资源,协调与其他政策的关系,先后五次颁布了《全国综合开发计划》。此外,还通过宪法确认保护地方自治权的条款,制定《地方自治法》并简化了地方行政,从而将权力下放,使各区域能根据各自的地理特征和历史特点自主决策。以上这些举措都应当是我们在制定青藏高原地区与东部发达地区区域经济合作之法律时应当予以借鉴的方面。

三、欧盟的区域政策

欧盟区域中约有 30% 是山脉或山岳。④ 这些区域富有而又脆弱,任何过度开发或人类活动的放纵,都会破坏自然环境的平衡。同时这些区域面临气候、海拔高度、陡峭的斜坡和隔离状态等的自然约束。如果它们直接与更有生产能力的地区相竞争,或是政策不适合它们,它们的发展将会受到影响。为此,欧盟制定并实施了通过结构基金和聚合基金向这些落后地区提供必要的财政援助政策,从以下几个方面对山区提供区域援助。

(一) 运用法律手段鼓励技术创新和提高产品质量

针对山区劳动力结构的特点,欧盟重视山区的新技术发展,并通过相应

---

① 参见文正邦、付子堂主编:《区域法制建构论——西部开发法治研究》,法律出版社 2006 年版,第 198 页。
② 参见郑长德:《世界不发达地区开发史鉴》,民族出版社 2001 年版,第 157—235 页。
③ 参见刘隆亨主编:《中国区域开发的法制理论与实践》,北京大学出版社 2006 年版,第 31 页。
④ 它们包括阿尔卑斯山、比利牛斯山、亚平宁山脉、坎塔不连山脉、基阿连山脉、苏格兰高地、克里特岛等等。

优惠政策促进新技术的发展。同时为保护山区优良的产品,尤其是农产品,欧盟一方面对山区农产品的加工和营销进行补助,另一方面对具有起源和地理特征的农产品通过地理标志等标志性知识产权加以保护。①

(二) 设置专项基金促进人力资源开发

在知识经济日益发展的今天,充分开发人力资源,提高劳动者的技术水平,无论对传统行业还是对新的工业和信息技术行业,都是必需的。欧盟在这方面借助法律设置结构基金,规范人员培训和教育设施建设,从而起到了技能培训的重要作用。

(三) 加强和完善旅游业法律法规,帮助山区在允许的限度内发展旅游业

旅游业一直是欧盟山区经济社会发展的推进器,已成为欧盟在提高区域竞争力行动中一个战略上的优先项目。但如今在高海拔地点的过度开发已严重破坏了当地的生态平衡,其带来的消极后果也备受各界人士关注。人们普遍认为,山区的脆弱性特征要求旅游业的发展应体现可持续性,要在自然环境和文化遗产循序的范围内,运用法律手段对旅游业加以规制和监督。在此背景下,欧盟区域发展逐渐步入法制化轨道。从而使欧盟区域发展规划和农村发展规划的目标在法律框架内基本趋于一致,如其对山区手工艺品生产和综合性的旅游开发;对修复村庄、构思新产品和开展促销活动等提供资助。通过加强和完善旅游业法律法规,鼓励开展一些对自然环境和文化遗产损害较小的旅游项目,如徒步山区环行、森林散步、探访古迹等。旅游业由法律导航、护航,不仅解决了生态平衡等问题,而且也为欧盟经济发展注入了前所未有的活力与法治环境。

(四) 帮助山区建设必要的基础设施

这是实施落后地区开发的基础,许多国家在有关法律中规定其为重点投资,欧盟也不例外。欧盟认为,自下而上的发展方法特别适合山区,应当由当地的参与者们来管理和控制,因为他们最了解当地的优势和劣势,能够选择最适合当地的措施。把区域政策的具体执行权下放到地区,也是欧盟区域政策改革的内容之一。其中最主要的莫过于支持当地富有活力的发展

---

① 在500个注册商标的农产品中,大部分是来源于欧盟山区的。

活动,帮助山区进行必要的基础设施建设。在欧盟,关于基础设施建设的相关法律涵盖运输网络、水、电力和通讯服务等方面,旨在通过将居民和企业与运输网络、水、电力和通讯服务以一个合理的成本连接起来,从而结束其隔离状态。从欧盟长远规划来看,此无疑是山区发展的一项重要而艰巨的任务。就欧盟而言,最缺乏优势区域的基础设施建设一直是其区域援助的重点。欧盟内部大市场的建立,使山区交通设施建设的紧迫性增强。正是以法律作为保证,山区基础设施建设才能得以有序进行。如在聚合基金的援助下实施免费的汽车高速公路网络的现代化及其延伸项目,不仅使山区与外界的联系变得便捷,而且改进了落后山区的内部通讯。如今,高速公路已成为当地经济发展的发动机。

(五)促进跨区域经济合作

区域发展的基础和核心是区域经济的发展,而区域经济的发展光靠国内的必要投入是远远不够的。在欧盟,一个山脉或山岳常常覆盖了几个区域,甚至是几个国家。在此情形下,如果不考虑不同地区、不同国家区域间的合作是不可能的,很多问题尚需在各种各样的实体和区域之间进行合作才能解决。因此,若发展经济,必须制定多项与之配套的法律法规。十多年来,欧盟资助的区域间合作项目一直在增加,相继出台了旨在规制跨区域经济合作的多项法律法规。这些项目或者是在靠近相邻成员国的地区之间,或者是那些在地理上相互远离但面临共同或相关问题的地区之间,还有一些边境合作的特殊项目,甚至扩展到欧盟边界以外。这种活动不仅具有规模经济效益,而且可以通过经验、知识和专门技能的交流而给处于隔离状态的共同体带来附加价值,因此它们对山区很适用。例如在法国,除了区域发展规划外,5个"多区域山岳规划"帮助突破了由于各地方管理体制不同所产生的障碍。这些规划援助整个山脉参与合作的合作者,并支持包括讨论会、共同战略的制定、经验交流的活动。事实上,在欧盟各国中,法国的区域经济政策也颇具有借鉴意义。法国在区域经济发展的资源整合问题上,首先通过设立相应的中央机构以协调各地各级政府部门之间的资源配置。法国政府在20世纪50年代设立了计划总署,开始推行五年计划以及中期计划。计划总署的作用在于推动和协调政府政策的制定和实施,避免各地各级政府部门的冲突。其次,通过行政大区协调地方发展。在法国的行政系统中,中央之下分为各个大区,大区管辖若干个省,大区在协调各省经济发展中具有主要作用。大巴黎地区是法国全国经济资源高度集中的区域,在行政上,巴黎大区的不同区域又分别隶属于不同的省份。最后,通过行政措施和行业发展规划消除地方行政边界对资源优化配置的阻碍。①

除上述区域政策外,欧盟鼓励发展区域经济的方式尽管是多方面的,但追求人与自然的和谐,实现经济、社会和环境的可持续发展是贯彻其始终的核心。欧盟既重视对山地自然环境和生态破坏及文化多样性的保护,对山地资源的合理开发与利用,同样也重视通过人力资源开发、基础设施建设和新技术的采用来克服山区发展的障碍,促进经济多样性和旅游业的发展,提高居民生活水平。欧盟在促进山区发展方面的有益探索,对我们促进区域经济合作与发展有着很强的借鉴意义。

四、几点启示

从国外区域经济发展之立法可以看出,一些积极有效的举措值得我们在构建青藏高原地区与东部发达地区区域经济合作立法中借鉴和参照,同时也有一些出现的问题,实质上即在提醒我们不能重蹈覆辙。

启示一:许多国家都先后制订了区域经济发展及区域经济合作的规划,并多于其后将区域经济合作规划以基本法或特别法的形式法定化,从而明确以法治手段来保障区域经济的发展以及区域经济合作。因而在青藏高原地区与东部发达地区的区域经济合作中,首先应当重视法律的价值,并通过立法来明确区域经济合作中的基本问题。

启示二:由国外立法进程可以看到,针对政策短期性和相对随意性的特点,将具有重要意义的政策上升为法律。青藏高原地区各省(区)政府为吸引外地资本,出台了一系列优惠政策,但鉴于政策变动性强、不统一性较为突出等原因,其作用远未极尽发挥,因而将具有相对稳定性的政策上升为法律,或许也是青藏高原地区在与东部发达地区开展区域经济合作立法中应着力考虑的问题。

启示三:从国外区域经济合作的经验来看,其十分注重组织机构建设。

---

① 可参见 http://www.chinareform.org.cn/Economy/Macro/Experience/201108/t20110802_117910_4.htm(2012年8月12日访问)。

从多个国家的立法可以看出,都将建立专门的区域性管理或协调机构作为立法的一个重要方面。在青藏高原地区与东部发达地区区域经济合作立法中,重视区域协调机构的建设以及对其职权职责的法定化,将更有利于推进区域经济合作。

启示四:从国外立法来看,在进行区域经济合作立法构建中,国外首先重视对于法律体系的梳理以及中央和地方关系、合作各方关系的法定化。青藏高原地区与东部发达地区区域经济合作立法的展开,必然也会涉及中央和地方之间的关系问题,涉及国家统一法制与区域特殊性的关系问题,同样也涉及法制现代化与本土资源之间的关系问题。凡此种种,通过立法予以理顺,也将对区域经济合作的有效展开起到积极的促进作用。

第二节 青藏高原地区与东部发达地区区域经济合作问题解决与法律价值

在青藏高原地区与东部发达地区区域经济合作中,一些问题的解决本身带有战略性的意义。而研究这些问题,我们会发现,根本的解决之道还必须借助法律的手段。

一、社会控制力的变化与法治政府建设

在青藏高原地区实施"跨越式"发展战略并向现代化转型过渡中,原有的社会控制会遭到一些冲击和破坏。旧的社会控制力量会对现代化产生一些抵触,其解体的程度与消亡的速度取决于青藏高原地区现代化的规模与速度,并且也与区域内的社会协调和冲突密切相关。在这一历史时期,政府组织和集中化控制的价值就彰显出来。可以说,在青藏高原地区谋求现代化并为此与东部发达地区进行区域经济合作时,政府控制力作为有效弥补旧体制瓦解所造成的体制"真空"而具有显著的意义,同时基于区域利益等的存在,区域经济合作在一定程度上和较长时间内对政府控制力有依赖性。而在市场经济条件下展开的任何区域经济合作都必然要尊重市场的法则,因此,如何正确行使政府的职能、有效发挥政府控制力,又尊重市场规律是

区域经济合作中必须面对的难题。

在应对这一问题时,我们也会发现,对于政府职能的正确、有效地行使,不能仅靠政府自觉,而更多应在借助法律对政府行政权力的边界做出界定的基础上,再去考虑政府应对区域经济合作的灵活性问题。基于市场失灵与政府失灵在一定条件下都是一种客观存在,所以在寻求青藏高原地区与东部发达地区区域经济合作问题的解决方案时,我们既要看到政府控制力的重要性,更要看到法律的价值。

在青藏高原地区经济发展中,为使政府不至于借口市场而放弃自己的引领作用,也不至于借助公权力而不当干预市场,因而必须通过立法来确立政府的职能与职责。无论是政府的权力边界问题还是政府的责任问题,都应当通过法律给予较好的界定。运用法律来规范政府行为,首先应是通过法律责任机制来促使政府正确行使行政权力,在该由政府介入的关系中能保证政府有效发挥作用,在不该由政府干涉的方面能通过责任机制、听证会机制、诉讼机制等阻却或恢复政府的不当干预,努力构建法治政府,则能使青藏高原地区与东部发达地区区域经济合作更有效、更持续地展开。

二、资本形成问题与法律对其规范的价值

经济发展的支持力在某种意义上有赖于资本的形成。从资本积累的角度观察,现代化过程所完成的初始积累是一个逐步渐进的过程,而不是突变过程。[①] 因此,在区域经济发展中,除了资本的常规积累之外,还需要有追加的资本积累形成,这成为启动现代化的必要条件。而在青藏高原地区,资本形成问题恰恰成为障碍。任何不发达地区都存在着强烈的资本需求,外部资本注入是弥补区域原始积累不足的主要途径。对经济十分不发达的青藏高原地区而言,资本需要较之其他地区更为迫切。不仅需要大量资金投入以改善交通、通讯等条件,而且减少地理因素的负面影响也需要大量资本投入与提高初级产品加工水平。[②]

对资本的急迫需求与资本供给的严重不足形成了强烈的反差。由于受

[①] 李清均著:《后发优势:中国欠发达地区发展转型研究》,经济管理出版社2000年版,第52页。

[②] 程超泽著:《中国经济:增长的极限》,江苏文艺出版社2002年版,第131—132页。

GDP、人均收入、财政收入水平等的制约,青藏高原地区自身原始积累能力较弱,如果仅仅依靠自身积累,则发展的速度只能保持在很低的水平。在当今中国主要依靠外延扩张拉动经济增长的大环境下,青藏高原地区要想保持两位数的发展速度,必须从对外开放中获得区域外资本的投入。但从青藏高原地区的投资环境来看,自身吸引外部资金的能力弱。一方面,青藏地区资本实际需求最突出的建设项目是基础设施,但基础设施投资回报较慢,且投资收益水平受制于地区经济发展水平,这在一定程度上影响了投资者对青藏高原地区的投资兴趣。另一方面,青藏高原地区加工工业产品档次不高,一些高收益的投机性产业尚未形成发展热潮,因而从总体上看,其投资回报低于其他地区。同时,青藏高原地区经济间接融资能力弱,而直接融资机制发展缓慢,金融市场发育不足,这些事实严重影响了外资向青藏高原地区的流入。此外,经济落后的青藏高原地区,多年依靠国家的转移支付,由此形成青藏高原投资和发展的"输血"机制。这使得青藏高原经济发展严重地依赖国家投资,从而缺乏自主发展和自我积累的能力。从20世纪80年代中期以来,国家宏观政策受"梯度发展"理论影响,有限的中央财政不断向沿海倾斜,中央向青藏地区的投资比重也相对较小。这时,依靠国家投资的"输血"机制便显现出其弊端,进而制约了青藏地区经济社会的发展。

  上述事实的存在极大地影响了青藏高原地区经济发展的资本形成能力,使得青藏地区经济发展受到投资不足的制约。因而在与东部发达地区区域经济合作中,资本积累的形成和途径,以及如何提高青藏高原地区的资本形成能力,将成为青藏高原经济发展中不能回避而必须做好的一篇大文章。在青藏高原地区自我原始积累能力仍然较低的情况下,吸引和利用东部发达省份的外来资本恐怕是一个长期而有效的途径,同时区内资本原始积累能力的培育也是一个不容忽视的重要方面。而这些问题的解决,不能仅靠一些临时性的政策,也是要依靠用法律构建的长效机制。如对于青藏高原地区资本市场做出法律的规定,在保证统一市场秩序和规则的情形下,设置有价值的、能搞活资本市场、促进资本流动以及增强资本吸引力的制度,也应通过法律整治投资环境,从而利于青藏高原地区资本的形成与增长。

三、社会心态问题与现代法治意识的培植

无论是著名社会学家亚里克斯所言的"国民的心理和精神……构成了对经济与社会发展严重的障碍",还是智利哲人所指出的"落后和不发达……也是一种心理状态"[1],都无疑说明了一个国家或地区文化传统或心理观念对经济发展及现代化进程的影响。改革开放后东部发达地区的人们也正是率先接受了市场经济思想,由此带来了东部的繁荣与发展。相比较而言,传统文化深厚的青藏高原地区思想观念与时代要求有些不契合。一些传统思想多少造就了缺乏主动进取以及依赖思想的意识现状。一些与现代市场经济不相适应的观念在一定程度上成为青藏高原地区与东部发达地区之间沟通、协作的障碍。如果不彻底根除这种观念,东部发达地区和国家的支援就很难激发贫困地区的内在活力,而区域经济合作也将收效甚微。在前述的问卷调查中,我们也看到,对于观念问题,青藏高原地区的被调查者与东部发达地区的被调查者的认识是不同的,前者的集体意识似乎在说,我们已具有全新观念,我们不缺乏理念,只要给予我们资金和人才以及相应的政策环境,我们必然会成长。而在走访调查中,我们却听到东部地区的被调查者多认为青藏高原地区乃至整个西部省份"等、靠、要"的情形还是比较严重,一些省区缺乏与发达区域合作并且向这些发达省份争取人才、资金等资源的勇气,多是将向中央跑项目、争资金作为唯一"不等"的事项,从而在根本上无法打破青藏高原地区各省(区)政府与中央政府之间计划管理的纽带,从而也使青藏高原地区的地方政府懒于培育市场主体和市场体系,最终导致自身创新性的丧失。

在市场经济即法治经济的命题中,我们姑且不论此命题是否存在一些逻辑方面的问题,而就命题所揭示的客观事实来说,现代市场经济的观念意识在一定程度上是现代法治意识,现代法治意识即是在反映和总结现代市场经济意识。正如马克思所言:"无论是政治的立法或市民的立法,都只是表明和记载经济关系的要求而已。"[2]因此可以说,现代市场经济意识的培养也即现代法治意识的培植。在许多时候,我们能看到,正是因为市场经济

---

[1] 转引自程超泽著:《中国经济:增长的极限》,江苏文艺出版社2002年版,第134页。
[2] 《马克思恩格斯全集》(第4卷),人民出版社1958年版,第121—122页。

要增强资源的合理配置,因此需要人们持续不断地进入市场从事交易,这反映在法律中,即产生了"鼓励交易"的原则,而在市场中存有许多的风险,致使潜在的交易人不敢贸然进入市场,于是就有了诸多保护债权人利益的事前激励规则以及后期救济规则。凡此种种,都在说明,青藏高原地区要迈向现代化或加快现代化进程,必须培植现代法治意识。区域经济合作本身虽然会让落后的青藏高原地区初尝市场经济的美好果实,从而在人们对美好的向往中改变传统观念。但不可避免的是,现代化进程对传统文化及观念造成的冲击也会致使经济秩序出现暂时性紊乱,也会出现自觉与不自觉以物质作为唯一评判标准等不合理的现象,此时,就有可能使人们怀恋旧有的传统与体制。由此可见,通过携带公平正义的法治意识来强化或改变青藏高原地区的意识,就具有非常重要的意义。在治贫先治愚、观念先于发展、思想应先行等的观点中,从法律视角来看,最为主要的即是应当改变传统的法律观念和理念,通过现代法治观念影响并逐步改变不适应市场经济的理念。并且在青藏高原地区培植现代法治意识,还可为协调民族性、地域性制度资源与国家法的关系,做好法制的统一奠定良好的基础。

四、生态环境重建问题与法律制度的功效

青藏高原地区是我国最重要的生态区。但随经济的发展,以破坏资源和牺牲生态环境换取经济增长的问题日渐突出,兼之这一区域环境容量极为有限,从而致使生态环境日益恶化。主要表现在:第一,陆地河流水量减少,湖泊、湿地退缩,蓄水量日趋下降。大量新发现证实青藏高原在 11 万—4 万年前是一个泛湖期,发育了一系列数万至十余万平方公里的大型湖泊。高原上众多的河流、湖泊和湿地对保持生态平衡、保护生物多样性,对改善气候条件与环境质量、调蓄洪水和发展农牧业生产等起着不容忽视的作用。而现今青藏高原地区内河流水量减少,湖泊水位下降①,湿地面积退缩,并且冰川正在萎缩,雪线逐年升高,素有"中华水塔"之称的青藏高原地区蓄水量正在日趋下降。第二,草地生态系统整体退化是青藏高原面临的主要生态环境问题之一。受气候和过度放牧的影响,天然草场正

---

① 据实测资料,青海湖水位 1956—1981 年间下降了 2.76 米,鸟岛已与陆地相连不再成其为岛,鱼类繁殖也受到严重影响;作为主要灌溉河流的湟水水量较之 40 年代减少了 30% 以上。

在急剧退化和沙化。① 兼之青藏高原地区降水较为集中,又造成大量的水土流失。② 第三,土地退化、沙漠化严重。由于干旱、半干旱地区面积大,气候干燥多风,地表土壤沙物质含量高,植被稀疏,除高原东南隅外,森林覆盖率普遍低③,加之过度樵采、大规模垦荒和弃耕等不合理的资源开发行为等人为因素,致使土地沙漠化日益扩大,青藏高原已成为我国土地沙漠化最为严重的地区之一。④ 由于植被破坏,沙漠化面积的扩大,使自然灾害的发生日趋频繁,形成小灾年年有、三年一大灾的状态。第四,野生动植物资源急剧减少,生物多样性遭到严重破坏。青藏高原地区森林大面积的减少,不仅使秃山、裸岩到处可见,加剧了水土流失,也导致了生物种类不断递减、濒危物种增加。第五,城市环境污染渐趋突出。虽然青藏高原多数地区未受到现代化生产所排放的废弃物的污染,也未达到受自然报复、惩罚的地步,但工业区和城镇也存在不容忽视的环境污染问题。由于主导产业的趋向是高耗水、高耗能、重污染的基础工业项目,这些工业区和城镇的环境污染主要是工业三废排放、城市污水垃圾等。⑤ 同时旅游业的兴起也导致了旅游景区的污染和破坏。

环境恶化所造成的直接间接损失不仅抵消了青藏高原地区经济发展的成果、减缓了人们生活质量提高的速度,更为严重的是,该地区环境的脆弱性、难以恢复性以及对周边地带的气候与环境的间接影响性,会影响其后续

---

① 目前西藏退化草地面积已达11428万公顷,占已利用草地面积的17.2%,而且草地退化仍呈日益严重的趋势。青海省目前退化的草地面积占整个草场的三分之一左右,而藏北、青南等高原腹地的高寒草原退化面积已达62%以上。
② 如青海省每年流失泥沙约1亿吨,流失的氮、磷、钾元素相当于20多万吨的化肥。
③ 以青海省为例,新中国成立以来历年累计造林240多万亩,砍伐达138万亩,并破坏林地21.5万亩,不少林区的森林面积逐年减少。目前,全省森林覆盖率只有4.4%,比全国平均水平低10个百分点;人均林地面积仅0.64亩,是全国平均数的一半;人均森林蓄积量6.8立方米,比全国平均数低24%。全省有宜林荒山荒坡1600万亩,按目前的造林速度和保存率,尚需半个世纪才能实现绿化。
④ 其中西藏沙漠化土地已达2047万公顷,占其总面积的17%,而青海省沙漠化土地占全国沙漠化土地的21%。
⑤ 拉萨市的"三废"排放量占全区的90%以上,每年约有100万吨以上的未经处理的工业废水排入拉萨河;每年排放4000吨左右废渣堆放在拉萨河边。青海湟水河流域的高耗能工业走廊、格尔木地区的矿区污染,都曾在工业的发展中成为"著名"的污染景观。可参见陆大道、刘毅等著:《2000中国区域发展报告——西部开发的基础、政策与态势分析》,商务印书馆2001年版,第75页。同时,有数据表明,青海省企业废气年排放量2.8亿标立方米,大气中总悬浮微粒,浓度大大超出国家二级标准(主要是西宁地区),湟水每年接纳1.58亿吨工业废水和7.02万吨各种有害物质,这些都对农田和人畜健康造成极大危害。

发展能力并殃及东部发达地区的发展。据《2000年中国可持续发展战略报告》表明,青藏高原五省区的可持续发展总体能力均居全国后列,人口与环境、人口与可持续发展的矛盾已显得非常严峻。① 基于青藏高原地区与东部发达地区区域经济合作中,东部产业转移在近期也将主要集中在原材料加工、农副产品加工和部分高耗能产业上,因此青藏高原地区的环境压力将逐步增大,生态的恢复和重建就成为刻不容缓的大事。在我国人均资源占有量远远低于世界平均水平,没有自然资源和环境容量可供我们挥霍的现实面前,作为今后资源基地的青藏高原地区生态问题就必然会成为战略性的问题。学者也多认为,青藏高原地区作为"江河源"和"生态源",其生态服务功能价值远大于其生产功能。因此,青藏高原地区的发展不仅肩负着促进当地社会经济发展的任务,还承担着区域生态保护与建设的重任。同时,从生态环境不仅是一种自然现象,而且也是一种生产力的观点来看②,在青藏高原地区与东部发达地区区域经济合作中,生态环境的恢复和重建更是一项意义重大的任务。而面对这一复杂而艰巨的任务时,我们不能不看到法治的重要性。从如上的分析中,我们可以看到,生态环境的破坏在很大程度上是由人为因素造成的。在如何处理经济发展和环境保护的关系方面,我们认为首先应当通过法律原则、法律制度来加以确认和明晰问题。对于生物多样性等的保护,离开法律制度的规范是很难想象其保护的结果,环境侵权乃至环境污染等问题也自然应当通过法治的途径加以解决。所以我们看到,生态环境问题越突出,法律在这一问题的解决中作用也就越重大。青藏高原地区与东部发达地区区域经济合作过程中,也必然应当通过法律的手段来处理有关的生态环境问题。

综上所述,面对建设法治政府问题、资本问题、社会意识问题以及生态环境问题,多数问题的解决方案我们不能无视或忽视法律的价值和意义。事实上,要做好青藏高原地区与东部发达地区的区域经济合作,必须做好法制建设工作。

---

① 转引自蒲文成主编:《青藏高原经济可持续发展研究》,青海人民出版社2004年版,第290—291页。
② 刘隆亨:《我国区域开发的沿革、基本理论和立法定位的研究》,载刘隆亨主编:《中国区域开发的法制理论与实践》,北京大学出版社2006年版,第24页。

第三节　法律优先是区域经济合作的理性选择

区域协调发展是大国经济发展中的永恒主题。上述发达国家区域经济发展的历史经验说明,在区域经济发展上,市场并非是"万能"的,其往往造成地区差距的扩大和区域之间的不公。对此的纠正,上述发达国家无论从政策还是立法方面均为我们提供了许多宝贵的经验,我们也从其中得到些许启示。

一、区域经济发展与区域经济合作基本法的重要性

实际上,自20世纪初以来,无论是发达国家还是发展中国家都认识到:地区间经济相对均衡发展并不是市场的力量自发形成的,必须运用法律手段,才能从根本上缩小一国区域经济发展的不均衡问题。从国际区域经济合作来看,第二次世界大战后普遍兴起的经济一体化组织,除发达地区与发达地区之间的合作模式能够成功运作以外,其他形式的区域合作都以失败而告终。使得古典经济理论关于区域自然会随着分工的细化和市场的扩大而肯定有机联系的观点失效。于是,各主要发达国家纷纷采取了区域经济合作的科学规划和立法研究。欧盟在促进区域内山区与发达地区经济合作中除了特别的农业政策之外,其区域开发、规划方面的法律起到了非常重要的作用。日本政府的区域合作及开发理念更具现实性,其《地方自治法》、《中部圈开发建设法》、《农村地区工业引入促进法》、《多极分散型国土形成促进法》等一系列法律给我国区域经济合作提供了一个崭新的解决问题构想。从上述列举国家看,对区域经济的调整和推进,多以法律手段为主,且形成了二元结构的法律调整模式(即宏观和中观两个层面)。

就我国目前而言,排除历史、区位优势外,地区间经济发展差距不断拉大,应该说是二十多年以来国家相继出台的一系列改革开放政策不断推进的结果。国家实施西部大开发战略以来,在许多期望的领域,并没有出现对其他区域产业群的巨大吸纳现象。对此,主流的看法是,落后地区的投资硬环境及软环境改观不大。其实,稍加留意就可以观察到,自1999年下半年

以来,在鼓励区域经济合作的问题上,中央政府及落后地区各级地方政府仍然停留在所谓的政策承诺阶段。大多数合作者除了对落后地区市场制度的发育水平普遍缺乏信心外,对中央和地方政府的决心缺乏信心和心存疑虑是一个关键因素。这种区域发展的政策性安排,不仅使得区域发展缺少科学性、强制性、有效性、全面性的统筹引导,而且政策的引导一定程度上排斥了法律应有的地位和效用。由于自然条件、社会基础、经济起点以及民族问题等众多复杂因素,改变直至消除区域经济不平衡状况对各国政府而言都是一个长期、艰巨的任务,不能希望毕其功于一役。因此,区域政策的制定和实施往往需要一个权威、稳定和连续的法律环境。区域政策的法律化为区域经济政策的制定和实施提供权威、稳定、可靠的法律依据,有利于区域经济政策的长期贯彻落实。

二、规范系统层次化、体系化的重要性

如上所述,市场经济并非万能,与其优越性对立的是,其在很大程度上也存有诸多风险。因此,充分认识其不足并加以将其风险降到最低程度,对一国经济发展可谓举足轻重。从目前各国探索出的办法来看,一般靠政府的力量,实施适当的区域政策并将其法律化。① 但区域经济的协调发展关系到一国整体经济实力的发展和提高。因此,光靠政府运用财政政策、金融政策等手段扶持落后地区不可能从根本上解决问题,政策的实施,"必然涉及中央政府对各地区之间利益关系的调节。如果没有法律作为依据,中央与地方之间就会陷于无休止的讨价还价之中"。② 一方面,政策强制力显然低于法律,而区域经济发展需要明确的规范予以规制;另一方面,政策的实施,必然使"发达地区总觉得付出的太多而欠发达地区总觉得得到太少,容易使中央与地方之间的关系处于紧张状态"。③ 从国外经验来看,其并非用一刀切或一边倒的政策对待上述问题,而采用多种方式和渠道将政策和法律及其他规范系统层次化、体系化。其在区域经济发展的具体操作上,将各种规范系统紧密连接在一起,从而整合各种规范系统,并将其层次化、体系化。

---

① 刘水林、雷兴虎:《区域协调发展立法的观念转换与制度创新》,载《法商研究》2005年第4期。
② 刘隆亨主编:《中国区域开发的法制理论与实践》,北京大学出版社2006年版,第30页。
③ 同上。

而我国在区域经济发展中,政府始终处于绝对主导地位,开发过程的财力、人力及物力都由其承担,地方政府则过分依赖中央政府,其结果仍达不到区域经济发展的预期目标。

三、注重可持续开发立法的统一

可持续发展是 20 世纪 80 年代随着人们对全球环境与发展问题的广泛关注而提出的一个全新概念,是人们对传统发展模式进行长期深刻反思的结晶。可持续发展在于满足人类的基本需求和给人类机会以满足他们要求良好生活的愿望。同时,当代的人类要处理好代际关系,不要为眼下的发展与需求而损害人类世世代代公平、合理利用自然资源的权利,对自然资源应该在合理的范围内有规律地开发与利用。

经济和社会的发展无疑为经济区域经济高速带来了前所未有的契机,但审视我国经济发展所存在的问题,我们不难发现:一方面,缺乏旨在通过综合利用、开发及保全特定地域的资源,做到产业用地和生活环境的适当化,以提高国民生活质量和促进国民经济整体协调发展的专门的可持续开发法律;另一方面,就区域经济立法,法律与法律之间存在明显的抵触或各行其是的情形,从而出现区域经济立法和其他法律之间、区域经济立法之间极不统一。因此,我们认为,区域经济的可持续开发绝不仅仅是一种口号,或一种可有可无的形式,而"必须用法治予以保障,……从而为可持续开发提供一个协调统一的法律网"。①

四、政策缺陷与政策法律化之必要性

前文分析表明,国外解决区域经济发展及区域经济合作以法律为利器。而我国在区域经济合作与协调发展的问题上,长期以来,中央政府和地方政府仍然停留在所谓的"政策承诺"阶段,缺少一整套完善的、稳定的、长效的法律调控体系。就青藏高原区域经济发展而言,虽然国家在环境保护、基础设施、铁路建设等方面进行了一定规模的投资,但是许多市场主体不仅对青藏高原地区市场制度的发育水平普遍缺乏信心,而且对中央政府和地方政

---

① 文正邦、付子堂主编:《区域法制建构论——西部开发法治研究》,法律出版社 2006 年版,第 205 页。

府的决心也同样缺乏信心,心存疑虑。政府对区域经济发展的主张、政策安排,使得区域经济发展缺少强制的、有效的、全面的、规范的统筹协调,特别是政策的引导一定程度上排斥了法律应有的地位和作用的发挥。我们认为,一方面,由于政策安排的先行性,导致了经济立法的滞后;另一方面,我国区域经济均衡发展必须借助法律手段来调整和推进。事实上,对区域经济非均衡发展问题,国家必须进行有效的调控,调控的手段主要有两种:一为中央政府制定方针、政策;二为国家颁布法律特别是经济方面的法律。两种手段缺一不可。尽管政策对解决实际问题较法律有其灵活、快捷、可变性强等见长之处,但政策的缺点也是显而易见的,归纳起来有:

其一,政策由于在具体执行中不具有法定的义务性,使得对违反政策的责任追究出现真空。

其二,中央政府制定的政策,不仅容易被地方政府以各种手段变相执行,而且时常被地方政府进行不同程度的任意添附或修改。

其三,中央政府的区域政策和地方政府的发展政策就利益的分配时常会发生矛盾和冲突,这种矛盾和冲突直接影响着区域政策的有效性。

从我们调查的情况来看,政策运用在青藏高原地区的经济发展中存在诸多的问题,其主要表现为:一是国家倾斜性政策较发展东部时为少;二是地方优惠政策的供给明显不足;三是部分优惠政策缺乏总体目标的指引,进而导致最终结果有悖政策初衷;四是政策的随意变动性使政策本身的权威性受到怀疑;五是政策之间的明显冲突导致民众无所适从。

相比之下,法律通过排除、限制、禁止和对违规行为的惩罚来引导人们行动,其稳定性、强制性、规范性是政策无法替代的。诚然,区域经济协调发展涉及许多不同的法律部门,但主要还是经济方面的法律,所以,作为市场经济产物的经济法律,以其兼顾国家利益和个体利益的独有"个性"理应在区域经济协调发展中发挥应有的作用。其实,区域经济发展不均衡是世界各国带有共性的一个发展问题。从美、德、日等国缩小地区差距的实践看,发达国家的地区间经济相对均衡发展也并不是市场的力量自然形成的,而是政府借助包括经济法在内的许多法律为手段不断干预的结果。所以,区域经济协调发展有赖于完善的法律特别是经济法律对经济关系进行积极的、全面的、有效的调控。

　　总之,在推动区域经济协调发展的过程中,仅仅依靠政府政策特别是中央政府的方针、政策是远远不够的,必须从法律制度的构建入手进行全面的治理,特别是在我国市场经济不断完善的前提条件下,引导区域经济协调发展的制度模式应是"法律优先,兼顾政策"。

第六章　青藏高原地区与东部发达地区区域经济合作之相关立法现状考察

以法律作为区域经济合作的助推器,则应以制度视角审视现有规范体系。这一问题中,包含如下相关联之问题:一是现有法律能否保障区域经济合作的制度供给?二是现有法律体系是否存有问题?具体规范中有无缺漏及不适应形势之情形?三是应如何做好法制建设,保障区域经济合作顺利、持续、富有效率地展开?本章是对前两个问题所作的描述和探讨。

针对青藏高原地区与东部发达地区区域经济合作的立法考察,应从如下方面展开:

一是国家统一立法中有关区域经济合作的鼓励、激励性的法律及其他规范性文件。此为区域经济合作的重要法律渊源,不仅具有相应的行为规范性,并且还有对地方性立法的指导及拘束效力。其主要包括宪法、法律、行政法规、部门规章等。在一些情况下,也包括立法性通知、相关立法的若干意见等规范性文件。甚至在规范意义的立法缺失情形下,座谈会纪要等形式实质上起到法的效力,只不过其未被正式宣告为法定之法律渊源,在很多情形下,其仅是作为当事人规则发挥指导作用,而不能作为法官规则来评判纠纷。

二是青藏高原地区的地方性立法以及有自治权的民族自治地方立法,包括政府出台的优惠政策等等。

三是东部发达地区针对欠发达地区所作出的相应的地方性立法,包括对欠发达地区转移支付的相应规范,对欠发达地区投资之鼓励、激励规范等。

四是对带有一些法的意蕴的制度资源之考察,如对民族习惯法、民间法、企业章程、民间非政府组织内部规范等等。

虽然上述方面都是我们应予考察的方面,但从对区域经济合作的重大影响性而言,国家立法以及地方立法应当是我们考察的重点。同时我们看到,对于有关青藏高原地区与东部区域经济合作方面的地方性立法中,东部发达地区的相关立法较少,而在这一方面相对比较活跃的是青藏高原地区的立法机构。事实上,这也表达了青藏高原地区对区域经济合作的热情和强烈愿望。因而,在立法现状考察中,我们将重点放在国家立法及青藏高原地区的地方性立法两个方面。

第一节 相关区域经济合作的国家立法考察

一、《宪法》之相关规定考察

新中国建立之后,我国共颁行四部宪法,即"五四宪法"(1954年9月20日在第一届全国人民代表大会第一次会议上通过,共4章106条)、"七五宪法"(1975年1月17日在第四届全国人民代表大会第一次会议上通过,共30条)、"七八宪法"(1978年3月5日在第五届全国人民代表大会第一次会议上通过,共4章60条)、"八二宪法"(即现行宪法,于1982年12月4日在第五届全国人民代表大会第五次会议通过。该法又在1988年、1993年、1999年与2004年经四次修正,共4章138条)。多部宪法都重视少数民族地区的经济发展,这些宪法规定,实质上是青藏高原地区与东部发达地区开展区域经济合作,最终促进少数民族地区社会及经济发展的基础性法律规定。从现行宪法来看,其规定中保护、促进民族地区经济发展以及支持区域经济合作之条文主要有:

1.《宪法》序言中即指出:"中华人民共和国是全国各族人民共同缔造的统一的多民族国家。平等、团结、互助、和谐的社会主义民族关系已经确立,并将继续加强。在维护民族团结的斗争中,要反对大民族主义,主要是大汉族主义,也要反对地方民族主义。国家尽一切努力,促进全国各民族的共同繁荣。"此段序言实质上表明,为各民族之共同繁荣与发展,国家将做全力支持,对于互助性的区域经济合作,自然为根本大法所赞许。

2.《宪法》第4条第1款规定:"中华人民共和国各民族一律平等。国家保障各少数民族的合法的权利和利益,维护和发展各民族的平等、团结、互助关系。禁止对任何民族的歧视和压迫,禁止破坏民族团结和制造民族分裂的行为。"第2款规定:"国家根据各少数民族的特点和需要,帮助各少数民族地区加速经济和文化的发展。"这一宪法规定,首先是对各民族间的互助关系予以价值性肯定;其次是对少数民族地区发展的支持;最后是对国家义务的确认,即国家须帮助少数民族地区加速经济和文化的发展。

3.《宪法》第15条规定:"国家实行社会主义市场经济。国家加强经济立法,完善宏观调控。国家依法禁止任何组织或者个人扰乱社会经济秩序。"宪法的这一规定实质上表明,现今区域经济合作的展开,是在社会主义市场经济的条件下,因而必须破除计划经济时期种种的落后观念及举措。就少数民族获得帮助权的保障而言,也须在社会主义市场经济的前提下进行。

4.《宪法》第18条规定:"中华人民共和国允许外国的企业和其他经济组织或者个人依照中华人民共和国法律的规定在中国投资,同中国的企业或者其他经济组织进行各种形式的经济合作。在中国境内的外国企业和其他外国经济组织以及中外合资经营的企业,都必须遵守中华人民共和国的法律。它们的合法的权利和利益受中华人民共和国法律的保护。"本条虽是针对国际经济合作,但对国内经济合作事实上是宪法方面的确认和肯定。在本条之外,宪法中未对国内企业间的合作做任何准许、限制、禁止等方面的规定。因而对企业国际合作的准许中自然包含了对国内企业资本流动的肯定。

5.《宪法》第122条规定:"国家从财政、物资、技术等方面帮助各少数民族加速发展经济建设和文化建设事业。国家帮助民族自治地方从当地民族中大量培养各级干部、各种专业人才和技术工人。"本条是对少数民族地区经济、文化发展的宪法规定,也可以说是在青藏高原地区与东部发达地区区域合作立法中可为宪法依据的最重要的宪法规定之一。国家在履行对少数民族地区的帮助义务时,即可采取各项倾斜性政策,并且也可通过对地方政府的优惠政策来推动少数民族地区经济和文化等各项事业的发展。青藏高原地区与东部发达地区区域经济合作中,所需要的即是国家的倾斜政策以及对地方政府优惠政策的支持,同时更为重要的是,对一些在区域经济合作中的困难领域,如财政转移支付、人才资源等,国家能做全国通盘考虑,做出更好的决策。

由上述对我国现行《宪法》有关规定的分析可见,在我国现行《宪法》中,虽然没有直接规定区域经济合作的条文规定。事实上,《宪法》作为国家的根本大法,其主要是对国家和社会的重大制度做出安排,因而不可能对于作为经济发展手段之一的区域经济合作做出明确的宪法规定,更不可能在区域经济合作的主体、原则及基本制度方面做出规定。因此,就区域经济合作问题而对《宪法》进行解读,我们至少能看到如下几点:

第一,《宪法》虽未直接规定区域经济合作,但对于区域经济合作之鼓励,却是同样蕴藏于宪法精神之中。因而据此来展开区域经济合作方面的专门性立法,彰显宪法的精神,并将之具体化、条文化,当是我们在立法工作中应予关注的重要任务。

第二,从平衡地区发展以及促使各民族共同繁荣发展来看,区域经济合作不仅是必要之手段,而且此手段之运用中,国家本身负有相应的义务。国家须履行帮助之义务,而欠发达地区尤其是民族地区具有相应获得帮助的宪法权利。

第三,从对国家实施帮助的宪法规定来看,国家的帮助义务应当从财政、物资、技术等方面展开,并且可针对不同地区的特点来展开。这也使得国家倾斜政策及优惠政策的运用具有了宪法的依据。

二、法律之相关规定考察

我国迄今为止没有有关区域经济合作的立法,无论在基本法层面还是在一般法律层面。针对青藏高原地区与东部发达地区区域经济合作这一主题,在法律方面能提供较多法律依据的主要是《中华人民共和国民族区域自治法》(以下简称《民族区域自治法》)。① 在《民族区域自治法》中,如下列举的规定可以被认为是支持青藏高原地区和东部发达地区区域经济合作的法律依据及相应规范。

(一) 有关经济发展之一般性规定

该法规定,自治机关在国家计划的指导下,根据本地方的特点和需要,制定经济建设的方针、政策和计划,自主地安排和管理地方性的经济建设事业(第25条)。在坚持社会主义原则的前提下,根据法律规定和本地方经济发展的特点,合理调整生产关系和经济结构,努力发展社会主义市场经济(第26条)。上级国家机关应当帮助、指导民族自治地方经济发展战略的研究、制定和实施,从财政、金融、物资、技术和人才等方面,帮助各民族自治地方加速发展经济、教育、科学技术、文化、卫生、体育等事业(第55条第1款)。国家根据统一规划和市场需求,优先在民族自治地方合理安排资源开发项目和基础设施建设项目(第56条第1款)。国家和上级人民政府应当从财政、金融、物资、技术、人才等方面加大对民族自治地方的贫困地区的扶持力度,帮助贫困人口尽快摆脱贫困状况,实现小康(第69条)。

(二) 有关合作交流之规定

该法规定,民族自治地方的自治机关积极开展和其他地方的教育、科学技术、文化艺术、卫生、体育等方面的交流和协作。自治区、自治州的自治机关依照国家规定,可以和国外进行教育、科学技术、文化艺术、卫生、体育等方面的交流(第42条);上级国家机关应当组织、支持和鼓励经济发达地区与民族自治地方开展经济、技术协作和多层次、多方面的对口支援,帮助和促进民族自治地方经济、教育、科学技术、文化、卫生、体育事业的发展(第64条);国家引导和鼓励经济发达地区的企业按照互惠互利的原则,到民族自治地方投资,开展多种形式的经济合作(第65条)。此外,对于贸易交流也给予相应规定,"民族自治地方依照国家规定,可以开展对外经济贸易活动,经国务院批准,可以开辟对外贸易口岸。与外国接壤的民族自治地方经国务院批准,开展边境贸易。民族自治地方在对外经济贸易活动中,享受国

---

① 该法于1984年5月31日由第六届全国人民代表大会第二次会议通过,2001年2月28日根据第九届全国人民代表大会常务委员会第二十次会议《关于修改〈中华人民共和国民族区域自治法〉的决定》修正。

家的优惠政策"(第31条)。国家制定优惠政策,扶持民族自治地方发展对外经济贸易,扩大民族自治地方生产企业对外贸易经营自主权,鼓励发展地方优势产品出口,实行优惠的边境贸易政策(第61条)。

(三) 有关科技、文化发展及人才培养的规定

序言中指出:"必须大量培养少数民族的各级干部、各种专业人才和技术工人。"该法第22条也规定了培养各级干部、各种科学技术、经营管理等专业人才和技术工人,并注意在少数民族妇女中培养各级干部和各种专业技术人才。同时,该法进一步规定,"民族自治地方的自治机关录用工作人员的时候,对实行区域自治的民族和其他少数民族的人员应当给予适当的照顾。民族自治地方的自治机关可以采取特殊措施,优待、鼓励各种专业人员参加自治地方各项建设工作"。第70条规定:"上级国家机关帮助民族自治地方从当地民族中大量培养各级干部、各种专业人才和技术工人;根据民族自治地方的需要,采取多种形式调派适当数量的教师、医生、科学技术和经营管理人员,参加民族自治地方的工作,对他们的生活待遇给予适当照顾。"此外,该法第38条规定对民族文化事业加大投入;第50条第2款规定民族自治地方的自治机关帮助本地方各民族发展经济、教育、科学技术、文化、卫生、体育事业;第56条第3款规定国家帮助民族自治地方加快实用科技开发和成果转化,大力推广实用技术和有条件发展的高新技术,积极引导科技人才向民族自治地方合理流动;第58条规定上级国家机关从财政、金融、人才等方面帮助民族自治地方的企业进行技术创新,促进产业结构升级,并鼓励企业人才的交流合作;第59条规定国家设立各项专用资金,扶助民族自治地方发展经济文化建设事业。上述规定对于民族地区科技进步、人才培养、文化发展是有力的法律支持,同时,我们看到,无论是在序言中还是在具体规定中,《民族区域自治法》中在重视经济发展的同时,已经将发展的领域扩展到科技、教育、人才等诸多领域,实质上是对人才资源重要性的充分认识。这也启发我们,必须尽快依据《宪法》、《民族区域自治法》等上位法,将人才资源的开发利用与区域经济合作立法结合起来,积极展开这一方面的相关立法。尤其是《民族区域自治法》中对人才引进可采取特殊政策的权力之赋予等等,无疑是对地方性立法中确立特殊措施的上位法依据。

(四) 有关生态环境保护的法律规定

该法第45条规定:"民族自治地方的自治机关保护和改善生活环境和

生态环境,防治污染和其他公害,实现人口、资源和环境的协调发展。"第66条规定:"上级国家机关应当把民族自治地方的重大生态平衡、环境保护的综合治理工程项目纳入国民经济和社会发展计划,统一部署。民族自治地方为国家的生态平衡、环境保护作出贡献的,国家给予一定的利益补偿。任何组织和个人在民族自治地方开发资源、进行建设的时候,要采取有效措施,保护和改善当地的生活环境和生态环境,防治污染和其他公害。"

(五)有关转移支付及税收的规定

该法第32、34条规定:"民族自治地方在全国统一的财政体制下,通过国家实行的规范的财政转移支付制度,享受上级财政的照顾。""民族自治地方的自治机关在执行国家税法的时候,除应由国家统一审批的减免税收项目以外,对属于地方财政收入的某些需要从税收上加以照顾和鼓励的,可以实行减税或者免税。"随着国民经济的发展和财政收入的增长,上级财政逐步加大对民族自治地方财政转移支付力度。通过一般性财政转移支付、专项财政转移支付、民族优惠政策财政转移支付以及国家确定的其他方式,增加对民族自治地方的资金投入,用于加快民族自治地方经济发展和社会进步,逐步缩小与发达地区的差距(第62条)。

(六)有关教育之规定

该法规定,民族自治地方的自治机关自主地发展民族教育,扫除文盲,举办各类学校,普及九年义务教育,采取多种形式发展普通高级中等教育和中等职业技术教育,根据条件和需要发展高等教育,培养各少数民族专业人才。民族自治地方的自治机关为少数民族牧区和经济困难、居住分散的少数民族山区,设立以寄宿为主和助学金为主的公办民族小学和民族中学,保障就读学生完成义务教育阶段的学业。办学经费和助学金由当地财政解决,当地财政困难的,上级财政应当给予补助(第37条)。国家加大对民族自治地方的教育投入,并采取特殊措施,帮助民族自治地方加速普及九年义务教育和发展其他教育事业,提高各民族人民的科学文化水平。国家举办民族高等学校,在高等学校举办民族班、民族预科,专门或者主要招收少数民族学生,并且可以采取定向招生、定向分配的办法。高等学校和中等专业学校招收新生的时候,对少数民族考生适当放宽录取标准和条件,对人口特少的少数民族考生给予特殊照顾。各级人民政府和学校应当采取多种措施帮助家庭经济困难的少数民族学生完成学业。国家在发达地区举办民族中学或者在普通中学开设民族班,招收少数民族学生实施中等教育。国家帮助民族自治地方培养和培训各民族教师。国家组织和鼓励各民族教师和符合任职条件的各民族毕业生到民族自治地方从事教育教学工作,并给予他们相应的优惠待遇(第71条)。

(七)有关企业扶持之规定

该法规定,上级国家机关根据国家的民族贸易政策和民族自治地方的需要,对民族自治地方的商业、供销和医药企业,从投资、金融、税收等方面给予扶持(第60条)。上级国家机关在投资、金融、税收等方面扶持民族自治地方改善农业、牧业、林业等生产条件和水利、交通、能源、通信等基础设施;扶持民族自治地方合理利用本地资源发展地方工业、乡镇企业、中小企业以及少数民族特需商品和传统手工业品的生产(第63条)。上级国家机关非经民族自治地方自治机关同意,不得改变民族自治地方所属企业的隶属关系(第68条)。

(八)有关融资方面的规定

该法规定,国家制定优惠政策,引导和鼓励国内外资金投向民族自治地方(第55条第2款)。国家在重大基础设施投资项目中适当增加投资比重和政策性银行贷款比重。国家在民族自治地方安排基础设施建设,需要民族自治地方配套资金的,根据不同情况给予减少或者免除配套资金的照顾(第56条第2款)。国家综合运用货币市场和资本市场,加大对民族自治地方的金融扶持力度,鼓励商业银行加大对民族自治地方的信贷投入,积极支持当地企业的合理资金需求(第57条)。

从上述《民族区域自治法》的规定来看,对于民族地区开展区域经济合作,进而促进民族地区的发展,可谓是《民族区域自治法》的重要内容之一。但纵观上述立法,我们可看出如下几点:

第一,相较于《宪法》之规定,《民族区域自治法》就民族地区展开区域经济合作问题,可谓做出了多方面的规定,其既涉及民族地区经济发展的一般规定,又涉及了区域经济合作中的企业扶持、金融、教育、科技文化等诸多方面问题,不仅在立法上直接确认了区域经济合作展开的合法性,事实上也显现出了开展区域经济合作的必要性。更为重要的是,《民族区域自治法》

也点明了展开区域经济合作的重要方面,构建了民族地区开展区域经济合作的制度框架。然而,我们分析这些负载民族地区经济发展以及区域经济合作的制度性规定时,就会发现,这些规定更多是原则性规定,其解决的是应当从哪些方面来关注民族地区的经济发展与区域经济合作之问题,但这些条文在实践中的运用,却是有进一步细化之必要。如诸多条文中的"加大力度"、"积极支持"等,须借助更为具体的规范性文件来加以实现,否则无法确定加大支持力度是横向的地区比较还是纵向的历史比较。再如该法第56条第1款规定:"国家根据统一规划和市场需求,优先在民族自治地方合理安排资源开发项目和基础设施建设项目。"如何认定优先问题,在何种情况下优先?统一规划与市场需求的确定、确认中,如何平衡各方利益,可能也需有进一步适用的规则加以明确化。

第二,进一步强调国家在发展民族地区各项事业中的重要作用以及法定的帮助义务。对于区域经济合作问题而言,政府实质上具有组织、支持和鼓励等多方面的义务。

第三,《民族区域自治法》作为民族地方之根本性立法,自然是对我国民族自治地方共性的提炼和抽象,因而在其条文中,不可能做出很适合A地区却让B地区无所适从的规定。《民族区域自治法》这一本身不可逾越的非缺陷性问题,也决定了各民族地区应当充分运用自治立法权,细化《民族区域自治法》中规定的相关制度,确定本民族地区经济发展以及区域经济合作中的具体制度。

三、其他相关规范性文件之考察

我国区域经济发展以及区域经济合作的实践,最初是源于新中国成立后就开始的对口支援和经济技术协作。1979年全国边防工作会议首次确定了省市对口支援,该年7月,中共中央批准了全国边防工作会议的报告(中共中央[1979]52号文件),提出"组织内地发达省、市实行对口支援边境地区和少数民族地区,即北京支援内蒙古,河北支援贵州,江苏支援广西、新疆,山东支援青海,天津支援甘肃,上海支援云南、宁夏,全国支援西藏"。国务院也于该年提出"扬长避短、发挥优势、坚持自愿、组织联合"的原则。

1980年国务院制定了《关于推动经济联动的暂行规定》。1982年10

月,国家计委和国家民委在银川召开了"经济发达省、市同少数民族地区对口支援和经济技术协作工作座谈会"。次年1月,国务院批转了《关于组织发达省、市同少数民族地区对口支援和经济技术协作工作座谈会纪要》,确立了正确处理支援同互利关系的原则,加强了对口支援工作的组织领导,即确定对口支援工作由国家经委、国家计委、国家民委共同负责,由国家经委牵头。1984年9月,经国务院批准,国家经委、国家计委、国家民委和国家物资局共同在天津召开了"全国经济技术协作和对口支援会议",新增加了上海支援新疆、西藏,广东支援贵州,沈阳、武汉支援青海。1984年,中央西藏工作座谈会确定了由北京、天津、上海、四川、江苏、浙江、山东、福建等8省市支援西藏43项工程。

1986年国务院颁发的《关于进一步推动横向经济联合若干问题的规定》(国发[1986]36号文)也被认为是促进区域经济合作的重要规范性文件。该规范性文件确定,横向联合和对口支援以企业联合为主要形式,并向企业集团化方向发展。同年财政部《关于促进横向经济联合若干问题的暂行办法》,以税收优惠的方式对企业之间的横向经济联合予以鼓励。可见此时规范性文件中较为关注企业的作用,对口支援工作围绕着搞活企业、调整结构、优化资源配置而开展。

1990年国务院发出《关于打破地区间市场封锁进一步搞活商品流通的通知》,对于推动区域一体化及区域间的合作起到了积极作用。

1991年七届全国人大四次会议通过了《国民经济和社会发展十年规划和"八五"计划纲要》,明确要求"经济比较发达的沿海省、市,应当分别同内地一两个经济比较落后的省、区签订协议或合同,采取经验介绍、技术转让、人才交流、资金和物资支持等方式,负责帮助他们加快经济的发展"。

1991年12月国务院《关于进一步贯彻实施〈中华人民共和国民族区域自治法〉若干问题的通知》指出:"要有领导、有计划地推进经济发达地区与民族地区的对口支援。经济发达的省、市应与一、两个自治区和少数民族较多的省,通过签订协议或合同,采取介绍经验、转让技术、交流培训人才、支持资金和物资等多种方式,帮助民族地区加速经济、文化、教育、科技、卫生等事业的发展。"足见此时支援和协作的领域已从经济领域进一步扩大到文化、教育、卫生等社会发展领域。

1993年《中共中央关于建立社会主义市场经济体制若干问题的决定》被认为是我国区域经济合作规范性的标志。该《决定》要求中央和地方都要关心和支持贫困地区特别是革命老区、少数民族地区、边远地区发展经济。扩大发达地区与贫困地区的干部交流和经济技术协作。增强群众的市场经济意识,充分利用当地的资源优势,逐步形成主要靠自己力量脱贫致富的机制。实行中央财政对地方的返还和转移支付的制度,以调节分配结构和地区结构,特别是扶持经济不发达地区的发展和老工业基地的改造。

2000年和2001年,国务院发布《国务院关于实施西部大开发若干政策措施的通知》和《国务院办公厅转发国务院西部开发办关于西部大开发若干政策措施实施意见的通知》,对西部大开发中的区域经济合作做了较为全面的阐释。2004年3月颁布的《国务院关于进一步推进西部大开发的若干意见》提出,加强西部与东部、中部地区之间的经济交流与合作,建立市场化的跨地区企业协作机制,把东部、中部地区的资金、技术和人才优势与西部地区的资源、市场和劳动力优势结合起来,实现优势互补、互惠互利,共同发展。加大东部地区和中央单位对口支援西部地区的工作力度。

2006年3月第十届全国人大第四次会议通过的《中华人民共和国国民经济和社会发展第十一个五年规划纲要》规定健全区域协调互动机制,包括健全市场机制、健全合作机制、健全互助机制、健全扶持机制,促进区域协调发展。

2006年10月,《中共中央关于构建社会主义和谐社会若干重大问题的决定》指出,鼓励东部地区带动和帮助中西部地区发展,扩大发达地区对欠发达地区和民族地区的对口援助,形成以政府为主导、市场为纽带、企业为主体、项目为载体的互惠互利机制。

除上述规范性文件之外,针对西藏自治区,中央自1980年起共召开五次西藏工作座谈会,并在一些会议中做出了由经济较为发达的地区支援西藏建设和发展,并实行"分片负责、对口支援、定期轮换"的重大决策。

由上可见,国家借助上述规范性文件,对于地区间发展不平衡以及区域经济合作问题给予了相当的重视。但只凭借这些规范性文件,似乎很难完成对区域经济合作的制度性安排。

首先,上述规范性文件多是用来统一认识的,因而更多是针对意识层面。虽然一些规范性文件也点明了如何实施区域经济合作,但多为大的制度框架和角度,而并非是具体的制度。

其次,一些针对对口支援的规范性文件中,虽然直接确定了区域经济合作的主体问题,但对如何展开区域经济合作以及如何评价区域经济合作的效果乃至双方的具体权利义务等方面,均无法给出具体的制度安排,因而也最终使这些规范性文件所担负的是政治方面的任务而非法律的具体安排。

最后,这些规范性文件中,即使对一些制度作了安排,这种安排也是属于政策性的安排,其较之法律性的安排,不仅在法律效力方面存有不同,并且在稳定性方面也不同于正式的法律安排。

第二节 相关区域经济合作之地方立法考察

除上述国家立法之外,对于青藏高原地区与东部发达地区区域经济合作立法现状的考察,也多只能在一些地方性立法中寻找。鉴于东部发达地区较少有相关立法,因而以下我们主要立足于青海省与西藏藏族自治区地方性立法现状进行必要的考察。

从20世纪90年代末,青海省与西藏藏族自治区政府在借鉴其他省区市经验的基础上,根据国家有关法律、法规,以及中央赋予自治区的优惠政策,结合本省区的实际情况,分别制定了优惠的招商引资地方性规范性文件。以下就青海省与西藏自治区关涉区域经济合作的地方性立法做一简要分析。

一、青海省相关立法考察

(一)《青海省实施西部大开发战略若干政策措施》

这是青海人民政府根据2001年1月1日实施的《国务院关于实施西部大开发若干政策措施的通知》于2003年制定的规范性文件。《青海省实施西部大开发战略若干政策措施》(以下简称《若干政策措施》)主要包括如下七个方面:

1. 市场准入政策

《若干政策措施》在市场准入方面主要规定了如下内容：

一是规定除国家法律、法规明令禁止和限制的行业外，其他行业一律放开。

二是放宽对注册资本限额的要求，规定有限责任公司设立时，股东实缴资本达 10000 元即可登记注册。公司章程中的认缴额，可由股东向登记注册机关提交承诺书，分期注入认缴额，期限 3 年。逾期达不到的，登记注册机关按实际投入资金核定公司的注册资本。① 这一规定相较于我国《公司法》的规定，具有诸多的创新之处。其是在 2005 年《公司法》之前就降低了公司设立的门槛，并且采取了折中资本制度。

三是改革注册登记制度，规定关系公众生命健康以及重大公共利益的生产经营项目，实行"工商受理、抄告相关、并联审批、限时完成"的工作流程，而其他一般经营项目，一律实行承诺登记制，法律法规不禁止、不限制的经营项目由经营者自主决定经营范围，经营范围变更的，由经营者向注册登记机关办理备案手续。同时放宽了企业冠名条件限制。

四是简化投资项目审批程序，分别采取投资审批制、备案制等。

2. 税收优惠政策

在税收优惠政策方面，《若干政策措施》涉及所得税、资源税、耕地占用税、增值税、农业税和牧业税以及其他税收优惠政策。所采取的优惠措施主要是针对不同情形，减征、免征或在一定期限内减征、免征税收。如对新办投资开采矿产资源（石油天然气资源开采除外）的企业，自企业生产经营之日起，暂免征收资源税 5 年。省内公路国道、省道、县、乡道路等各类公路建

---

① 需要说明的是，2005 年 2 月国务院出台了《关于鼓励支持和引导个体私营等非公有制经济发展的若干意见》，为了贯彻该《意见》，同年 8 月 5 日，青海省人民政府出台了《关于鼓励支持和引导个体私营等非公有制经济发展的若干政策措施》，其中降低了非公有制经济参与市场经济活动的市场准入门槛。就经济规模而言，2004 年 1—9 月，青海省个体私营经济完成增加值 101.5 亿元，实现销售收入 222.9 亿元，分别比上年同期增长 120.8%、72.3%；个体工商户数量增长速度比上年同期高 6 个百分点，高于全国 6.2 个百分点；私营企业数增长速度比上年同期高 5.8 个百分点，与全国基本持平。就经济实力而言，2004 年 1—9 月，全省个体私营经济注册资本首次突破 200 亿元大关，达 200.5 亿元。其中，私营企业户均资金达 168.3 万元，比上年同期增长 10.4%，高出全国平均水平 32 万元。参见景晖、王昱、崔永红主编：《青海经济社会形势分析与预测》，青海人民出版社 2005 年版，第 4 页。

设用地,一律免征耕地占用税。同时,《若干政策措施》中还采用税前扣抵及加速折旧方法、计提折旧等措施实现税收优惠。如规定对于企业研制开发新技术、新工艺所发生的各项费用,可计入管理费用在税前一次性扣除。研制费用比上年增长幅度在10%以上的企业,可再按实际发生额的70%抵扣应纳税所得额。从事能源、交通、环保等基础设施建设的企业,在生产经营过程中发生的机器设备维修费、大修理费,可在发生的当年一次性在税前扣除。属于国家和我省鼓励类产业项目的企业,在生产经营过程中使用的机器设备,综合开发利用资源的企业在生产经营过程中使用的固定资产可以采取加速折旧方法计提折旧。

3. 土地使用和矿产资源开发优惠政策

在土地使用优惠方面,《若干政策措施》主要规定:生产性企业以协议出让方式取得国有土地使用权的,可免缴60%的国有土地使用权出让金;企业可以先缴纳应缴部分的30%,其余在5年内分期缴纳。以租赁方式取得国有土地使用权的生产性企业,自取得使用权之日起,免缴土地租金5年,期满后减半缴纳土地租金5年。使用国有荒山、荒地等未利用地从事造林、种草等生态建设或农牧业综合开发项目以及兴办社会公益事业的,免缴国有土地有偿使用费;土地使用权50年不变,可以依法继承,使用期满后,原使用权人优先受让;达到合同约定的投资金额或符合生态建设条件的,土地使用权可以依法转让、出租、抵押。允许农村集体土地在符合土地利用总体规划和村镇建设规划前提下,利用村、镇建设用地,采取租赁、作价入股等方式,参与项目开发。对公路建设中占用菜地的,免征新菜地开发基金,免征公路建设环节征收的林业采伐许可证费、林业建设保护费、育林基金。

就矿产资源开发而言,《若干政策措施》规定:凡在本省勘查、开采矿产资源的,除通过招标、拍卖等方式取得探矿权、采矿权外,也可通过依法申请批准的方式取得探矿权、采矿权。探矿权人、采矿权人可以采取出售、作价出资、合作勘查或开采、上市等方式依法转让探矿权、采矿权,也可按有关规定出租、抵押探矿权、采矿权。开采国家和省内紧缺的各类矿种或采取申请批准的方式取得探矿权和采矿权的,可以减缴或免缴探矿权使用费,采矿权使用费。探矿权使用费,第一个勘查年度可免缴,第二至第三个勘查年度可减缴50%,第四至第七个勘查年度可减缴25%。采矿权使用费,矿山基建期和矿山投产第一年可免缴,矿山投产第二至第三年可减缴50%,第四至第七年可减缴25%,矿山闭坑当年可免缴。投资者投资开采矿产资源,符合条件的,可享受免缴一定期限矿产资源补偿费等的优惠,并允许将地质勘查费、以出让方式取得矿产权缴纳的探矿权、采矿权价款等费用计入递延资产,在开采阶段分期摊销。

4. 鼓励技术创新

《若干政策措施》鼓励技术、管理等生产要素参与收益分配。鼓励企业通过各种形式引进科技和经营管理人才,企业用于奖励引进人才的奖励经费可列入成本。专利、商标及其他科研成果等各类知识产权均可作价入股或参与收益分配,入股或参与收益分配的比例,由知识产权所有人与企业自行商定。鼓励企业进行技术创新,各类企业用于研制开发新技术、新工艺、新产品的经费投入达到或超过销售收入5%的,科技等相关部门在安排科研项目时应优先给予支持。同时,《若干政策措施》中加大了对科技成果完成人员的奖励。在职务科技成果转化取得的收益中,企业、科研机构、高等学校可在5年内提取10%—20%的比例,用于奖励成果完成人和对产业化有贡献的人员。

5. 软环境建设

为了保障政策措施的实现,在《若干政策措施》的规定中,还专门对于政务公开、行政审批、依法行政等做出了较为细致的规定。要求行政机关制定涉及经济贸易的政策和规章以及作出与企业有重大利益关系的决策前,应征求企业意见,必要时应召开听证会。凡涉及经济贸易、社会管理等内容的各种规章和政策,一律在实行前1个月向社会公布。行政机关应设立规章、政策咨询、查阅点。企业可以向有关部门免费查询、索取相关资料。政府投资或融资的工程建设项目及政府采购项目招投标、公益事业建设以及各级行政机关作出的重大决策等行政行为,一律向社会公开。各级行政机关的职责,办事的依据、条件、程序、期限、标准、主办责任人、监督电话等应当公示。

其次,简化审批手续、缩短审批时限,实行"窗口"式服务、"一条龙"式服务,建立"并联"审批制度。新办企业在办理审批、核准、登记、备案过程中需缴纳的各种行政事业性收费一律减免。企业在经营过程中需缴纳的各种行政事业性收费,一律按最低标准收取。同时要求各级行政机关应明确承诺办事的服务标准和时限;规定行政机关及其工作人员进入企业监督检查,必须有法律、法规和规章的明确规定;禁止行政机关无偿占用企业财产,禁止违法强制企业拆迁,禁止向企业乱摊派、乱收费、乱罚款,禁止对企业"吃、拿、卡、要"或收受企业财物。不得以任何借口、任何形式干扰企业生产经营,侵犯企业经营自主权。不得限制竞争,禁止行政机关指定经营业务,禁止对放开经营的项目进行限制。

6. 保障措施

《若干政策措施》规定各级政府及其部门具体负责本政策措施的实施。实行"一把手"负责制。凡不落实或不完全落实本政策措施,不兑现承诺,或者设置障碍致使本政策措施无法兑现,以及执行过程中故意刁难、推诿扯皮的,一律追究行政责任。各级监察机关负责监督检查各级行政机关落实本政策措施的情况,查处行政机关及其工作人员违反本政策措施规定的行为。行政机关及其工作人员拒不落实有关优惠政策,不履行本政策措施规定的有关要求,企业有权向监察机关投诉或举报,监察机关应及时受理,认真查处,对查证属实的,应将查处结果向社会公布。

7. 政策措施的解释和施行

规定凡在青海省境内投资或从事生产经营等经济活动的组织或个人均适用本政策措施的规定。同时规定享受本政策措施各项优惠政策的企业,应遵守工商、环保、税收、土地和矿产资源管理的有关规定,接受工商行政管理机关、环保机关、税务机关和国土资源行政管理机关的监管。

由上述可见,《若干政策措施》可谓对于区域经济合作做了诸多较为详细的规定。这些规定无疑为青海省与省外投资主体之间的经济合作提供了保障,对于青海省经济发展具有明显的促进作用。然而,《若干政策措施》作为负载政策的规范性文件,其价值的发挥自然也会受到诸多制约。

首先值得肯定的是,《若干政策措施》在诸多方面的规定,不仅仅发挥着政策引导的作用,并且一些规定之后所确定的行政责任,使其具有了法律的直接效力。

其次,《若干政策措施》在当时的环境下,对于一些国家法中尚未规定或规定不尽合理的方面,做出了符合地方发展需要的先行尝试,一些规定从立法角度来看,具有明显的先进性,从而为地方立法的正式总结提供了有益的经验。如在企业设立方面,在我国于2005年《公司法》修改前还在实行严格的法定资本制的时候,本《若干政策措施》即开始采用折中资本制度,并且规定了较低的最低注册资本额,较大幅度地降低了公司设立的门槛,从而对促进市场主体的设立,增强青海地区的市场活力具有积极意义。再如知识产权的转化问题上,在当时《公司法》尚有限制的情形下,本《若干政策措施》中交由当事人协商确定,从而能极大地促进知识产权的转化和实现,也能极大吸引外地知识产权在青海的实施,这对于知识产权较为贫乏的青海而言,无疑会进一步促进技术贸易的展开、先进技术的应用以及技术的创新。

当然,《若干政策措施》毕竟是反映政策的规范性文件,因而其规定从现今来看,许多规定已很难再实施。如《若干政策措施》规定:"凡设在我省境内、符合国家以及我省鼓励类产业的企业,在2010年以前,其主营业务收入占企业总收入70%以上的企业,减按15%的税率征收企业所得税。"这一条文直接以2010年以前为适用条件,自然也使得当下企业之优惠的享有,很难再依据这一政策。其他规定中"3年"、"5年"等的规定,其直接适用也颇显困难,以一些具体的营业额或净收入等来确定优惠政策享有的规定,当下的直接适用也无疑会遭受质疑。事实上,这些规定都带有鲜明的政策特点,从而致使适用方面欠缺稳定性。并且一些制度方面的创新,若能有上位法的授权性条款,或者在民族自治地方正确运用了变通权等自治立法权的程序,或许其适用过程中也会更加理直气壮一些。也正因如此,我们虽然认为这一规范性文件中仍有许多现今值得予以坚持的规则或制度,但却无法担负对当下青藏高原地区与东部发达地区有效展开区域经济合作的制度化任务。我们认为,应当在对这一规范在内的有关政策实践做好调查分析的基础上,进一步总结经验,积极构建更具稳定性的地方立法,促进区域经济合作的更好展开。

(二)《青海省实施〈中华人民共和国中小企业促进法〉办法》

《青海省实施〈中华人民共和国中小企业促进法〉办法》(以下简称《中小企业促进办法》)于2006年9月20日经由青海省第十届人民代表大会常务委员会第二十四次会议通过,于2006年12月1日起施行。《中小企业促进办法》共九章58条。除总则与附则外,计有创业扶持、资金扶持、技术创新、市场开拓、服务措施、权益保护、法律责任等七章内容。就关涉区域经济合作的内容来看，主要涉及如下方面：

1. 规定鼓励企业进入的行业

如《中小企业促进办法》第8条规定："法律、行政法规未禁止进入的行业和生产、经营领域，中小企业均可进入。支持、鼓励中小企业进入电力、石油、通信、铁路和国防科技工业、旅游资源开发、环境保护与建设，以及公用事业、社会事业、基础设施、金融服务等领域。"

2. 鼓励企业建立多元和开放的产权结构

如《中小企业促进办法》第9条规定："支持、鼓励中小企业通过股东出资、引进外资、职工持股等多种形式，建立多元和开放的产权结构。"

3. 鼓励中小企业引进国内外资金、先进技术和管理经验

如《中小企业促进办法》第10条规定："鼓励社会各类投资者依法以知识产权、高新技术成果等无形资产参与投资创办中小企业。鼓励中小企业引进国内外资金、先进技术和管理经验。"

4. 规定在区域内创办企业之优惠

如《中小企业促进办法》第11条规定对相关行政事业性收费进行减免。此外还规定县级以上人民政府负责企业工作的部门、其他有关部门应当及时为符合优惠政策条件的中小企业办理相关手续。对于由两个以上部门实施的有关中小企业生产、经营的审批项目，实行统一受理、分别审批的并联审批制度，由本级人民政府指定一个部门牵头进行并联审批工作。

5. 规定政府部门之给付义务

如《中小企业促进办法》第12条规定："各级人民政府及其有关部门应当及时向社会公开有关产业、工商、财税、融资、劳动用工、社会保障、市场、价格、环保等方面的政策，为中小企业提供咨询、信息和指导服务。"第13条规定："各级税务机关应当及时公布国家和本省促进中小企业发展的相关税收优惠政策，对符合条件的中小企业，依法减税、免税或者退税，运用税收政策鼓励、支持和引导中小企业的创办、发展。"

6. 规定了资金扶持内容

在这方面，不仅要求政府根据实际情况在本级财政中安排扶持中小企业发展的专项资金，而且组织开展金融机构与企业合作项目推介活动，引导

金融机构加大对中小企业的金融支持。同时,鼓励、引导中小企业以股权融资、项目融资、租赁设备、厂房等方式筹集资金,以及通过法律、行政法规允许的融资方式直接融资,拓宽直接融资渠道。鼓励中小企业依法、自愿开展多种形式的互助性融资担保。支持、鼓励有条件的中小企业在国内外上市融资和发行企业债券。组织建立面向本地区的中小企业信用担保体系,安排一定数额的中小企业信用担保风险补偿金。

7. 规定了有关技术创新的内容

首先要求根据中小企业发展规划和本地实际,建立中小企业创业基地、科技企业孵化基地。积极推进中小企业服务体系建设,鼓励和支持社会力量建立各类中小企业技术服务机构。鼓励中小企业增加科技投入,引进科技人才,采用先进适用技术、生产工艺和装备,提高技术创新能力和产品科技含量。规定中小企业的技术创新和采用国内先进技术标准实施的改造项目,以及为大企业产品配套的技术改造项目,可以享受贷款贴息政策。鼓励中小企业在国内外申报知识产权。科技人员参与中小企业科研项目开发,并以科研成果作为股权投资的,可以获得股权收益。为实现中小企业技术进步和产品升级换代提供关键技术、促进企业增效显著的单位和个人,由当地人民政府给予奖励。

8. 在市场开拓方面,鼓励和支持大企业与中小企业建立以市场配置资源为基础的、稳定的原材料供应、生产、销售、技术开发和技术改造等方面的协作关系

具备条件的中小企业参与资产重组、改制等活动时,除法律、行政法规另有规定外,对原主体在重组、改制前已经取得的专项审批手续、生产经营许可证和政策优惠,可以办理相关变更手续。各级人民政府及有关行政管理部门应当为中小企业平等提供产品出口、对外经济技术合作与交流、开展自营进出口业务和境外投资、开拓国际市场等方面的帮助、咨询、指导、服务。鼓励社会各类中介机构为中小企业提供创业辅导、企业诊断、信息咨询、市场营销、投资融资、贷款担保、产权交易、技术支持、人才引进、对外合作、展览展销和法律咨询等服务。鼓励大专院校、成人教育机构、职业学校和社会中介机构开展法律法规、产业政策、经营管理、职业技能和技术应用等培训,为中小企业培养所需经营管理、生产技术等类人才。

《中小企业促进办法》虽然只是适用于中小企业的规则,但其间有许多对于区域经济合作鼓励和支持的条款,并且这些支持和鼓励多是通过设定政府的义务来加以保障,同时也辅以社会组织的责任来强化。事实上,鼓励区域外投资者在青海设立中小企业以及借助中小企业这一组织形式,与东部发达地区经营主体展开广泛合作,引进先进技术、人才和管理经验,乃至激励东部发达地区的知识产权在青藏高原地区效益更大化地实现转化等,都应视为鼓励、支持和规范区域经济合作的内容。因而可以说,《中小企业促进办法》对于青藏高原地区与东部发达地区的区域经济合作之展开,无疑也是一部支撑性的规范。但是这一规范毕竟受到其适用范围以及适用对象的限制,并且我们也不可能将青藏高原地区与东部发达地区区域经济合作法治化之实现的重大任务,委付给一纸文件。我们在青藏高原地区与东部发达地区区域经济合作的法制建设中,既需要如《中小企业促进办法》之类规范的配套支撑,又需要建立更具针对性的立法,从而更明确地规范区域经济合作问题。

(三)青海省《关于改善投资环境保护投资合法权益的暂行规定》

为保护投资者的合法权益,优化投资环境,强化优质服务,促进经济和社会发展,青海省于2002年制定了《关于改善投资环境保护投资合法权益的暂行规定》(以下简称《改善投资环境暂行规定》)。其中亦有关涉区域经济合作内容的一些规范,主要表现在:

1. 确认了投资者的九项合法权益

该《改善投资环境暂行规定》确认投资者具有如下九项合法权益:投资领域选择权,投资规模决定权,企业自主经营权,劳动用工自主权,合法收入支配权,优惠政策、优质服务享有权,不法侵害求偿权,行政监督批评权以及其他依法享有的正当权益。这些权益中,一些权益的保护虽然在中央立法中也给予相应的保护,但《改善投资环境暂行规定》的确认,实质上是对区域经济合作主体的法律承诺的进一步强调,有利于消除区域经济合作主体,尤其是区域外投资主体的心理顾虑,促进区域经济合作的顺利展开。

2. 要求政府建立相应的工作制度,保障区域经济合作富有成效

依据《改善投资环境暂行规定》第4条之规定,各级人民政府和有关部门应当建立下列工作制度:

第一,登记备案制。不需要政府投资或提供建设、经营条件的投资项目,一律改为备案制。国家另有规定的从其规定。

第二,"一站式办公,一个窗口对外"工作制。对投资企业实行"一站式"审批和直接登记;对投资项目开工建设逐步实行"一个窗口审批,一个窗口收费"的制度。

第三,行政公示制、工作时限制和主办部门负责制。涉及投资管理的行政部门和具有垄断性质的企事业单位,对管理、监督、审批、服务的内容、审批条件、收费标准、办事程序、申报文件要求、办事地点、办事人员姓名应公开,并按有关规定承诺、兑现工作时限。

第四,工作协调制。各州(地、市)人民政府和有关部门领导要定期就项目实施情况进行通报,研究、协调、解决招商引资工作中的重大问题,推进重点项目的实施。

第五,重点项目联系制。政府有关部门,要负责联系重点项目,及时研究、发现和解决问题。

第六,项目跟踪服务责任制。为重点项目提供审批、登记、建设和生产经营的全程跟踪服务,协调解决投资前后遇到的各种问题。

第七,公开评议制。各级政府每年组织投资企业,对所有与企业有关的执法、监管、服务部门及单位进行一次公开评议。对评议结果差或投诉多的部门、单位,要进行通报批评,限期进行整改,并追究主要负责人的行政责任。

第八,依法检查制。有关部门进行的检查,必须依据国家规定依法进行,禁止对企业重复、多头检查,检查人员都须持证检查。

3. 确立重点行政监督制度

《改善投资环境暂行规定》第 5 条明确规定,各级人民政府和有关部门重点加强对下列行为的行政监督:

(1) 拒不执行国家和省人民政府制定的优惠政策的;

(2) 办理项目立项、审批、办证、登记注册过程中无故拖延扯皮、吃拿卡要,为单位或个人谋取私利的;

(3) 借口检查、评比侵犯投资者合法权益的;

(4) 违反国家和省有关禁止"乱收费、乱集资、乱摊派、乱罚款"的规定,巧立名目为部门和个人谋取不正当利益的；

（5）滥用职权，干扰企业生产经营秩序的；

（6）违反企业意愿，要求其参加以赢利为目的的培训、赞助、产品展览等活动的；

（7）要求企业购买指定产品、有价证券和订购书籍、报刊的；

（8）向投资企业指定或变相指定中介服务机构的；

（9）要求投资企业向指定的施工单位发包工程的；

（10）供水、供气、供电、铁路、电信等公共服务类企业，滥用优势地位损害投资者权益的。

4. 明确了申请保护机构、申诉或申请保护时限以及相应的法律责任

《改善投资环境暂行规定》规定，省政府经协办、省政府督查室负责全省改善投资环境、保护投资者权益的日常工作，代表省人民政府实施督促、检查，协调解决全省优化投资环境、保护投资者权益的具体问题（第9条）。投资者认为合法权益受到损害，向经济协作和纪检监察部门提出申诉或申请保护的，在递交书面材料、事实清楚的前提下，7个工作日内予以答复（第7条）。国家机关工作人员在办理审批、办证、受理投诉等工作中玩忽职守、滥用职权、徇私舞弊的由其所在单位或者上级主管部门给予行政处分；构成犯罪的，依法追究刑事责任（第8条）。

《改善投资环境暂行规定》从政府职责角度安排了吸引外部投资以及保护投资者合法权益的主要制度，与《若干政策措施》相比，其所涉及的内容并不如后者丰富，一些制度也不如后者安排的精细。但《改善投资环境暂行规定》却是立足于行政规范的层面，因而在其被明令废止前，均会对区域经济合作的展开产生一定的影响。而《若干政策措施》带有鲜明的政策性，虽然其中的一些政策还被引为招商引资的优惠条件，但其整体的适用性多少面临一些尴尬。就此意义而言，《改善投资环境暂行规定》至少在方法论方面具有一定的价值。

此外，我们从上述的规范性文件能看到这样一点：无论是哪部规范性文件，都是非常重视政府力量的运用，即在努力构建促进区域经济合作的立法方面，一直强调政府组织、鼓励、支持的作用。由此，对于各级政府及相关部门的工作制度以及行政责任也给予了更多的关注。我们认为，在今后为区

域经济合作之专门性立法以及配套性立法中,我们仍应坚持这些方面,从构建给付型政府和依法行政的主线入手,进一步确立促进区域经济合作的各项制度。当然,包括《改善投资环境暂行规定》在内的诸多规范性文件,在一些问题的应对上也有规定较为原则,难以具体操作之虞。如在《改善投资环境暂行规定》中,虽然规定省政府经协办、省政府督查室代表省政府具有协调之职能,但却未规定协调工作中的具体职权职责,也未规定究竟哪些属于这些机构应当受理之事项。在设定了重大项目、重点项目联系制以及项目跟踪服务责任制时,也同样未对这一制度做出具体的权利义务安排。凡此种种,都有进一步细化之必要。事实上,由此也可以看出,许多的地方性立法中,多是规定得较为原则,从而使规范之外更多地依赖实施细则或行政机关自我的工作制度设定,最终使许多的问题不得不依赖"红头文件"来加以解决。这种与"依法行政"明显相悖的现象,其背后不全是对于行政所能依据之"法"的理解不利,事实上也存在一些立法过于原则,不得不"依行政而行政"。

(四) 青海省《关于鼓励支持和引导个体私营等非公有制经济加快发展的若干政策措施》

为贯彻落实《国务院关于鼓励支持和引导个体私营等非公有制经济发展的若干意见》(国发[2005]3号),青海省人民政府于2005年制定了《关于鼓励支持和引导个体私营等非公有制经济加快发展的若干政策措施》(以下简称《鼓励支持非公有经济政策措施》)。其中关涉区域经济合作内容的主要规范有:

1. 进一步放宽非公有制经济市场准入政策

在放宽非公有制经济市场准入方面的主要措施有:

(1) 放开投资领域。鼓励、支持非公有制资本在产业发展规划的指导下进入电力、石油、通信、铁路、国防科技工业建设等领域,积极促进垄断性行业和领域引入竞争机制,实行投资主体多元化的改革。鼓励非公有制资本进入公用事业、基础设施和生态环境保护开发领域。鼓励非公有制资本进入社会事业领域,在规范运作、加强政府监管、社会监督、维护公众利益的前提下,可以投资兴办教育、科研、医疗卫生、文化、体育、社区服务等非营利性社会公益服务机构。鼓励非公有制资本进入金融服务业,以多种形式参与股份制商业银行、城市商业银行、城市和农村信用社等金融机构的增资扩股;参与银行、证券等金融机构的改组改制。鼓励、支持非公有制经济参与国有经济结构调整和国有企业重组,通过租赁、参股、控股、兼并、收购等形式,参与国有企业、集体企业的资产重组,推动产权结构调整。

(2)放宽注册登记条件。非公有制企业注册资金,可用知识产权、非专利技术等无形资产出资,也可以用人力资本(管理才能、技术专长)、有转化潜能的智力成果(专利发明、技术成果、注册商标)、高新技术出资入股,由各出资人约定出资比例。放宽科研人员创办科技型企业和下岗失业人员创办非公有制企业的登记条件。其注册资本、生产场地等条件尚有欠缺,但在一年内能够完善的,可核发有效期为一年的营业执照,条件具备后,换发正式营业执照。此外,《鼓励支持非公有经济政策措施》还放宽了经营范围以及非公有制企业冠名条件。

2. 加大对非公有制经济财政金融支持力度

《鼓励支持非公有经济政策措施》要求省财政每年安排中小企业发展专项扶持资金,州、地、市、县(区)年度财政预算中,设立非公有制经济(中小企业)科目,建立中小企业发展专项扶持资金。要求改善金融服务、拓宽直接融资渠道。鼓励非公有制企业跨所有制、跨地区、跨国并购,引进资金、技术、管理嫁接改造;通过租赁设备、厂房等多种形式进行融资。鼓励有条件的地区建立中小企业信用担保基金和区域性信用再担保机构。

3. 实施非公有制经济发展优惠政策

(1)税收支持政策。《鼓励支持非公有经济政策措施》规定了包括所得税、营业税、增值税、资源税等各个方面的优惠政策,所采用的优惠措施主要也是减征、免征或在一定时限内减征免征,以及允许一定条件下的税前扣除、采取加速折旧方法计提折旧等。

(2)土地使用优惠政策。规定生产性企业以协议出让方式取得国有土地使用权,按协议出让国有土地使用权最低出让金标准,缴纳土地出让金,企业可以先缴纳应缴部分的30%,其余在5年内分期缴纳。农村集体经济组织在符合土地利用总体规划和村镇建设规划前提下,可以采取租赁、作价入股等方式,利用村、镇建设用地参与项目开发。对公路建设中占用菜地的,免征公路建设环节征收的林业采伐许可证费、林业建设保护费、育林基金。

（3）矿产资源勘查开发优惠政策。规定符合产业政策和省资源勘探开发规划，在本省勘查、开发矿产资源的，可以通过招标、拍卖等方式取得探矿权、采矿权外，也可通过依法申请批准的方式取得探矿权、采矿权。探矿权人、采矿权人可以采取出售、作价出资、合作勘查或开采、上市等方式依法处置探矿权、采矿权，也可按有关规定出租或抵押探矿权、采矿权。矿业权持有人转让、出售矿业权时，在同等条件下，政府有优先回购权。规定勘查矿产资源，在符合条件的情况下，可以申请减缴或免缴探矿权使用费。投资者投资开采矿产资源，经主管部门确认符合条件的，可以免缴、减缴或免缴一定期限的矿产资源补偿费，并允许将地质勘查费，以出让方式取得矿业权缴纳的探矿权、采矿权价款等费用计入递延资产，在开采阶段分期摊销。

此外，《鼓励支持非公有经济政策措施》还规定了以下内容：

一是完善对非公有制经济的社会服务。要求放手发展各类市场中介服务组织，建立信息服务体系，加强非公有制经济组织的人才队伍建设，鼓励和支持非公有制经济科技创新，加强企业信用建设，支持开拓国际国内市场，鼓励支持有实力的非公有制企业做大做强。

二是提高非公有制企业自身素质，规定完善企业组织制度，健全会计核算制度，规范财务管理，做好标准化认证工作，提高经营管理者素质，加强知识产权保护，推进和完善社会保障体系，鼓励、支持参与社会公益事业发展，建立健全企业工会组织。

三是加强非公有制经济发展的环境建设。首先要求规范行政行为，在制定涉及非公有制经济主体重大利益关系的政府规章、经济贸易政策措施和作为行政管理依据的规范性文件前，应当充分征求、听取他们的意见，必要时应当公开举行听证会。进一步提高办事效率，实行集中办公、分别受理、一站式服务。并施行行政服务承诺。凡属于本行政机关职责范围内的，行政机关应当明确办理的时限并在时限内依法办理完毕，不得相互推诿责任或者刁难当事人。禁止对非公有制经济的乱检查行为。严禁对非公有制经济主体乱收费、乱摊派、乱罚款。各地、各部门要对涉及非公有制经济主体的收费进行认真清理。中介服务机构接受行政机关的委托对非公有经济主体进行检查、检验检测、审查审核、咨询、评估等活动,不得向其收取任何费用,所需检查、检验检测、审查审核、咨询、评估等费用由委托机关支付。同时,要求简化行政许可程序,实行授权登记,对农牧业区流动经营者和进城自产自销农牧产品的,免于工商登记和收取有关税费;城市社区服务业中从事小维修、小作坊、小家政、小报刊经营的经营者,办理营业证即可经营。非公有制企业办理注册登记手续时,自由选择注册登记机关。要求充分运用电子政务,逐步实现网上办公,并简化项目审批和证、照年审手续。

四是建立非公有制经济发展指导和协调机制。要求加强对发展非公有制经济工作的领导,领导小组办公室设在省经委,负责拟定全省非公有制经济发展规划和相关的政策措施,并组织实施;负责全省非公有制经济的运行和规范发展,并按照目标责任制的要求,进行组织协调和督促检查,定期或不定期召开会议,及时沟通情况,研究落实有关工作,负责向领导小组报告工作。各地也要成立相应的工作机构,并且充分发挥工商业联合会(商会)、个私协会等社团组织的作用。

五是实施本政策措施的保障。要求各级政府负责本政策措施的实施,建立各级非公有制经济发展目标考核责任制,作为政府和领导班子年度政绩考核目标内容。并且建立投诉举报机制,加大监察力度,对落实不力、落实不完全、不兑现承诺、设置障碍,导致本政策措施规定无法兑现,以及相互推诿责任或在落实政策中刁难当事人的,必须依照行政工作人员行政过错责任追究制度的规定,从严给予行政处分或辞退,同时追究其主要负责人的领导责任。

《鼓励支持非公有经济政策措施》可谓是继《若干政策措施》之后的又一项体现优惠政策的规范性文件。与《若干政策措施》比较可见,《鼓励支持非公有经济政策措施》中的大部分优惠政策直接沿用了《若干政策措施》中的规定,甚至一些内容就是直接照搬《若干政策措施》中的规定。从《鼓励支持非公有经济政策措施》在区域经济合作中所起到的作用来评价,我们认为其所具有的价值和效用基本同于《若干政策措施》,同样具有较为鲜明的政策性,也同样在应对当下问题时,部分规定显得比较尴尬,兼之其本身即有规范范围或对象的限定性,因而只能将其视为与区域经济合作有关联的规范,而不能将其视为主干性规范。

（五）《海南藏族自治州优惠政策》

一些民族自治地方充分利用立法自治权，对于本区域之经济发展等问题做出相应的法律规定。青海省海南藏族自治州（以下简称"海南州"）为了改善投资环境，鼓励外商、区外客商来海南地区投资，于1997年制定了优惠政策。该规范性文件中关涉区域经济合作的规定主要有：

1. 外商、区外客商在海南州兴办企业，均优先列入海南州国民经济和社会发展计划，其所需场地、劳务、设计施工、矿产资源、能源交通、生产服务、通讯及其他公用设施按州级重点项目予以优先审批、优先安排。

2. 外商、区外客商投资所需土地均可无偿划拨，免收土地出让金。

3. 凡来海南州兴办企业的外商和区外客商，如项目已批准、资金已到位，其生产建设用地可先办理"预报预批"，在开工后40日内补办正式手续，领取"建设用地许可证"。

4. 凡来海南州新建生产性企业的，投产后3年内免征企业所得。外商及区外客商带资来海南州，与州内现有企业或州内任何出资方共同投资，对现有企业进行技术改造、扩建或新建生产性企业，其资金达到20%的，即可依其出资比例享受上述优惠政策。

5. 对引荐、介绍外商、区外客商来海南州投资并取得成功的引荐人、介绍人给予奖励。其奖励办法为：在所办企业投产或开业后一个月内，按该项目实际引进资金额0.5%—3%的比例奖励给引荐人、介绍人、由合营企业的我方和受益级财政各负担50%，并免征个人所得税。引荐、介绍、争取政府渠道及国外援助资金的不在其奖励范内。

6. 鼓励州外大专院校、科研机构和科技人员对我州企业进行技术承包。在承包期内取得明显经济效益，完成并超额完成承包合同指标的，除兑现合同规定奖励外，其超额完成部分，按利润的30%奖励给承包人。

7. 支持企业以聘用和调入的方式引进各类急需人才。工资待遇双方协商确定，不受劳动部门管理规定限制；有特殊贡献的可发给专项奖金。具有中、高级职称人员，服务满两年可解决其配偶及未成年子妇女的城镇户口。

8. 简化手续、提高办事效率。凡申请创办"三资"企业和联营企业的单位和个人，各类手续齐全，符合审批程序的审批机关，应尽力做到随到随批，每个阶段不超过5个工作日，核发营业执照不超过7个工作日。

(六)《海东地区优惠办法》

青海省海东地区于1997年8月25日发布了《海东地区优惠办法》,其关涉区域经济合作的规定主要有:

1. 经营方式等的可选择性

该办法规定,凡区外、境外投资企业,其经营方式可自由选择,民主商定,采取独资、合资、合作经营;允许投资者参股、租赁、承包经营,也可购买全部或部分产权;亦可发展"一厂多制",实行一业为主,多种经营。

2. 从简优先办理事宜

该办法规定,区外、境外投资企业所需水、电、气、土地、原材料、运输、通讯以及保险、咨询、广告、环保、治安、信息、医疗服务等,优先从简办理,其收费标准按区内企业同等对待。

3. 财政融资优惠

该办法规定,符合产业政策,可形成地方财政支柱的区外、境外投资企业,由企业申请,财政部门审定同意后,可从当地财政借款或向上级财政申请借款。

4. 政府协助解决进出口权

该办法规定,凡生产产品达到出口标准或需进口部分生产性原料的区外、境外投资企业,由企业申请行署有关部门协助解决进出口权,但外汇自行平衡。

5. 税收优惠

该办法在税收优惠方面的规定主要有:

(1) 凡来海东地区合资、独资、联办(含个人筹资办)的区外、境外投资新办企业,经营期在10年以上的,自建成投产获利年度起,两年内免征企业所得税,第三年至第五年减半征收;国定减免税种期满后,经企业申请批准,从批准年度起,可继续按应征缴税额30%的比例减征企业所得税,企业实现的利润,用于本企业扩大再生产的,其经营期5年以上的外商投资企业,报经税务部门同意,5年内全部免征再投资部分的企业所得税。

(2) 属于技术、知识密集型、高新技术等的企业,经营期在15年以上,从投产后的第一年起,5年内免征企业所得税,第六年至第十年内减半征收企业所得税。

(3)凡在海东地区境内新上的区外、境外投资企业,无论何种所有制形式,如发生年度亏损,可用下年度所得税税前利润弥补,但连续弥补不得超过5年。

6. 土地优惠

关于土地方面的优惠,该办法规定:

(1)凡在海东地区境内新上的区外、境外投资企业,在征用土地时,免收土地使用费10年;使用荒山、荒坡、盐碱土地的,免征土地使用费、土地出让金或安置补助费,土地征用费以优惠价提供。

(2)区外、境外投资者可承租和包片开发土地,从事基础设施和其他生产性建设项目的开发、利用、经营,其土地使用权期限可达50年至70年;开发后的土地、房产和其他设施,可以自用,也可以依法转让、出租、抵押、继承;土地使用权的取得,由县以上人民政府批准,当地土地管理部门办理出让手续。

7. 先行计提投资优惠

该办法规定,凡区外、境外投资者,以资金、设备、技术投入等方式,在海东地区境内举办资源开发深加工企业的,可从企业年度纯利润中提取30%的资金,先行偿还对方投入资金,余70%再按投资比例分成,直至还清对方投入本金为止。

8. 中介奖励

该办法规定,凡给海东地区引进项目、信息、资金、技术的中介机构和中介人,均给予一定的奖励。

9. 优惠条件的协商制

该办法规定,在特殊情况下,可根据实际情况,双方协商给予进一步的特殊优惠。

除上述规范性文件中关涉区域经济合作之外,还有一些规范性文件也涉及区域经济合作的有关方面。如2007年《关于落实省委〈实施意见〉若干具体政策的规定》,其第二项明确规定:"省外企业到我省投资举办工业企业以及兼并、收购我省企业,投入资本金比例达到25%的,经当地经贸、工商部门审核,在10年内执行外商投资企业的有关优惠政策。对被并购企业以前年度欠税,允许在3年内挂账,并免缴滞纳金。政府有关部门对设立省外投资企业的要给予优先审批,各部门接到申请后在10个工作日内办结相关审批手续。"由此规定,在青藏高原地区与东部发达地区以联营为形式且符合上述规定的企业,又可援用青海省人民政府2000年《关于鼓励外商投资的若干规定》中的相关规定。

纵观上述规范性文件可见,这些规范性文件并不是以区域经济合作为主要内容。体现区域经济合作内容的首先是一些经营方面的优惠政策,包括税收优惠、土地优惠、融资优惠等方面,以吸引发达地区投资者来青投资。其次是通过简化行政审批、规范行政行为、构建给付型政府,为经济发展保驾护航。此外,一些规范性文件中也有吸引科技人才等方面的规定。但总体而言,事关区域经济合作的规范事实上被附着在招商引资的规范之中,在立法中并未有集中规定,并且一些区域经济合作所必需的规则仍在缺失状态。因而可以说,面对青藏高原地区与东部发达地区区域经济合作问题,法制建设工作仍是我们无法回避的首要问题。

二、西藏自治区相关立法考察

(一)《西藏自治区关于招商引资的若干规定》

为了进一步改善投资环境,鼓励各类投资者在西藏投资,保护投资者合法权益,提高西藏对外开放和经济发展水平,1999年西藏自治区根据《中华人民共和国民族区域自治法》和有关法律、法规,以及中央赋予西藏的优惠政策,制定了《西藏自治区关于招商引资的若干规定》(以下简称《西藏若干规定》)。其适用于西藏自治区行政区外各类投资者在西藏自治区兴办的企业(包括在西藏自治区区登记注册的各类企业)和其他项目。其涉及区域经济合作的主要规定有:

1. 投资形式的多样性

《西藏若干规定》第3条规定,投资者可依法采取下列投资经营方式:

(1)采取独资、合资、合作等方式;

(2)对我区国有企业实行租赁、购买、托管、兼并及参股、控股或组建企业集团;

(3)开展补偿贸易和加工贸易项目;

(4)技术转让、技术合作和技术承包;

(5)与我区企业联合在内地省区市或国外合资、合作经营;

（6）BOT方式（建设—经营—移交）投资基础设施建设①；

（7）法律、法规允许的其他投资经营方式。

2．产业导向规定

《西藏若干规定》规定除法律、法规和国家明文禁止的外，投资者可以在西藏自治区自由投资和自主经营，不受行业、控股比例、投资形式、经营类别的限制。

该规定同时规定，对于如下产业领域鼓励投资：

（1）农牧林业综合开发及其产品深加工；农牧业产业化经营；荒山、荒坡、荒滩开发；

（2）水利、能源、交通、市政工程、公用事业等基础设施建设和经营；

（3）对区内国有企业的嫁接改造，引进先进技术、开发新产品、提高管理水平、技术水平、产品质量和档次；

（4）矿产资源的勘察、开采、矿产品加工；

（5）旅游资源开发和旅游景点建设；

（6）药业资源开发和深加工；

（7）高新技术产业和高科技产品开发；

（8）民族特需产品等加工生产；

（9）房地产开发及物业管理，投资兴建或参与经营信息（广告）、咨询、医疗、环保等领域的项目；

（10）边境口岸基础设施建设、兴建出口商品生产基地或加工企业；

（11）兴办各类残疾人福利事业、扶贫实体和项目；

（12）资源综合利用和环境保护、"三废"治理及综合利用，生态环境整治和建设，节能工程建设；

（13）经政府或有关部门认定的其他需鼓励发展的产业或项目。

3．土地政策激励

依照《西藏若干规定》，在土地方面的激励主要体现在：

（1）投资企业所需土地，在符合国家有关法律、法规的基础上，优先安

---

① 按国际惯例，BOT、BOO、BOOT是指本区域的政府为吸引区域外投资者来本区域内投资建设基础设施、公共设施和生态环境保护项目而实行的一种优惠投资方式。不在本区域的投资项目，不享受该种优惠。

排。投资者应按国家有关法律、法规和自治区有关规定开发建设。

（2）投资从事农、牧、林业生产项目和投资水利、能源、交通等基础设施项目占用国有土地的，依法予以划拨。

（3）对其他鼓励投资项目，出让年限根据不同用途依照法律、法规执行。减免征收地方所得部分土地使用权出让金；一次性缴纳土地使用权出让金有困难的，可分期缴纳；我区也可将土地资产作价入股。使用期内，完成投资总额20%以上的投资后，可享有土地使用权抵押、转让权。使用期满后，在同等条件下土地使用者有优先续租的权利。

（4）投资企业租用国有土地的，由土地使用权单位出租；也可由有批准权的人民政府收回土地使用权后，按优惠价格出租给投资者。

（5）投资企业从事经济实用住房开发建设，其用地采取行政划拨方式提供；其建筑面积的40%可作为商品房。

（6）农村集体经济组织利用原有场地作价入股或作为联营条件，或利用其他土地与投资者合作从事农、林、牧、渔业开发的，经土地行政主管部门审核并报有批准权的人民政府批准，合同期限内不改变集体所有土地的性质，由合营企业使用，不得转让。

4. 引进资金、设备、技术、人才之奖励规则

于此方面的规则，在《西藏若干规定》中主要有如下方面的规定：

（1）为西藏自治区引荐合资、合作项目者（国家各部委、地方政府职能部门计划和职责范围内引进的资金及各省市援藏资金除外，下同），经验资确认后，使用期在3年以上的，给中介组织或个人一次性奖励。引进无偿资金的，一次性奖励引进额的10%；引进1—3年有偿无息资金的，一次性奖励引进额的1.5%—5%；使用期5年以上的，一次性奖励引进额的7%；引进有偿低息（低于西藏自治区贷款利率）资金，使用期在3年以上的，一次性奖励一年利差。

（2）为西藏自治区引进新技术和新工艺，开发适销对路产品，取得明显经济效益的，除一次性奖励5000元之外，在企业投产后，5年内按该产品新增利润10%提取奖金；国内外经营管理人员到我区各类企业从事经营管理，其佣金和奖金由双方商定。

（3）属于竞争性引资项目，奖励资金均由受益单位支付；社会公益性引

资项目,奖金从"自治区招商引资奖励基金"中支付。①

（4）为鼓励国内外专业技术人员、经营管理人员到我区工作,企业有权自主设置并聘任在本企业内的专业技术职务,可以按自治区现行的有关政策规定予以评审任职资格;应聘调入自治区工作的各类技术人员和管理人员,本人及其家属、子女在当地落户,按国家和自治区有关规定给予解决,聘用单位优先解决住房。因来自治区工作而辞去公职的,可以重新办理录用手续。

5. 其他优惠措施

除上述外,依照《西藏若干规定》规定,投资企业还享有如下优惠政策:

（1）投资企业享有依照有关法律和自治区有关规定,自主决定用工、报酬、生产经营和管理方式的权利,以及国家规定的特殊产品以外的产品定价等方面的自主权。

（2）投资企业在西藏参加商业保险,享受低保险费率的优惠。

（3）经有关部门批准,投资企业可对机械设备采用加速折旧法计提折旧。

（4）投资企业生产来料加工的出口型产品的内外销比例除国家有特殊规定者外,由企业自行确定。

（5）从事电站、机场、公路、桥梁、渡口、铁路、水利建设经营的投资企业、允许合作期内税前优先分享收益。

（6）投资企业经批准与我区国有企业改组改制,可以采取资产授权经营等形式,并享受国家和我区有关国有企业改革的扶持政策。

（7）投资企业与西藏企业进行合作,符合国家产业政策和中西部开发政策的,经批准可列入国家中西部优势工程,享受国家有关中西部开发的优惠政策。

（8）合资、合作项目,外商投资比例超过20%的,视同外商投资企业。

6. 投资保障与服务方面的规则

《西藏若干规定》规定,为减轻企业负担,对符合鼓励投资产业或项目

---

① 根据《西藏补充规定》第 46 条的规定,建立自治区招商引资奖励基金。基金额度暂定为 200 万元人民币,由自治区财政注入。基金实行专户管理,专款专用,专项用于自治区级招商引资奖励。基金当年结余部分结转下年继续使用,并由自治区财政基金额度补差。

的,在有关行政性收费方面给予优惠:

(1)投资企业和各项生产经营活动和合法收益,受国家法律保护。对生产经营中符合国家规定的有关收费,实行从简从轻优惠,建立收费卡制度;除正常税收外,投资企业有权拒绝除政府指定部门或法律授权组织以外任何部门的检查和罚款、收费、摊派。

(2)外省市区企业迁移到自治区登记注册,或在自治区设立分支机构,其注册资金不再进行评估、验资,但需办妥两地银行账户转移手续,报表中的银行存款必须转移到位;工商、税务或特种行业管理部门只收取登记注册工本费。迁移涉及注册资本增加的,其增加部分应进行验资。对产权清晰的企业可免交资产评估证明。

(3)工商注册登记费,企业注册资金在1000万元的,按0.5‰的标准征收;注册资金在1000万元以上的,按0.3‰的标准征收;超过1亿元的部分,不再计收工商注册登记费。

(4)工商管理费,投资企业年经营额在1000万元以下的,按1%的标准征收;经营额超过1000万元的,超过部分不再计收工商管理费。

(5)对投资企业提供的水、电、气、燃料、通讯、交通等和金融、保险、法律、劳动用工、咨询、设计、广告信息等社会服务方面,与我区企业同等对待,按同等标准收费。

(二)《西藏自治区关于招商引资的补充规定》

西藏自治区为进一步加大招商引资的力度,于2000年又制定了《西藏自治区关于招商引资的补充规定》(以下简称《西藏补充规定》),对于产业导向、财税政策、金融政策、外经贸政策、土地政策、工商行政管理政策等做了诸多补充规定。择其与区域经济合作相关度较高的规定,主要有:

1. 规定鼓励投资的产业领域

《西藏补充规定》中规定鼓励投资如下产业领域:

(1)教育;

(2)水利、交通、通信、能源、城市(镇)公共设施等基础设施建设;

(3)农牧业;

(4)旅游业、药业、林业、矿业、农畜产品加工和民族手工业产品(含旅游纪念品)生产、建筑建材业等支柱产业;

（5）高新技术产业和新兴产业；

（6）信息咨询、会计、法律、资产评估、审计等中介服务和技术服务；

（7）生态环境保护和建设，环保产业；

（8）兴办扶贫实体和开发项目；

（9）"五荒"资源的开发、利用①；

（10）房地产业：城镇危房改造，经济适用住房，商品住宅，物业管理；

（11）社会福利院、儿童福利院、农牧区敬老院等社会福利事业，社会福利企业，卫生事业；

（12）对区内国有企业的收购、兼并、嫁接改造、托管、租赁等；

（13）经自治区认定的其他鼓励发展的产业或项目。

2. 补充土地政策

在《西藏补充规定》中，对于土地政策进一步做出了补充性规定，主要有：

（1）投资建设、经营等级公路（50公里以上）和铁路、火车站、机场的，投资者对其沿线两侧或周围一定范围内的土地及地下资源在同等条件下具有优先开发权。上述土地范围由自治区国土资源行政管理部门商有关部门予以确定。对重大项目，在政策上可进一步给予专项优惠。

（2）投资企业使用"五荒"资源的，由政府无偿划拨。高新技术企业和从事水利、交通、能源等基础设施项目建设的投资企业，需要使用耕地的，按征用耕地最低标准缴纳征地费后予以划拨。土地使用权出让给投资企业的，免收土地出让金地方所得部分。

（3）自2000年7月1日起，西藏城镇基准地价下调50%。免收土地使用费、土地管理费、土地登记费、土地抵押登记费，减半收取土地评估费。

（4）到阿里地区、那曲地区的投资企业使用城镇规划区范围内使用权明确的土地，只给土地使用权所属单位适当补偿，免收土地使用权出让金地方所得部分；使用耕地、林地、草场的，按征用土地最低标准缴纳征地费后，予以划拨；使用其他土地的，只办理土地登记手续，免收一切土地费用。

---

① "五荒"指荒地、荒山、荒坡、荒滩、荒水。

（5）各级土地行政主管部门对用地项目的审查报批一律实行窗口服务。对申请用地报件齐全的，正常报件5个工作日，急需报件3个工作日，特急报件1个工作日内作出明确答复，并及时形成书面材料上报审批。

3. 工商行政管理政策

这方面的政策性规定主要有：

（1）企业设立时，除按照法律、法规、规章的规定办理前置审批手续外，其他任何前置审批规定一律不作为企业登记的前置条件。

（2）企业名称核准、注册，自收到完备的申请文件后，分别按下列时间依法核准或驳回：企业名称的核准，自受理之日起3个工作日；个体工商户申请营业执照，自受理之日起3个工作日；非公司法人企业的设立，自受理之日起7个工作日；有限责任公司（含国有独资公司）、"三资"（独资、合资、合作）企业的设立，自受理之日起10个工作日；股份有限公司、集团公司的设立，自受理之日起15个工作日。

（3）集团公司在申请登记注册时，核心企业注册资本可降低到2000万元，子公司可减少到3个，集团公司总资本可降低到4000万元。非法人企业在申请登记注册时，不提交验资报告。"三资"企业注册资本到位后，在年检中不再提交年度审计报告。

（4）凡申请登记注册为有限责任公司的企业，达到以下注册资本额的予以登记注册：以生产经营、商品批发为主的公司和综合型广告公司均降低为30万元；以商业零售为主的公司降低为10万元；科技开发、咨询、服务性公司降低为8万元。

（5）企业申请登记时（不含股份公司、集团公司），注册资本可以在2年内分期到位。注册资本在100万元以内的，第一次投入资本必须达到注册资本的30%以上；注册资本超过100万元的，第一次投入资本必须达到注册资本的50%以上。

（6）鼓励投资者以技术等无形资产出资入股在藏设立企业。以工业产权、非专利技术作价出资的金额可突破占公司注册资本20%的限定，但不得超过公司注册资本的35%；以高新技术作价出资的金额，可不受占公司注册资本35%的限定。

（7）对企业的年检时间由每年1月至4月30日延长到6月30日。

4. 户籍管理政策

为吸引投资,在《西藏补充规定》中同时规定有如下户籍管理政策:

(1) 在藏投资形成固定资产 10 万元(拉萨市区为 20 万元)以上的投资者,凭有关部门的投资证明,按下述办法办理落户手续:本人、配偶及子女均为非农业常住户口的,根据个人意愿,办理户口迁移手续,不愿迁移进藏的,可办理西藏自治区蓝印户口。本人或配偶、子女为农业户口的,解决本人或配偶、子女的西藏自治区蓝印户口,在藏工作或居住满 3 年后转为非农业常住户口。

(2) 被西藏各类企事业单位聘任的区外中级职称以上专业技术人员或管理人员,凭聘用单位证明,按下述办法办理落户手续:本人、配偶及子女均为非农业常住户口的,根据个人意愿,办理户口迁移手续,不愿迁移进藏的,可办理西藏自治区蓝印户口。本人或配偶、子女为农业户口的,解决本人的非农业常住户口;凭本人户口迁移手续,解决配偶、子女的非农业常住户口;本人不愿迁移进藏的,凭本人蓝印户口,解决配偶、子女的西藏自治区蓝印户口,在藏工作或居住满 3 年后转为非农业常住户口。其中高级职称专业技术或管理人员,另外可解决 1—2 名亲属的农转非问题。

(3) 外省区市大专以上毕业生自行进藏求职,被西藏各类企事业单位录用的,凭录用单位证明,根据本人意愿,办理本人户口迁移手续或解决本人非农业常住户口,不愿迁移进藏的,可办理本人西藏自治区蓝印户口。如本人有配偶、子女的,凭本人户口迁移手续或蓝印户口,解决配偶、子女的西藏自治区蓝印户口,工作或居住满 3 年后转为非农业常住户口。

(4) 在西藏城市(镇)购买成套商品住宅的,只要手续完备、证件齐全,且有合法稳定收入来源,按下述办法办理落户手续:购房者、配偶及子女均为非农业常住户口的,根据个人意愿,办理户口迁移手续,不愿进藏的,可办理西藏自治区蓝印户口。购房者或配偶、子女为农业户口的,解决购房者或配偶、子女的西藏自治区蓝印户口,房产权 3 年未转让的,转为非农业常住户口。蓝印户口在西藏自治区区域内有效,与城镇居民在子女入托、上中小学、就业,城市(镇)居民物资供应等方面享受同等待遇。

(三)《西藏自治区企业所得税优惠政策实施办法》

2008 年西藏自治区颁行《西藏自治区企业所得税优惠政策实施办法》

(以下简称《西藏税收优惠办法》),并明确规定,《西藏自治区人民政府关于印发〈西藏自治区关于招商引资的若干规定〉的通知》(藏政发〔1999〕33号)和《西藏自治区人民政府印发〈西藏自治区关于招商引资的补充规定〉的通知》(藏政发〔2000〕35号)中有关企业所得税优惠政策同时废止。这部根据《中华人民共和国企业所得税法》及其实施条例,以及有关法律、法规制定的税收优惠办法,除执行《中华人民共和国企业所得税法》及其实施条例规定的税收优惠政策外,对下列产业或项目给予企业所得税优惠:

1. 一定期限内免征企业所得税

为促进农牧区经济发展,对下列项目或企业在一定期限内免征企业所得税:

(1)农牧民群众在农牧区开办的旅游接待服务项目,暂免征企业所得税。

(2)在农牧区兴办扶贫企业或项目,暂免征企业所得税。

(3)符合自治区产业导向政策的乡镇企业(除矿产业、建筑业外),免征企业所得税7年。

(4)从事农林牧渔产品生产和加工的企业,免征企业所得税5年。

2. 民族手工业暂免征企业所得税

对手工制作氆氇、藏毯、围裙、藏被、木碗、酥油桶、马鞍具等民族手工业产品,暂免征企业所得税。具体免税目录由自治区国家税务局明确。

3. 税收优惠

从事下列社会事业的,按以下规定给予税收优惠:

(1)在县以下城镇(不含县城)和农牧区从事卫生事业的,暂免征企业所得税。

(2)对兴办各类学校、文化培训班、学习班、幼儿园以及文艺团体演出、体育比赛、展览馆、博物馆、寺庙、公园等的门票收入和电影放映收入等,暂免征企业所得税。

(3)对福利院、养老院、陵园、图书馆、博物馆、宗教场所从事与本主业有关的生产经营所得和其他所得,暂免征企业所得税。

4. 符合条件企业一定期限内享受免税优惠

对符合以下条件的企业,按规定在一定期限内给予免税优惠:

(1) 投资水利、交通、能源、城市(镇)公共设施等基础设施和生态环境保护项目建设、经营的,上述项目业务收入占企业总收入70%以上的,自项目取得第一笔生产经营收入所属纳税年度起,免征企业所得税7年。企业承包经营、承包建设和内部自建自用的项目除外。

(2) 投资太阳能、风能、沼气等新能源建设经营的,自项目取得第一笔生产经营收入所属纳税年度起,免征企业所得税6年。企业承包经营、承包建设和内部自建自用的项目除外。

(3) 投资者从事地质勘查的,自取得第一笔生产经营收入所属纳税年度起,免征企业所得税3年。

(4) 经国家、自治区认定为高新技术企业,且高新技术产品产值达到国家规定比例的,自被认定之日起,可分别免征企业所得税10年、8年;高新技术产品产值达不到国家规定比例的,仅对该产品进行免税。

(5) 从事新型建筑材料生产的,自开业之日起,免征企业所得税5年。新型建筑材料必须经自治区经委和自治区建设厅共同认定并符合国家制定的《新型建材及制品发展导向目录》范围。

(6) 对传统藏药剂型改良、配方革新和规模化生产,新型药品研究、开发、生产,并经自治区食品药品监督管理局认定且取得《药品生产许可证》的企业,以及根据《中药材生产质量管理规范》要求,经行业管理部门批准,从事藏药材种植、养殖、经营的药品生产企业,自开业之日起,免征企业所得税6年。

5. 鼓励第三产业发展的税收优惠

为了支持和鼓励发展第三产业企业,可按以下规定免征企业所得税:

(1) 新办的旅游企业或项目,自开业之日起,免征企业所得税5年。旅游企业或项目具体内容由自治区财政厅、自治区国家税务局商自治区旅游局确定。

(2) 对新办的独立核算的从事咨询业(包括科技、法律、会计、审计、税务等咨询业)、信息业、技术服务业的企业或经营单位,自开业之日起,免征企业所得税2年。

(3) 对新办的独立核算的从事公用事业、商业、物资业、物资回收业、对外贸易业、仓储业、居民服务业、餐饮业的企业或经营单位,自开业之日起,免征企业所得税1年。

6. 为促进国有企业的改革与发展的税收优惠

（1）兼并、收购西藏国有微利或亏损企业,被兼并、收购企业属于企业所得税独立纳税人的,对被兼并、收购企业,自兼并、收购签约之日起,免征企业所得税8年,同时对兼并、收购企业,按照被兼并、收购企业经营性资产占兼并、收购企业经营性资产的比例享受同比例免征企业所得税8年的税收优惠。被兼并、收购企业与兼并、收购企业融为一体、合并经营,不作为企业所得税独立纳税人的,自兼并、收购签约之日起,按被兼并、收购企业经营性资产占兼并、收购企业经营性资产的比例享受同比例免征企业所得税8年的税收优惠。

（2）托管、租赁西藏国有亏损企业的,对所托管、租赁企业,自托管、租赁签约之日起免征企业所得税6年。

7. 就业与再就业的税收优惠

（1）对商贸企业、服务型企业（除广告业、房屋中介、典当、桑拿、按摩、氧吧外）、民族用品生产企业、加工型企业和街道社区具有加工性质的小型企业实体在新增加的岗位中,当年新招用持《就业和再就业优惠证》人员或应届高校毕业生,与其签订6个月以上期限劳动合同并依法缴纳社会保险费,按实际招用人数每人5000元的限额,依次扣减营业税、城市维护建设税、教育费附加和企业所得税。

（2）对国有企业通过主辅分离或企业改制分流安置本企业富余人员兴办的经济实体（从事金融保险业、邮电通讯业、娱乐业以及销售不动产、转让土地使用权,服务型企业中的广告业、桑拿、按摩、氧吧,建筑业中从事工程总承包的除外）,凡符合一定条件的,经有关部门认定,税务机关审核,3年内免征企业所得税。①

（四）中共拉萨市委员会、拉萨市人民政府《关于引进人才的暂行规定》

为优化人才结构,拉萨市特制定了《关于引进人才的暂行规定》,本办法

---

① 根据《西藏自治区企业所得税优惠政策实施办法》第2条之规定,所应符合的条件有：（1）利用原企业的非主业资产、闲置资产或关闭破产企业的有效资产；（2）独立核算、产权清晰并逐步实行产权主体多元化；（3）吸纳原企业富余人员达到本企业职工总数30%以上（含30%）,从事工程总承包以外的建筑企业吸纳原企业富余人员达到本企业职工总数70%以上（含70%）；（4）与安置的职工变更或签订新的劳动合同。

从区域经济合作角度来看,也不失为区域经济合作方面的支持和配套性规范,因而也具有相应的分析价值。在《关于引进人才的暂行规定》中,引进人才的优惠政策主要有:

1. 自带项目、资金到拉萨市兴办企业的人员,有关手续一律从简,除享受招商引资优惠政策外,其所随带的科技、管理人员及配偶子女,可根据个人意愿,办理户口迁入手续或按本暂行规定的有关条款办理农转非,免收所有费用。

2. 引进的高层次学科学术带头人,可自带科研助手或通过人事部门配备助手,无偿享受市政府提供的科研活动经费。

3. 引进人才的原有职称、身份,一律予以承认,贡献突出的,可破格晋升专业技术职务。对以辞职、退职方式到我市工作的科技和管理人才,工作满一年后,经考核确有真才实学,贡献突出的可重新录用,恢复其原身份和职称;工龄连续计算。经营性事业单位、企业化管理的事业单位、科研及技术推广机构引进的急需高级科技人才,经人事部门批准,不受调进单位编制的限制。

4. 调入拉萨市工作具有高级专业技术职称的人员,其工资待遇参照同级同类人员标准就高二档套入专业技术工资序列;具有中级专业技术职称的人员,其工资待遇参照同级同类人员标准就高一档套入专业技术工资序列;属应届本科毕业生的,其工资待遇按现行规定执行。对到县乡工作的人员。其工资待遇可在此基础上再向上高套1—2档。

5. 引进人才除按规定享受自治区工资标准外;另由市政府从引进人才专项经费中发给一定数额的生活补助费。

6. 引进人才自带科研成果并实现科、工、贸一体化的实施重奖。对已实行股份制改革的企业,可根据本人意愿,将科研成果的部分或全部奖励折算成企业内部股份,参与企业利润分配。

7. 调入拉萨市工作的各类专业技术人员或经营管理人员,凡使企业扭亏增盈、提高经济效益,或开发出拳头产品,使企业产品升级,做出重大贡献,取得显著经济效益的,可实行工资加效益补贴,效益补贴标准为企业当年利润总额比上年增长部分的5%—10%,从企业新增税后纯利中支付。

8. 对区内外来拉萨市领办、联办国有企业或集体企业,乡镇企业的专业技术和经营管理人才,因个人的贡献使企业连续三年每年新增税后纯利润在 50 万元以上的,由所在单位奖励 80—100 平方米(价值 15 万元以内)住宅一套;连续三年使企业年均新增税后纯利润在 100 万元以上的,由所在单位奖励 100—150 平方米(价值 25 万元以内)住宅一套;连续三年使企业年均新增税后纯利润在 200 万元以上的,由单位奖励 150—200 平方米(价值 35 万元以内)住宅一套,并同时奖励价值 15 万元以内的汽车一辆。

9. 对实行兼职服务,进行技术咨询或担任技术顾问,开展技术承包的各类专业技术人员,在开发新产品、引进生产工艺或提高经营管理水平等方面做出显著成绩,促进生产发展,提高经济效益的,除给予相应的报酬外,企业还可以从开展上述工作后,专业技术人员为企业创造的新增利润中提取一定数量的资金给予奖励。提奖比例为:新增税后利润 5 万元(含 5 万元)以下的提取 5%;5—10 万元的提取 6%;10—20 万元的提取 7%;20 万元以上的按 8% 提取;所获得奖金可按年计算,一次性发给。

10. 引进的各类专业技术人员和经营管理人才,在保质保量完成本职工作的前提下,个人可以应聘到外单位兼职,担任技术指导或顾问,或临时承担讲学、讲课、科研、设计等工作,并按照协议从聘用或邀请单位取得适当报酬。

纵观上述西藏自治区关涉区域经济合作的规范性文件,我们同样会看到其与青海省地方规范性文件具有诸多相同的方面,也是借助产业政策、税收政策、金融政策、土地政策、科技奖励等方面的优惠来吸引外部投资,并且诸多的规范多属政策层面。同时,从上述介绍可见,西藏自治区政府制定的鼓励、保障投资方面的规范性文件,涉及的范围可谓广泛,几乎囊括了区域经济合作与发展的程序性问题和实体性问题。毋庸置疑,上述规范性文件对改善投资的制度环境有着积极的意义。但是,这些兼具政策与法律特性的规范性文件,是以国家的经济政策以及国家给予特定地区的优惠政策为依托,即中央政策不仅决定着区域经济发展的方向,而且决定着地方政府制定区域经济发展政策的源流。考虑到法制建设的需要,西藏自治区政府在制定本地区经济发展的政策性法律文件时,又尽可能多地将国家已经出台的有关法律在具体的政策性法律文件中得以体现,从而构建了以中央政策为先导、国家法律为后盾、地区实际为基础的各具特色的地区政策性法律文件。

第三节　关涉区域经济合作的现有立法评析

一、国家相关立法评析

作为多民族统一的单一制国家,国家统一立法在我国法律生活中的作用是举足轻重的。法制统一无论对于国家统一,还是社会和谐,乃至经济发展、民族团结等方面,均具有十分重要的价值和意义。[①] 因而可以说,区域经济合作中的法律问题,至为关键的是要从法制统一的视角,由国家统一立法做出基本原则等重要内容方面的制度性安排。同时,针对特殊性的问题,也应由中央立法通过明确授权性立法来确立权威性。并且也应依据《立法法》,通过立法审查等做好国家统一立法与地方个性立法之间的协调,以避免对法制统一性的破坏。然而从上述国家统一立法来看,在法律制度层面的供给明显存在不足,主要体现在如下方面:

（一）缺乏专门性立法

我国至今尚无有关区域经济合作的专门性立法,并且此类立法也未列入立法日程。这使我国各区域之间的经济合作无法运行在法治化的轨道之上。虽然在《宪法》、《民族区域自治法》等立法中,我们可以通过相应的解释或理论提炼,抽象出一些有关区域经济合作的法律依据,但这些过于原则的法律规定,更多只是一种下位立法的指引。而从我国多年来地方立法实践的现实来看,许多地方性立法是在有上位的明确性立法时,才会相应有细化性的地方立法。正是这种被动型地方立法的现实,使我们看到,在区域经济合作立法方面,我们不能仅以《宪法》、《民族区域自治法》等立法为满足,而必须在中央立法层面重视统一的区域经济合作立法。唯有这种专门性立法的展开,才能积极引导地方性立法的展开。

在提出西部大开发战略思想不久,国家即有制定《西部开发法》的计划[②],但一直未曾提上立法议程。此后,《西部开发促进法》被列入第十届全

[①] 可参见王作全、马天山、马旭东著:《中国西部区域特征与法制统一性研究》,法律出版社 2009 年版,第 121—125 页。

[②] 可参见《法制日报》2000 年 7 月 30 日之相关报道。

国人大常委会的立法规划中,并且作为国家宏观调控立法的重要项目列入我国 2005 年立法规划①,但迄今为止尚未通过。这一现实决定了我们在面对欠发达地区或民族地区的区域经济合作问题时,应当首先重视国家层面的专门性立法。

(二) 与区域经济合作相关的诸多立法同样处于缺位状态

就区域经济合作而言,其所涉及的法律问题非常广泛,因而不仅需要专门性立法作较为集中性的规定,以使合作各方权利义务能得到明确安排,从而利于确定行为走向并使正当权益及时得到法律救济,同时,区域经济合作富有效率地展开,还需诸多配套法律的跟进。而我国目前的立法状况是,在有关区域经济合作的诸多方面,配套性的立法均处于缺失状态。如区域经济合作中有关政策性融资的问题,由于没有相关的立法来确定专门为落后地区经济发展进行政策性融资的机构及其职权职责,致使政策性融资缺乏规范性、稳定性和长期性。②再如在区域经济合作过程中,必然涉及经济发展与生态环境保护方面的冲突性问题,没有配套的相关立法,进而也会使这些问题的出现在司法、执法实践中处于两难境地。此外诸如如何确保转移支付公正有效展开等方面配套立法的缺失,也极易使一些具有良好初衷的制度在运行中被扭曲。

(三) 现有规定多限于原则性规定,缺乏具有可操作性的规范

由上述分析可见,在国家立法中,能为区域经济合作提供法律供给的法律渊源事实上也仅限于《宪法》和《民族区域自治法》。《宪法》作为国家根本大法,自然无法强求其对区域经济合作中的法律问题为具体而明确的规定。《民族区域自治法》同样是属于宪法类立法,虽然有诸多可供区域经济合作中作为法律依据的条款,但这些条款规定多数过于原则,更多仅是在能与不能之间做判断,而在如何去为、何者不能为以及为与不为之法律效果等

---

① 有关《西部开发促进法》之规划信息及立法建议等,可参见《应当加紧制定〈西部开发促进法〉》、《区域发展需要法律支持》等文,载刘隆亨主编:《中国区域开发的法制理论与实践》,北京大学出版社 2006 年版,第 5 页以下。

② 政策性融资是以政府的公共政策为目标导向的融资,其融资主体是政府或由政府直接控制的金融机构。政策性融资通常用于收入低、投资额大、风险高且具有某种公益性质的项目,如交通、邮政等基础设施领域。可参见张凤超、袁清瑞:《论区域金融成长》,载《东北师范大学学报》2001 年第 1 期。

的问题上，无法给出较为具体的法律判断。这也使现有的国家立法无法满足区域经济合作的客观需要。

（四）多为政策性规范，稳定性及效力性偏低

纵观国家立法方面，我们明显看到，除《宪法》与《民族区域自治法》之外，多为效力层次相对较低的行政规范。一些有关区域经济合作的规范性文件，在具体的实施中，由于并没有十分确定的权利义务，尤其是法律责任，因而较大地影响到区域经济合作的实效。同时，一些通过政策来表达的区域经济合作规范，因其变动性较强而难以在实践中发挥长效价值。就某些政策而言，有时虽未变动，但其效力似乎与政策提出的新鲜程度具有一定的相关性。尤其是在一些政策性规定中较少明确责任机制，从而使其虽未被废止，但在一定程度上逐渐淡出实践。同时，政策之间经常存在的相互抵触与冲突，也在一定程度上冲淡了这些规范的作用和价值。

（五）现有立法之间的协调性尚显不足

在区域经济合作过程中，极易产生偏重经济发展而忽视其他社会问题进而在发展中引发其他社会冲突的问题。因而在各项立法中，均应关注立法之间的协调性问题。从应然角度而言，除去在专门性立法中关注各类问题并做好制度协调与平衡之外，在配套性立法中，也应当关注到各类问题的平衡协调问题，即一方面应当重视对于区域经济合作保障性的配套立法，另一方面，也不能忽略在区域经济合作合作中可能引发其他社会矛盾的规制性立法。从现有的中央立法来看，许多配套性的立法多是偏重于某一方面，在保障类的规范性文件中，多是为区域经济合作之展开广开便利，而在规制性立法中，又多添掣肘，从而也致使执法、司法过程中一些混乱问题的产生。

二、地方相关立法评析

由青海省与西藏藏族自治区的地方性规范来看，虽然涉及诸多方面，但就青藏高原地区与东部发达地区经济合作而言，如上数量本身有限的地方性立法更显捉襟见肘。就我们考察的结果来看，至少在如下方面存有不足：

（一）政策性规范较为明显

首先，就前述政府文件的性质而言。我们不难看出，大多数条款的文字表述都是以法律的语言、措词、形式、内容为范式表现的，即在政策界定的产

业领域内,市场经济主体依据各自所投资或经营的实际情况,享有产业领域相同的优惠政策。一般而言,政府部门将上述政府文件称为"投资优惠政策",原因之一,就是因为这些规定都是由政府部门制定的,具有很强的现实性、时代性。但是,如果我们对其进行认真的分析,就可以明确地判断,它们规定的内容是法律,而非政策,尤其是涉及税收、土地资源的使用、矿产资源的开发、知识产权的创新、企业的登记、法律责任的追究等问题更是如此。所以,我们将其称为"地方政策性法律文件",更能体现其政策与法律的兼有性。而就制定的视角而言,如果政府以其绝对的调控主体身份制定政策性法律文件,就有可能有失其民主性、科学性、规范性之嫌。也就是说,青藏高原作为国家一个特殊的区域,在促进本地区与东部发达地区区域经济合作过程中,不能仅仅以经济总量的增长、项目的引进为唯一的追求目的,而忽视了生态、民族、文化、宗教环境的保护。然而,上述地方政策法律文件的制定都是在政府部门(省级)一方意志的前提条件下产生的,缺乏对问题的综合判断和协调。所以,正确的制定方法应该是,一方面,在广泛吸收民众参与的前提条件下,通过不同学科专家学者的科学论证,最后由政府选择最有利于本地经济社会发展的最佳制度设计方案;另一方面,地区经济发展的规划应与生态、民族、文化、宗教环境的保护同步进行,才是符合区域经济发展的总体要求。

其次,就地方政策性法律文件与国家法律的协调而言,也存有诸多问题。以税收优惠为例,我国对西部大开发实行以"产业优惠为主、区域优惠为辅"的税收优惠体制,目的是促进经济欠发达地区经济的发展。但是,这一税收优惠性政策在西部地区的实际执行过程中,普遍存在着地方政府超出自己的权限范围,随意制定有利于本地区的税收优惠政策,使得区域性的税收优惠"泛滥成灾"。

再次,就地方政策性法律的阶位而言,极有提升之必要。青藏高原地区与东部发达地区区域经济合作是一个长期的、持续的过程。所以,为使地方政策性法律更具有稳定性、权威性、前瞻性,并考虑到青藏两省区地域的共性因素,提升其地方政策性法律的阶位亦是必要的,即以青藏两省区人大常委会名义共同制定青藏高原地区与东部发达地区区域经济合作的地方性法规。

最后,就保障措施而言,青藏两省区制定的政策性法律文件,都规定有诸如设立"举报电话"、对行政机关及其执法人员的"行政责任追究"等仅具有象征意义的保障措施。从法律角度分析,我们认为,这些做法既没有效力,也缺乏可操作性。因为,一方面,区域经济合作领域本身就涉及诸如工商行政管理、价格、土地、环境保护、技术监督、税收、公安、财政等相关部门行使职权的问题;另一方面,如果授权由某一机关对违法行为的追究,就应当有立案、调查、听证、裁决等一系列程序性的规定。

(二) 地方性立法规范效力较低

上述地方性规范是由两省区各自制定和实施的法律规范,虽然有许多通过让利吸引外部资本进入的规范,但其规范效力较低,且缺陷也是十分明显。如立法仅局限于本省区所辖范围,对跨地区的合作没有统筹规划;立法的行政色彩浓重,缺乏科学性、民主性;规范性文件之间存有冲突、操作性不强等。

(三) 地方性立法同样不成体系

从整个国家立法来看,在区域经济方面本身就缺乏基本法。如前所述,我国有关区域经济的立法多为一些政策性文件和行政法规,并且显得较为零散,不成体系,缺少核心法律制度来为区域经济合作提供有力支撑。并且现有的这些规范性文件又多只作原则性规定,致使实施中存在较大的任意性。如对口支援和经济技术协作方面没有一个具体的规定,导致援助资金数量的不确定性,从而也致使法律规定的落实有赖于行政长官的认识及意志。凡此种种,都将影响法的效力。

(四) 欠缺协调性立法

我们探讨青藏高原地区与东部发达地区区域经济合作问题时,是将青藏高原作为一个整体的概念来阐释。因此做好青藏高原地区与东部发达地区区域经济合作乃至协调发展问题时,暗含的前提即是青藏高原地区经济须一体化。经济一体化的现实要求是法治在这一地区区域化。而在我们的考察中,这样的立法是几乎看不到的。因此,可以说,在立法方面,规范和统一调整青藏高原经济发展的立法处于缺失状态。

(五) 各地立法不一

在地方性规范中,我们看到的多是青海、西藏等需要支持的一方的立法,而在东部发达地区,我们能看到一些规范一个经济带如泛珠江三角洲等的立法,而在东部发达省份中少有督促参与与青藏高原地区经济合作的立法,更不要说一些具体的制度措施。这实质上也从一个侧面反映了一些现实问题:对于东部发达地区与青藏高原地区开展持续有效的经济合作,从而进一步发展东部经济,使东部经济能从经济合作中获益的理论,目前在很大程度上还没有转化为实践。

在对待"东部发达地区"的概念时,我们同样看到这是一个整体性的概念,因此在讨论青藏高原地区与东部发达地区区域经济合作问题时,同样要对"东部发达地区"的概念进行理解和诠释,更为重要的也是要观察所界定的"东部发达地区"作为区域经济合作一方是否存有立法的规范。基于各省利益的客观存在,没有立法对于东部发达地区的合作机制等做出相应的调控和规范,就有可能使得区域经济合作处于一种无序状态,从而有可能出现区域合作中的不正当竞争行为,使区域经济合作的成果被抵消。

(六)立法形式单一

区域经济立法在现今多表现为地方性立法的形式。关涉区域经济合作的地方性立法有两种:一是依《宪法》规定,由地方权力机关和地方政府根据法律、法规和地区经济发展需要,所制定的地方性经济法规和地方性经济规章;二是基于一定经济区域的特殊性由国家或根据国家授权由地方立法机关制定的区域经济立法。① 而在我们的考察中,我们看到的与区域经济合作相关的地方性立法多属第一种情形,而第二种情形的欠缺在一定程度上使地方性立法在协调性方面存有问题。

(七)区域经济合作方面的地方立法明显具有单向性

就青藏高原地区与东部发达地区区域经济合作之立法而言,在理论意义上不应仅仅表现为青藏高原地区单方面的立法,在东部发达地区也应当有如何支持西部发展,尤其是青藏高原地区发展的具体构想及实施规则。然而,在我们所考察的地方性立法中,除一些政策性文件中能看到较为抽象的对口支援、干部交流之类的举措外,较少能看到鼓励本区域经济主体投资欠发达地区的具体举措。在资本仍是稀缺性资源的情形下,或许让东部发

---

① 吴志攀:《经济法学家》,北京大学出版社2004年版,第179页。

达地区制定出鼓励本区域资本外流至青藏高原的规则,是一种对东部发达地区经济主体的道德拔高,政府也无法在市场经济环境下做出单方面的强制。但即使如此,我们仍是认为,这种地方立法中的单向度,对于区域经济合作的开展仍是不利的。东部发达地区与青藏高原地区展开区域经济合作,并非表现为东部发达地区的单方面付出和青藏高原地区单方面的收益。在许多事项上,双方完全可以实现双赢。并且青藏高原地区生态环境的外部性以及其作为资源基地所发挥的作用,都决定了一些利益的衡量远不是我们表面分析的那种结果。东部发达地区也应当看到与青藏高原地区进行区域经济合作所具有的长远的意义,因而在地方立法方面,东部发达地区也应当积极投身其中。

(八) 部分地方性立法仍显粗糙

地方性立法应是针对本区域特征的具体性立法,然而纵观我国现存的地方性立法,不难发现诸多地方性立法仍有失简单,自然十分欠缺可操作性。这不仅不能发挥地方性立法对区域经济合作的促进作用,浪费立法资源,甚至还有损法律权威,危及法律信仰。如柴达木地区为青藏高原至为重要的矿产资源区,但事关矿产资源使用的立法仅有 9 条。对于企业发展进行支持应是区域经济合作立法工作中重要的内容,但如海西州《中小企业资金支持服务平台管理办法》,仍是规定较粗,难以有效发挥地方性规范的作用。

除上述不足之外,现行的一些地方性规范中,也有许多值得称道的制度。如前文述及的一些优惠政策。并且我们能看到,一些优惠政策已摆脱了以往只依靠税收等单一形式的优惠举措,通过改变分配规则等体现出优惠,如快速折旧法的采用,在一定时限内允许税前弥补亏损等的举措,以及对知识产权转化之保护和保障等,都能极大地激励区域外投资主体的进入。当然,一些地方性立法或政策措施也存在与上位法的抵触问题,尤其是在没有上位法授权或容许变通的情况下,一些地方规范的适用效力实质是可疑的。我们认为,一方面,应当看到一些规范在区域经济合作中所显现的重要作用,应当在今后的立法中加以吸收和肯定,尤其是一些目前尚处在政策地位的良性制度,应当总结、转化为立法;另一方面,在民族地区应当充分运用立法自治权,包括变通权。同时也应当呼吁上位法的修改,为地方立法的正当性做好工作。

第七章　青藏高原地区与东部发达地区区域经济合作法治化之路

　　强化区域经济合作,推进区域协调发展,已成为增强我国综合国力,保持国民经济全面、协调、可持续发展的重要战略选择。就青藏高原地区与东部发达地区区域经济合作而言,即使我们确认两地区经济合作的现实条件和积极意义,并且也确认法律在区域经济合作中的重大价值,但在我们反观青藏高原地区与东部发达地区区域经济合作的部分实践时,会发现诸多来自法律制度不完善,尤其是未能将区域经济合作纳入到法治化轨道所存在的问题。这种客观现实迫使我们不仅要从理论上厘清区域经济合作的意义、区域经济合作问题解决的手段,更为重要的是,我们应当认真分析问题,并结合现实,提出青藏高原地区与东部发达地区区域经济合作法治化的构想。

第一节　青藏高原地区与东部发达地区区域经济合作立法的价值取向及模式选择

　　在走好青藏高原地区与东部发达地区区域经济合作法治化之路时,必然要清晰立法的价值取向。否则,一些制度在没有价值指引的情形下不仅不能带来立法的收益,反而会产生危害,造成立法资源等的浪费,也会损害到法律的信仰。① 我们认为,做好区域经济合作与协调发展的法治化问题,必须以科学发展观为指导,以构建社会主义和谐社会为目标,以政策、法律制度为基本手段,不断完善市场经济及社会发展的各项机制,包括激励动力机制、利益分配机制、整合平衡机制、利益救济机制。青藏高原地区与东部发达地区区域经济合作立法价值即应以社会和谐等目标为衡量,而立法的模式问题无疑也与此相关。

一、青藏高原地区与东部发达地区区域经济合作立法的基本价值定位

(一) 政治价值

区域经济合作立法之政治价值判断主要是从法治运行的效果观察立法作用。由于区域经济的发展对于国家整体的安全、社会稳定具有至关重要的作用,因此,在看待区域经济合作立法时,也应从政治角度审视区域经济合作立法的价值。

在我国向现代法治国度迈进中,立法是非常重要的社会问题解决途径,因而应当备加重视并珍视,任何立法资源的滥用不仅仅是资源浪费的问题,而且应当看到其破坏性、危害性更大。从政治价值审视区域经济立法,我们认为至少应当在立法中关注如下方面的问题:

一是在立法中应当以科学发展观为指针,全面贯彻和落实科学发展观的要求。科学发展观作为对以往发展观念的反思以及我党智慧的结晶,无疑具有正确性和前瞻性。所有关涉青藏高原地区与东部发达地区区域经济合作的立法,都应坚持以人为本的理念,重视人的发展和建设,而不能借发展而扭曲人的价值。

二是在立法中应当贯彻构建社会主义和谐社会的基本理念。党的十六届四中全会通过的《中共中央关于加强党的执政能力建设的决定》,明确提出了构建社会主义和谐社会这一重要的战略思想和战略任务。构建社会主

---

① 法律信仰一词被认为出自伯尔曼"法律必须被信仰,否则便形同虚设"这一著名言论中。该论可详见〔美〕哈罗德·J.伯尔曼著:《法律与宗教》,梁治平译,中国政法大学出版社2003年版,第3页。而我国学者张永和认为:"法律作为一种权威的存在,从它诞生之日就注定远离信仰之门。""法律不能成为一个人内在的信念,是因为法律的实现是基于一种外在的强制力,任何外在的强制力作为保障的规范都不是信仰。"可参见张永和著:《信仰与权威——诅咒(赌咒)、发誓与法律之比较研究》,法律出版社2006年版,第175页以下。

义和谐社会是通过民主法治来实现公平正义、诚信友爱、充满活力、安定有序、人与自然和谐相处的价值目标。在关涉青藏高原地区与东部发达地区区域经济合作之立法工作中，同样应当践行构建社会主义和谐社会的理论。不能因发展破坏和谐的社会秩序，而是应当本着和谐的理念处理好多种关系。

三是在青藏高原地区与东部发达地区区域经济合作中的立法中，应当关注青藏高原地区少数民族经济、文化等方面的权益，应当以民族问题是否能够得到很好的解决为立法价值的重要衡量，以能否实现国家长治久安等政治价值为立法价值的重要评判。为此，无论是中央统一立法还是地方立法，甚或区域间的协议，乃至私主体之间的行为，都应当尊重少数民族传统文化，且以不破坏少数民族生存权、发展权、文化权为限。

（二）经济价值

青藏高原地区与东部发达地区区域经济合作的直接目的即是促进青藏高原地区的经济发展，使其在逐渐担负起促进新的增长极的重任，并通过经济发展解决诸多矛盾，在均衡发展中实现社会的和谐。因此，经济价值就是区域经济合作的原本价值。青藏高原地区和东部发达地区区域经济合作立法就必然要反映这一价值，或者说，以该价值作为立法效果的评价标准。这一经济价值的衡量，不仅仅反映在青藏高原地区各省区 GDP 指标的变化方面，更为重要的是，应当以青藏高原地区各省区的民生工程的建设水平作为区域经济合作法律价值的一个重要衡量，即顺应历史潮流、贴近或反映经济规律的一部区域经济合作立法，或者多个规范所组成的一个区域经济合作法律体系，应当显现出对于区域经济发展、对于民生的保障和提升。当然在以经济价值衡量关涉青藏高原地区与东部发达地区区域经济合作之各层级立法时，还必须把握如下几点：

一是在立法中应当强调并突显经济价值，但在具体立法中应当避免借助具体制度设计将经济价值唯一化。这一方面，一些地方的政策中已经出现此类端倪，如一些地方政府将官员政绩之考核与地区经济发展指标直接关联，而不论这些地区是否属于生态保护为重的区域。这种做法只会引导地方官员重视经济指标而轻视甚至忽略生态价值，导致生态持续恶化，出现地方经济增长而社会增"负"、得不偿失的情形。

二是对待民生问题，也应当从多角度加以观察。不能仅以现代观念斥责传统生活方式的落后,进而强行给予改变。

三是应当注重立法的质量和实效,应力避立法的随意性、不严谨性。既不能搞运动式立法,也不能将立法的出台作为民生问题的终结。

(三) 生态、文化价值

青藏高原地区与东部发达地区的区域经济合作,应当在保护青藏高原地区生态环境以及传统文化的基础上展开,决不能以牺牲生态、文化为代价来换取经济的暂时繁荣。在青藏高原地区经济开发过程中,既要保护青藏高原地区自然生态环境及众多的物质文化遗产、非物质文化遗产,又要促进地区经济的发展。依经济学的观点,人类在发现价值和生产价值的同时,还必须保护价值。因此,构建青藏高原地区东部发达地区区域合作立法时,必须处理好现代与传统、发展与环境保护等的关系,并从传统与现代、发展与环境关系处理的能力等方面来评价立法之好坏。就此而言,无论在中央统一立法工作中,还是地方性立法工作中,都应当明确如下几点:

一是在立法中但凡制度的设定,都应当考虑到青藏高原地区生态环境的重要性,都应以生态环境利益不受破坏为限。尤其是在地方性立法中,更不能只看重经济发展而漠视生态利益的保护。在现今的诸多地方招商引资的实践以及部分优惠政策中,我们已经看到了这样的情形,在立法工作中,我们更应力避将原本不重视生态保护的政策上升为法律。

二是在区域经济合作立法工作之初,我们即应当对法律适用之区域有较为科学的调查研究。无论是对生态价值的评价还是对文化价值的衡量,都应当做到心中有数。位于青藏高原地区的三江源区,为国家生态保护的重点区域。就国家层面而言,不仅是国家级自然保护区,2012 年又被确定为国家生态保护综合试验区。要求按照尊重文化、保护生态、保障民生的原则,坚持生态保护、绿色发展与提高人民生活水平相结合,予以科学规划。① 这些区域的经济合作立法,就必须在遵照相关总体方案及规划的前提下进行。

二、青藏高原地区与东部发达地区区域经济合作立法中的价值选择

区域经济发展本身的复杂性,决定了区域经济合作立法必须立足现实,

---

① 可参见国家发展和改革委员会《关于印发青海三江源国家生态保护试验区总体方案的通知》(发改地区[2012]41 号)。

并正确对待和处理社会中普遍存在的问题,并做好立法的价值选择。在青藏高原地区和东部发达地区区域经济合作立法中,存在现代化与传统观念、法制统一性与区域法治、经济发展与生态保护、利益分配等等方面似是而非以及客观实然性的问题。

(一)传统与现代化之间的选择

基于青藏高原地区的一些传统观念与市场经济观念不相契合,因而在区域经济立法时应当注重现代法观念的彰显。如对于立法中面对的援助为主还是自我发展为主的问题。我们认为,应当在客观现实的基础上,确认以自强(造血)为主、引资(输血)与自强功能相结合的科学立法理念。同时,诚如学者所言:"在任何社会中都不存在纯粹的现代化和纯粹的传统性。相反,现代化过程是一个传统性不断削弱和现代化不断增强的过程。每个社会的传统内部都有发展出现代化的可能,因此,现代化是传统的制度和价值观念在功能上对现代性的要求不断适应的过程。"①所以,在青藏高原地区与东部发达地区区域经济合作立法中,也需要重视传统的作用,因为传统是一种对社会行为具有规范作用和道德感召力的文化力量,也是人类创造性想象的积淀。② 这就需要我们在区域经济合作立法中正确对待一些本土化的制度性资源:

首先,对于民族习惯法、民间法等制度性资源,应当在坚持法制统一的前提下加以审视,既不能一味排拒、抛弃,也不能滥加使用。既应当发对习惯至上的"守旧论",也应当发对对现代法制顶礼膜拜的"盲从论"。同时,也应当正确看待民族习惯法与国家法的合理碰撞。③

其次,对于一些有益的本土制度性资源,我们应当善于利用,应当注意对良性习惯规则的吸收,或将其转化为地方性立法中的制度,或借助指导性案例制度作为司法之参照。

(二)区域特征与法制统一之间的选择

区域经济立法本身并不违背国家法治的统一性。诚如贺卫方教授所

---

① 〔美〕西里尔·E.布莱克著:《比较现代化》,杨豫、陈祖洲译,上海译文出版社1998年版,译者前言第18页。
② 参见〔美〕希尔斯:《论传统》,转引于春松:《现代化与文化选择——国门开放后的文化冲突》,江西人民出版社1998年版,第140页。
③ 于习惯法与法制统一性之关系解析,可参见王作全、马天山、马旭东著:《中国西部区域特征与法制统一性研究》,法律出版社2009年版,第186—203页。

言:"一个良好的社会制度实际上是由许许多多细微的甚至使琐碎的'小制度'合力构成的,仿佛滚滚长江本是由无数支江细流汇聚而成。离开了具体的法治,那种宏大而高扬的法治只不过是引起空气振动的口号而已。"①但不可否认的是,在区域经济合作展开中,除了要有中央立法提供一般性法律保护及规范外,合作方所在区域的地方性立法等也应有相当的法制供给。而在这些立法中,自然会涉及具体区域之特征,在充分考虑区域特征及区域个性需求的情况下进行针对性立法。因而,我们在面对区域经济合作问题时,无可避免地会遇到区域特征与法制统一性的问题。即我们在区域经济立法乃至区域经济合作立法中必须关注法制统一的问题。于此,我们认为:

一是关涉青藏高原地区与东部发达地区的区域经济合作立法工作,不仅应当考虑区域经济发展与市场经济规律之间、自然规律与经济社会发展规律的和谐统一,更要考虑国家法与区域立法、区域合作立法与本土制度性资源的协调统一问题。②

二是在区域经济合作立法工作中,更应当注重立法的审查、备案以及报批制度。应当严格按照《立法法》的规定做好区域经济合作的立法工作。

(三) 区域合作中合作双方的利益之选择

在青藏高原地区经济发展滞后的现实面前,一些在合作实践本身直接表现为援助。这也是因为一方面有国家相应政策,另一方面也是体现兄弟省区的情谊。在这种情况下,青藏高原地区在寻求区域经济合作中几乎形成了要求援助的心理定势,也使东部发达地区对与青藏高原地区的区域经济合作积极性不是很高。这也在一定程度上说明,合作中的利益取舍方式将直接影响合作的可持续性。在区域经济合作实践中,我们能看到一些过于强调和寻求自身利益的情形:一种情形就是上述所言的"等"、"靠"、"要"的情况,多为青藏高原地区的一些主体;第二种是一味要求在资本投入前的各类优惠。这两种情形都在一定程度上会挫伤区域合作的积极性。因而在

---

① 贺卫方:《具体法治》,法律出版社2002年版,"自序"第4页。
② 有关区域特征与法制统一性关系之论述以及如何平衡区域特征与法制统一进而做好法制建设之相关论述,可参见王作全、马天山、马旭东著:《中国西部区域特征与法制统一性研究》,法律出版社2009年版,第137页以下。

区域经济合作立法中,我们应当看到,在现代市场环境下的区域经济合作,具有鲜明的双赢特点。我们在立法中必须尊重合作双方的利益,而不能将区域经济合作的立法构建在单向度的援助方面。为此,在区域合作立法中应当明确"扬长避短、互利互惠"的原则。

(四)经济立法与教育立法、人才培养之选择

教育是缩小区域间经济社会发展的原动力,因此在区域经济合作立法中,应当将教育问题作为一个重点问题。在国外区域性立法中,我们可以看到人才培养与教育等问题受到立法的关注。而国内立法在区域经济合作方面,通常只关注能直接引起经济发展的事项,对于长期性、长效性的教育问题关注不足。在现代立法理念指导下的青藏高原地区与东部发达地区区域经济合作立法中,无论是区域发展的基本性立法,还是地方性立法,都应当关注教育问题,并从立法上解决对教育的投入以及如何促进各级各类教育发展的问题。尤其是青藏高原地区的地方性立法中,更应当关注技术引进与人才培养方面的立法,应当明确规定促进文化教育及技术人才培训为地方政府的一项硬性任务,并建立健全相关制度性措施。

(五)经济立法与生态环境保护立法之选择

在青藏高原地区与东部发达地区区域经济合作的立法中,既应当关注经济发展的立法,更为重要的是,也应当将生态环境保护作为社会发展的重要方面,甚至是首要方面,因而也必须构建有关生态环境保护的法律制度。从一定意义上说,青藏高原与东部发达地区区域经济合作的法律体系,首先应当是一个以不破坏生态环境为己任的法律体系。只是奢谈经济发展而不保护生态环境的法律体系,在生态极端脆弱、生态决定发展的青藏高原地区,注定是失败的立法。因而,我们应当对区域经济合作中的立法建立评价系统,其中至为重要的即应当以是否有利于保护自然环境、生态环境来评判,即制度环境、自然环境、生存环境要统筹规划,并对立法建立生态环境影响评价。

(六)企业立法与法治政府之选择

青藏高原地区与东部发达地区区域经济合作中,最活跃也最具有活力的主体被认为是企业,因而在区域经济合作立法中应当重点加强企业立法,包括激励性立法的构建以及约束性制度的确立。

同时，我们也应看到，政府竞争力是一种客观存在，政府在区域经济合作中的作用也不容低估，因而立法中不应忽视对政府地位的界定。对于行使公权利的政府及其工作人员以及司法人员，应通过制度来安排权力、义务以及责任，尤其是应重视法律责任的追究，以责任机制来构建法治政府。

(七) 私力救济、公力救济以及自组织救济间的选择

建立通畅且运行良好的救济制度，应当也是区域经济合作立法中的重要法律问题。其关系到市场主休的权利受到侵犯或实现受阻，应如何通过相应手段公平、有效地维护自己的合法权利之问题。就救济方式而言，既有如自助行为等的私力救济，也有通过诉讼、仲裁等的公力救济①，同时，现今学者多认为，"在已有的权利救济方式不能完全满足现实生活需要的情况下，通过自组织完成权利救济的目标，是多元化权利救济方式发展的方向"。② 这种自组织通常是指建立在自发性、自由性和自愿性基础上的私人社团组织形式，如环保组织、慈善组织、扶贫组织等民间非政府组织。在权利有受侵害之虞或实现障碍或已遭侵害等情形，而无法借助公力救济完成时，自组织救济即被认为是现实需要下产生的一种救济方式。"从私力救济对自我的依赖，到公力救济对国家的依赖，再到自组织救济重新对自我和集体的依赖，这样的发展过程体现了不同惯习和场域的变换。"③

在青藏高原地区与东部发达地区区域经济合作立法中，也应对于多元的权利救济方式予以关注。尤其是在青藏高原地区，少数民族社区中的救济方式更加多元。一方面应坚持法制统一，对不合现代法治理念的私力救济予以排除；另一方面，也应对并不违背法治精神的私力救济以及自组织救济给予相应的适用空间，以便更富有效率地解决纠纷。

---

① 对于商事仲裁而言，究竟属于公力救济还是私力救济，学者间存有争论。可参见王作全主编：《商法学》(第三版)，北京大学出版社 2011 年版，第 83 页以下。

② 邵华著：《自主之权利救济——多元化纠纷解决机制的新视角》，中国法制出版社 2007 年版，第 66 页。

③ 同上书，第 173 页。布迪厄认为，惯习是由积淀于个人身体内的一系列历史的关系所构成，其形式是知觉、评判和行为的各种省心图式。惯习是生成策略的原则，这种原则能够使行动者应付各种未被预见、变动不居的情境……它通过将过去各种经验结合在一起的方式，每时每刻都作为各种直觉、评判和行动的母体发挥其作用，从而有可能完成无限复杂多样的任务。可参见〔法〕布迪厄、华康德著：《实践与反思》，李猛、李康译，中央编译出版社 1998 年版，第 36 页。

三、青藏高原地区与东部地区区域经济合作立法的模式选择

在区域经济合作的模式中,计有"政府主导模式"、"市场主导模式"和"政府推动、市场导向、企业主导"等三种模式。

我们认为,协调和促进青藏高原地区与东部发达地区区域经济合作的主要手段,应当是以市场导向为基础,加强政府的推动力,并强化企业的主导地位,同时重视社会参与。因而在立法中应针对此模式做好制度性安排。

(一)政府经济行为在落后地区制度变迁中的创新作用

青藏高原地区发展需要解决的问题之一,就是体制改革和制度创新。就制度而言,制度建立和制度创新不是目的,而是为达到促进落后地区经济发展这一目的的手段。那么,政府在制度创新过程中应扮演什么样的角色呢?在发达的市场经济国家,政府在制度变迁中的作用主要是承认和规范经济中自发形成的制度变迁的要求。而在青藏高原地区市场经济运行体制尚未有效运转的情况下,政府在制度变迁中承担制度的设计、规划、推行、监督、实施的作用不仅需要而且还应强化。在我国目前制度变迁的过程中,市场经济体制的建立需要政府的规划和引导,对于市场化改革过程中出现的新情况和新问题,需要政府不断调整改革方案,制定与市场经济相适应的政策、法律,规范市场行为秩序,保障社会整体利益。

另外,制度创新离不开国家法律的支持,我国《宪法》第 4 条第 2 款规定:"国家根据各少数民族的特点和需要,帮助各少数民族地区加速经济和文化的发展。"同时,《宪法》第 122 条第 1 款还规定:"国家从财政、物资、技术等方面帮助各少数民族加速发展经济建设和文化建设事业。"对于像青海、西藏这样既是民族地区又是经济社会发展较落后的地区,落实《宪法》上述规定,需要国家进一步立法,明确国家、不同区域政府、组织采取参与式开发的权利(力)、义务和责任,达到以发展求保护的目的。这样一方面能够激励开发者的积极性,另一方面向青海、西藏引进资金、技术,培养当地人才,对西部大开发起到推动作用。

需要特别强调指出的是,制度建立抑或制度创新,并非是政府单方面行为的产物,也就是说,如果没有实践者(企业)对经济活动的实际参与,那么,

政府也就不可能构建具体的制度。所以,制度的建立和创新是实践行动者(企业)和制度构建者(政府)两个经济法主体共同行为的结果。

(二) 政府干预在区域经济发展中的推动作用

在统筹区域经济发展过程中,实现不同区域间资源的再配置,是政府面临并需要解决的重大问题。当然,市场机制在协调区域经济发展过程中的作用是不可或缺的,但实践证明,市场机制作用的结果是扩大而不是缩小区域发展的差距,因此,协调区域经济发展还需要政府的干预。

政府干预的方式有两种:其一,政府的直接干预就是进行投资,其投资仅限于基础设施、生态环境和科教文卫事业的发展;其二,政府的间接干预就是制度安排,即通过制度安排,引导其他地区的资金、技术、管理、人才不断地流向经济欠发达地区。应当明确的是,无论是直接干预还是间接干预,都不是对市场机制的取代,而是为更好地发挥市场机制的作用创造条件。缩小区域间经济发展差距,需要有中央政府在政策和资金方面的支持,但是中央财政不可能长期支持下去,所以,区域经济发展需要地方政府、企业、民间团体等的共同参与。作为地方政府应在中央政府制定已有政策的前提条件下,应积极地采取各种措施不断推进市场机制的形成和发展。例如,"青洽会"就是地方政府间经过合作为企业搭建的一个有效平台,其最终的目的还是促使企业间的交流和合作。

(三) 地方政府政策在区域经济运行中的规制作用

目前,协调我国区域经济发展的规制措施,主要是靠党中央和国务院制定的政策以及地方政府对上述政策的进一步延伸(指省级地方政策)。前者可称为一级政策,后者可称为二级政策。

二级政策之所以产生,其原因大体有四方面:其一,地方政府就有制定政策的权限;其二,地区情况各异,需要对一级政策的贯彻执行采取灵活、具体的政策措施;其三,法治还没有被人们普遍认同;其四,我国长期制度安排的模式就是政策先行。

有鉴于此,青藏高原地区与东部发达地区区域经济合作,各省区市在中央政府一级政策(即东西互动、优势互补、共同发展)有关区域发展思路的指引下,都制定了一定数量涉及地区经济发展的优惠政策。

从青海省政府制定的政策看,其特点有三方面:其一,在指导思想上,由过去强调以东部对口支援为主,转变为注重运用市场机制;其二,在合作领域上,由过去强调开发自然资源为主,转变为开发技术、信息、教育等软件为主;其三,在合作形式上,由以往政府行为为主,转变为以市场为导向,政府、民间团体、企业、各种所有制成分共同参加的大合作或曰协作。① 毋庸置疑,这些政策性措施一定程度上促进了地区投资环境的改善,使西部各省区利用外资取得了较大幅度的增长,有力地拉动了地区经济增长和各项事业发展。但是,仅依靠西部地区政府制定的优惠政策难以形成对东部发达地区的比较优势,况且单靠现有的优惠政策已不足于吸引更多的省外、国外投资,尤其是行政区划强行分割了区域经济的有机性,已经成为我国区域经济发展的壁垒。所以,在国家全面实施依法治国,建设法治国家基本方略的背景下,运用法律手段积极推动区域经济均衡发展,不仅是解决当前我国地区经济发展不均衡的重要途径,而且是实现全面建设小康社会奋斗目标,走向共同富裕之社会主义道路的关键。

另外,无论是发达国家还是发展中国家都认识到,地区间发展不均衡具有长期性、复杂性、艰巨性特点,从制度层面上考虑,仅靠经济制度、政策制度是难以解决的,必须还要借助法律制度的安排,才能有效地解决地区间经济发展不均衡的问题。因为,政府区域经济发展政策往往只注重某一方面的问题(如投资),缺乏对地区发展的综合性(如社会文化、科技教育、生态环境)规制。例如,就青藏两省区的具体情况看,其民族性和生态性决定了制度安排,不仅要考虑经济的发展,而且更要考虑对自然生态的保护和民族文化的继承。② 所以,法律制度的特质有助于上述目标的实现。需要说明的是,强调对区域经济发展进行必要的立法,并不是排斥政策在区域经济发展中的作用,只是因为法律的缺失已不断地在区域经济发展中凸显出来,其结果是不利于我国区域经济社会的可持续发展。

---

① 例如,青海省人民政府为推进西部大开发的实施,从 2000 年起,先后制定了《青海省人民政府关于鼓励外商投资的若干规定》、《青海省人民政府关于改善投资环境的决定》、《青海省关于鼓励引进境外资金的奖励办法(试行)》、《青海省关于改善投资环境保护投资者合法权益的暂行规定》、《青海省实施西部大开发战略若干政策规定》等政策。

② 青藏高原民族地区的生态环境和经济社会现状可概括为:自给自足、强烈的宗教信仰、多民族构成、低下的自然生产力、严酷的自然条件。有鉴于此,针对青藏高原的特殊情况,国家应制定《青藏高原地区保护与开发法》、《三江源区生态保护与建设法》等法律。

综上可见,政府的主导地位的确立,是在经过我们分析之后的结论,其所表达的是经抽象、总结之后的意义。因而,其主导地位并非是说我们立法的展开,都必须围绕政府展开,而仅是说政府力量在我们所论述的青藏高原地区与东部发达地区区域经济合作中具有更大的能量且有待发挥,但并不由此来否认企业的主体地位。事实上,在走访调查时,我们即对一种区分不同情形如自由合作领域与合作困难领域等,进而分别确定价值的看法很是赞同。

总之,我们认为,在立法中应当针对不同的立法领域而在制度设计上应有所侧重。在能够自由合作的领域中,立法的重点应当放在如何激励企业积极进行区域合作方面,因而消除地方保护主义、维持公平竞争、改善区域投资环境等应当成为立法之重点。而在合作较难自由展开的领域,就应当强化政府的作用,如在环境保护、生态补偿、循环经济等领域,就应当在政府引导、监督、协调等方面进行重点规制。此外,在青藏高原地区与东部发达地区区域经济合作中,我们发现一些领域可能是地方政府间通过合作也很难达成的,因而此时便需要依靠中央政府的力量,如在教育、人才、技术、财政转移支付等方面。对于这一领域,应由国家建立统一立法。

第二节 青藏高原地区与东部发达地区区域经济合作的法律体系构建

区域经济合作立法的建构要以全面、协调、可持续发展的长效机制为目标。因此,在具体制度构建之初,即应当考虑所建立的法律制度与现有法律规范之间的关系问题。我们认为,在立法构建中,不仅要对立法的价值、立法中重点的选取、对各方利益之尊重及平衡原则的确立等问题予以关注,更为重要的是,对于区域经济合作法律体系也应当有深入的思考和研究。我们认为这一问题包含如下问题:一是区域经济法律体系搭建的主干法律是哪些?二是这些法律在整个国家法律体系中居于何等地位?三是这些法律与邻近法律规范的关系如何处理?四是区域经济合作法律体系包括哪些层级？

针对上述问题,我们认为,对于青藏高原地区与东部发达地区的区域经济合作法制建设问题,既有中央立法工作的任务,也有合作区域地方性立法的任务,同时也存在区域间立法协调之任务,并且也应当对市场中介以及相关私主体的合作实践给予关注和引导。

一、区域经济合作中的基本法之构建

如前所述,在区域经济发展以及区域经济合作方面,我国欠缺基本性的立法。这一状况与发展区域经济、促进区域合作的现实要求极其不符。因而也致使诸如地方性立法缺乏科学性、民主性、欠缺体系化以及因地区利益而多有冲突等问题出现。

(一) 立法名称之构想

针对地方立法缺乏民主性及体系化等的问题,学者也多提出要进行基本性的立法。有提议区域经济协调发展的基本法为《国土开发整治法》,认为区域协调发展的问题,其落脚点就是国家如何在其范围内综合开发利用及保护各种资源的问题,即国土开发整治问题。区域协调发展的各项政策均源于国土开发整治政策,因而应以《国土开发整治法》为区域协调发展的基本法。①

我们认为,无论是以主要规范对象来作为区域协调发展乃至区域合作的基本法名称,还是采用更具包容性也更具直观性、识别性的名称,对于区域经济协调发展而言,这种立法已经到了十分迫切的地步。作为区域经济合作的基本法律,基于其具有相对更高的稳定性和权威性,因而采用具有相对包容性的法律名称更有利一些。我们建议这一基本法律的名称可在《中华人民共和国区域经济协调法》或《中华人民共和国区域经济规划法》之间选择。

(二) 立法内容之构想

前述建议《国土开发整治法》的学者认为该法的内容应当包括总则、各级国土开发整治的审议及其对有关国土开发整治问题的调查审议、开发整

---

① 刘水林、雷兴虎:《区域协调发展立法的观念转换与制度创新》,载刘隆亨主编:《中国区域开发的法制理论与实践》,北京大学出版社 2006 年版,第 37—38 页。

治计划的制订、计划的实施、附则等。①

对于这部基本法的内容,我们认为,其大致体系中至少应当体现或包含如下内容:一是立法目的、总体规划、立法根据、法律原则等;二是政府地位以及参与区域经济协调及合作各参与主体的法律地位及其职能规定;三是在促进区域经济协调发展及合作中的宏观调控制度;四是区域市场中的运行制度;五是法律责任问题。据此,我们认为这一基本法律的基本立法框架为:

第一章　总则
第二章　区域经济协调组织
　　第一节　区域协调组织的法律地位
　　第二节　区域协调机构的职权与职责
第三章　政府
　　第一节　中央政府在区域经济协调中的职权职责
　　第二节　地方政府在区域经济协调中的职权职责
第四章　企业
　　第一节　企业在区域经济协调中的地位
　　第二节　企业在区域经济协调中的权利和义务
第五章　民间非政府组织
第六章　区域经济协调中的资源开发与利用
　　第一节　人才资源
　　第二节　土地资源
　　第三节　其他资源
第六章　区域经济协调中的环境保护
第七章　法律责任
第八章　附则

二、其他主干法律之构想

在有基本法可资指引的情况下,我们也应看到,区域经济发展是一个长

---

① 刘水林、雷兴虎:《区域协调发展立法的观念转换与制度创新》,载刘隆亨主编:《中国区域开发的法制理论与实践》,北京大学出版社 2006 年版,第 37—38 页。

期的、系统的工程,它不仅涉及经济问题,而且还涉及政治、社会、生态环境、产业、资源、资本、技术、人才等一系列复杂的问题。所以,为了促使区域经济发展的规范化、法制化,除《宪法》以及基本法中的原则性规定外,也应当构建区域经济协调发展与合作的法律体系。

有学者认为,我国未来的区域协调发展的法律体系应该包括《国土开发整治法》、《西部开发法》及《西部开发银行法》、《转移支付法》,即由基本法、特别区域振兴法及一些特别的单项法等不同层次的法律构成的法律体系。[①]这种观点具有代表性,在体系化方面可资赞同。也有学者认为必须从区域协调层面上升到国家协调层面,淡化政策调整、强化法律调整,建议制定《行业协会法》,同时建议对几部污染防治法作相应修改,并就处于大江大河中上游的民族自治地方与下游经济发达省份开展区域合作的补偿机制出台部门规章。[②]

我们认为,促进区域经济协调发展与合作的法律安排涉及的问题极其广泛,国家立法层面应从以下三方面入手:

(一) 对特定事项的立法

这方面的立法主要有:

其一,政府投资方面的法律。主要包括立法的原则,政府投资的范围,政府投资的管理、监督、法律责任等内容;

其二,政府转移支付方面的法律。主要包括转移支付的种类,即一般性的转移支付、民族地区转移支付、调整工资的转移支付、三农转移支付、教育转移支付等;

其三,经济激励方面的法律。主要包括补贴、税收优惠、援助、培训和信息咨询服务等;

其四,改善非公有制经济发展环境方面的法律。主要包括放宽非公有制经济市场准入、保护、引导、鼓励、监督等。

其五,地方就业方面的法律。主要包括促进就业的措施、就业的条件、

---

① 刘水林、雷兴虎:《区域协调发展立法的观念转换与制度创新》,载刘隆亨主编:《中国区域开发的法制理论与实践》,北京大学出版社 2006 年版,第 37—40 页。
② 韦以明、周毅:《区域合作经济的国家立法回应——以泛珠三角区域合作作为主例》,载《学术论坛》2006 年第 10 期。

工资、社会保障、禁止就业歧视（如年龄、性别歧视等）等。

其六，生态环境建设方面的法律。包括市场主体环境准入条件制度，保护和治理环境的对策措施（包括生态、环境的投入，退耕还林、退牧还草等），环境侵权的责任制度（包括民事、刑事、行政、经济责任等），环境破坏的补偿制度，环境救济制度，如环境公益诉讼制度等。①

其七，教育投资方面的法律。主要对落后地区教育的帮扶措施，如教育投资的多元化、教育收费、教师的培养、教学设施的建设等。

其八，技术转让及技术培训方面的法律。这一立法也应当针对欠发达地区的特殊情况，建立健全有效制度以利于欠发达地区的经济发展。

（二）对特定区域的立法

地区的特殊性决定了区域经济立法应具有针对性，所以，我们认为，应对特定地区的发展进行必要的立法。在这方面，我国近几年来一直在起草《西部开发促进法》，2003 年《西部开发促进法》被纳入十届全国人大常委会

---

① 例如，西藏自治区人民政府根据资源环境的承载能力和发展潜力，将其境内划分为三大经济区，即中部经济区以拉萨市、日喀则地区、山南地区、林芝地区、那曲地区为主；东部经济区以昌都地区为主；西部经济区以阿里地区为主。同时，又将其境内的开发分为优化开发、重点开发、限制开发和禁止开发。为了贯彻发展与保护并重的原则，自治区政府决定从 2006 年—2020 年间，将投入 352 亿元用于构建高原生态安全屏障，实施生态的重点保护、重点建设和支撑保护体系建设三个方面 12 项重点工程。可参见 http://cdtb.mofcom.gov.cn/aarticle//20060/20060101369263.Htm/。又如，面对青海省三江源地区日益恶化的生态环境，为了保护和建设三江源地区，2005 年 1 月 26 日，国务院常务会议批准了《青海三江源自然保护区生态保护和建设总体规划》，并决定从 2004 年至 2010 年间，国家将投入 75 亿资金用于改善三江源地区的生态环境。同时，明确要求：青海省人民政府作为执行的责任主体，要精心组织规划的实施工作，实现保护和恢复生态功能，促进该地区人与自然和谐和可持续发展，农牧民达到小康生活的目标。目前，青海省政府组织专家学者在对三江源区生态保护和可持续发展进行深入的调研、分析、论证基础上，正在进行有序的组织实施。三江源地区地处青藏高原腹地，位于青海省南部，行政区域涉及玉树、果洛、海南、黄南四个藏族自治州的 16 个县和格尔木市的唐古拉乡，总面积 36.3 万平方公里，约占青海省面积的一半。总人口 59 万多人，其中牧业人口 40.89 万人，占 69.3%；民族构成以藏族为主，占 90%。由于地理和历史等原因，总体上三江源区仍然处于青海省内最落后、最不发达的状态。为此，为了使三江源地区的生态建设规划切实可行，2005 年 8 月 14 日—20 日，由青海省人民政府和中国科学院主办的"三江源区生态保护和可持续发展高级研讨会"在西宁召开。来自全国不同学科领域的 200 多名专家学者，围绕全球变化与区域生态环境、退化生态系统恢复与重建、水资源可持续利用与湿地保护、区域可持续发展战略问题进行了深入研讨。青海省政府承办研讨会的目的是借助专家学者的智慧，就三江源区生态保护与建设提供切实可行的科学依据。2012 年 4 月，国务院第 181 次常务会议审议通过了《青海省三江源国家生态保护综合试验区总体方案》，明确指出试验区建设应当遵循"保护优先，集约发展"、"科学布局，统筹规划"、"强化基础，保障民生"、"尊重文化，体现特色"、"改革创新，先行先试"、"国家支持，各方参与"等原则。

立法计划。2005年初,温家宝总理对外明确宣布这一立法。该法的出台将对西部地区的产业布局、资金投入、基础设施建设、生态环境建设、人才开发等问题的解决和规范,以及保证西部大开发的稳健推进将具有十分重要的意义。

除期盼这部立法的通过、实施之外,针对青藏高原地区自然生态、民族、宗教、文化、教育、产业状况等的特殊情况,我们认为,为了更好地促进青藏高原地区与东部发达地区区域经济合作,也有必要制定《青藏高原地区开发法》。对于这一立法,我们认为,应在总结《中共中央国务院关于加快四川云南甘肃青海省藏区经济社会发展的意见》(中发[2010]5号)、《国务院关于支持青海等藏区经济社会发展的若干意见》(国发[2008]34号)、《国务院办公厅关于印发支持四川云南甘肃青海四省藏区经济社会发展若干政策和重大项目意见的通知》(国办函[2010]63号)等规范性文件的精神及具有稳定性、实效性政策制度的基础上展开立法工作。对于这一立法之基本框架,我们初步考虑为:

  第一章总则,除规定立法宗旨、依据、适应范围等基本内容之外,总则中应当着重规定青藏高原地区开发的各项基本原则、主要任务等基本内容。在总则部分应将党和国家关于青藏高原地区开发的战略思想和基本方针政策进行法律化总结。

  第二章机构设置,明确青藏高原地区开发的主要机构,并规定其相应的职权职责,同时规定主要机构与国家机关及地方政府之间的关系,明确事权的划分与协调。

  第三章开发规划,规定青藏高原地区开发之综合规划、专项规划的编制主体开发规划与国家其他规划之间的关系,应明确规定将青藏高原开发规划纳入国民经济和社会发展计划中。①

  第四章开发重点工作,规定能有效调整青藏高原地区的产业结构的法律制度,同时明确青藏高原地区基础设施建设的主体,规定发展文化、科技、教育等事业方面的具体制度等。

---

① 2009年国务院批复了11个区域规划,然而至今青藏高原地区区域经济发展既无规划,又未上升为国家批复的规划,是为憾事。

第五章保障措施,主要规定青藏高原地区开发中的经济建设、资金筹措、税收优惠、倾斜政策、转移支付、人才引进、科技扶持等方面的具体措施。可考虑建立青藏高原开发基金,并多渠道筹措资金。

第六章管理监督,主要规定项目审批程序以及其他监督管理制度。

第七章法律责任,对违法行为设定相应的法律责任。

第八章附则。

同时,针对青海省三江源区域在国家经济社会发展过程中的重要地位,使青海省三江源地区的保、退、治、管工作长期、有效地顺利进行,还需制定《三江源生态环境保护法》。目前在青海省已着手《青海省三江源生态保护条例》的立法准备工作。我们认为,这一条例制定自然具有积极的意义,同时也应当考虑将此条例进一步上升为国家立法。因为在三江源生态保护中的生态补偿机制以及转移支付等制度的运行,必然有赖于从国家层面的整体设计。对《三江源生态环境保护法》之基本框架,我们初步设计为:

第一章总则,主要规定立法的目的和依据、本法适应范围、基本原则、主要任务等基本内容。

第二章管理体制,规定三江源生态保护管理机构及其职责,为三江源生态保护与建设提供组织保障。

第三章保护与建设,规定三江源生态保护涉及的规划、主要保护领域、生态移民及安置、以三江源生态恢复为目的而实施的一些建设项目等内容,并规定相应的基本制度。

第四章保障措施,规定省内相关的资金、民生、生态补偿、社会发展、科技创新等扶持政策措施。

第五章考核与评估,以建立和创新各项考核评估机制为主要内容。

第六章法律责任,对违法行为设定相应的法律责任。

第七章附则,规定具体应用中的解释机关和该法的生效时间。

(三) 特定参与主体的立法

在区域经济协调发展及合作立法中,也要重视对司法机关、市场中介组织等的规范和立法。① 在我们走访调查中即发现,如商会之类的组织对于区域经济合作之展开具有一定作用。如青海地区的浙江商会与福建商会。但商会在一些方面的不规范行为,对于区域经济合作的深入展开也存有消极影响,对此,我们认为,在现有的统一性立法规制之外,也应有针对区域经济合作参与主体的专门立法。这种针对特定参与主体的立法既应表现为对参与主体合法权益之保护,也应是对不规范行为之规制,因而这种立法并非是特权性立法,自然也不会破坏我国宪法和法律所确立的"法律面前人人平等"之原则。

这一立法可以表现为对全国性立法的完善,可表现为对全国性立法在区域内通过有效立法权运用中的细化、变通等,也可表现为对全国性立法真空地带的地方法先行。在区域经济合作立法中,通常容易被忽略的是对市场中介组织的立法。我们认为,作为促进青藏高原地区与东部地区区域经济合作的立法,也必须注重对市场中介组织的制度完善。市场中介组织作为一种特殊的法人经济组织,具有提高市场活动的效率,保护市场主体合法权益,维护公平竞争,促进市场体系完善以及改进对市场决策和管理等方面的功能。② 基于我国现有的规范市场中介组织的法律存有不完善的地方③,因而有必要制定专门的区域合作市场中介组织参与法律制度。因此,区域合作市场中介组织参与法律制度的制定涉及一些法律的完善和落实。

我们认为,首先应当制定青藏高原地区与东部发达地区区域合作市场中介组织参与法律制度,对其法律地位、职能、组织以及激励约束机制等方面作出明确规定。其次,通过地方性立法如国家法的实施细则等,对于全国性立法中的原则性规定进行进一步细化,使其更具有可操作性。最后,应当促使国家进一步完善配套性立法,使其更有利于区域经济合作的开展。

---

① 市场中介组织一般包括会计师、商会、审计师、律师事务所、公证、仲裁、商检、质检、评估机构;行业协会、咨询、信息、职业介绍等机构。

② 黄伟:《中国区域协调发展法律制度研究》,中央民族大学 2007 年博士学位论文。

③ 目前,市场中介组织的组织形式适用的是《公司法》、《合伙企业法》等,其人员任职资格适用的是《注册会计师法》、《律师法》等,其信息来源涉及《证券法》、《会计法》、《会计准则》等。

三、地方立法之关注

在青藏高原地区与东部发达地区区域经济合作之法律体系中,我们不仅应当呼吁国家立法层面作出统一安排,无论是抽象性的区域合作立法,还是针对特定区域的开发立法,而且还应当关注参与合作各区域的地方性立法。事实上,目前在国家层面的立法缺位的情形下,区域经济合作主要是依据地方性立法。如前所述,在地方性立法中存在诸多的问题,以至于影响到了区域经济合作的成效。因而,理性审视地方立法的价值并注重地方立法的展开,也是我们做好区域经济合作立法中的重要工作。

针对区域经济合作,我们认为在地方立法中应当加强如下方面的工作:

1. 地方专门针对区域经济合作之立法

在地方性立法中,应当有专门针对区域经济合作的地方性规范。无论是发达地区还是欠发达地区,区域经济合作对于每个地方而言都是无法回避的问题,即使是目前对于区域经济合作缺乏愿望的区域,也无法保证今后不涉足区域经济合作。因而区域经济合作问题的立法,应当是每个区域都应予重视的工作。地方法规中对于专门的区域经济立法可考虑不同情况加以展开:一是在没有国家对应性立法的情况下,可运用地方立法权做先行立法。当然此时应当符合《立法法》中对先行立法的条件及程序规定,处理好先行立法与中央立法以及其他地方性规范之间的关系。[1] 二是在今后中央制定区域经济合作的上位性立法后,地方应当着力做好对上位法的细化以及针对本地区区域特征的实施条例或办法的立法工作。

2. 地方立法对政策之法定化工作

现今有关区域经济的地方性规范,多表现为一些政策,这些由国家和政党结合当前情况而制定的行动准则[2],具有灵活性和变动性,其较之法律,又缺乏相应的稳定性,并且政策内部的统一性相对较弱,新旧政策之间的适用也通常欠缺明确的说明,这些都导致政策适用中存在诸多的问题。同时,在不同区域间的政策存有冲突的情形下,区域间的经济合作也将大打折扣。

---

[1] 关于地方立法与法制统一性之间的关系,可参见马旭东:《关于西部先行立法与法制统一性的思考》,载《青海民族大学学报(教育科学版)》2010 年第 4 期。

[2] 沈宗灵主编:《法理学》,北京大学出版社 2000 年版,第 190 页。

为此我们认为,应当重视地方性政策的整理,并将其中具有稳定性的政策上升为法律规范,同时对于相互抵牾的政策加以清理。①

3. 加强地方性立法的清理工作

地方性规范在目前欠缺中央立法的背景下对区域经济合作中起着十分重要的作用。针对青藏高原与东部发达地区区域经济合作问题,我们看到青藏高原地区的地方性立法存在诸多问题。一是关涉区域经济合作的内容分散在不同的规范中,二是关涉区域经济合作的规范之间的协调性较差,三是这些规范之间的统一性仍是问题,新旧规范之间的冲突问题以及并行的不同规范之间的冲突问题仍然存在。这都要求我们应当加强地方性立法的清理工作,不仅是一些具有立法权的机构内部对所颁行的地方性规范予以清理,具有立法权的不同机构之间也应当就冲突问题积极进行协调。尤其是应当从法制统一的要求出发,对于不符合法制统一的规则,应当明确规定予以废除。

4. 关涉区域经济合作之地方性立法的主要内容

除专门针对区域经济合作的地方性规范之外,在地方性立法中,同样应当关注区域经济合作的方方面面,即地方性规范应当细致而全面。就青藏高原地区而言,我们认为,以下立法工作应当是关涉区域经济合作中除专门性立法外必不可少的规范:

(1) 有关财政税收、金融类的地方性规范。青藏高原地区经济发展的瓶颈多被认为是资金问题,因而这一区域应在坚持法制统一性的基础上,对于有关财政税收等方面进行符合本区域特征的立法。如在三江源区生态保护中税费制度的改革,利用民族自治地方立法权,向国家申请发行地方政府债券等。② 同时应当通过地方性立法积极防范项目融资等过程的金融风险,并在金融制度方面针对区域实际进行区域化创新。

(2) 有关区域基础设施建设的立法。前文也已述及,青藏高原地区经

---

① 对于政策与法制统一性之间的论述,可参见王作全、马天山、马旭东著:《中国西部区域特征与法制统一性研究》,法律出版社 2009 年版,第 203 页以下。

② 依据《中华人民共和国预算法》之规定,地方政府不得发行地方政府债券。早在 2000 年,即有学者建议应容许西部地区的地方政府发行政府公债,以提高西部地区的"造血机制"。可参见陈红进、王世文、张明华:《尝试发行地方政府公债,促进西部开发》,载《生产力研究》2000 年第 5 期。

济发展同样受制于基础设施。对于基础设施方面的建设问题,在中央立法中只能作出一般性规定,因而这方面的法制建设,更应当依赖地方性规范进行促进。

(3)有关科技进步及人才引进方面的立法。地方性立法应当创新事关科技进步及人才引进方面的规范,不仅应有专门性的地方规范,同时也应当在诸多地方性立法中予以配套性、链接性规定。以青海省为例,青海省早在1997年即颁布了《青海省实施〈中华人民共和国科学技术进步法〉的若干规定》,其中规定,经省人民政府认定的高新技术产品享受国家规定的优惠政策。① 但这一规定中而对于享受怎样的优惠政策,则语焉不详,因而有进一步细化之必要。此外,该规定第21条之精神对于科技进步的支持较为有力②,该规定将科技创新与国家税收做一体考虑的制度设计很值得肯定。我们认为,在区域经济合作之地方性立法中,也应当进一步将科技创新与税收优惠、财政金融支持等做通盘考虑。

(4)有关生态环境保护以及资源高效利用方面的立法。就青藏高原地区而言,其生态环境关系到全国的生态安全和中华民族的长远发展③,因而具有重要的生态价值。在谋求区域经济发展中,自然也应当关注生态保护问题,并制定相关生态保护方面的立法,且在其中处理好生态保护与经济发展之间的关系。如应当尽快制定《三江源生态保护条例》、《防沙治沙条例》等。同时,这一地域自然资源丰富,但如何高效利用,并使之合乎科学发展观以及循环经济理念,极有必要针对柴达木国家级循环经济试验区等进行循环经济方面的地方性立法。

(5)有关传统文化保护方面的立法。区域经济合作立法中,我们不仅应当坚持生态环境保护优先的原则,同时也必须尊重文化。就青藏高原地区而言,其区域内文化样态众多,文化遗产丰富。在地方性立法中必须明确

---

① 《青海省实施〈中华人民共和国科学技术进步法〉的若干规定》第13条第2款。
② 《青海省实施〈中华人民共和国科学技术进步法〉的若干规定》第21条规定:"逐步建立政府拨款、银行信贷、企业提留和吸纳民间、境外资金等多形式、多渠道的社会化科学技术进步资金投入保障体系,尽快使全社会研究开发经费占全省国内生产总值的比例达到1.5%。各级人民政府应当增加对科学技术进步的投入,逐步改善科研条件。投入的增长幅度应当高于财政的年增长幅度。各级人民政府应当将科学技术普及经费列入年度财政预算,并逐年增加。鼓励和支持公民、法人和其他组织为科学技术进步事业捐赠,其捐赠款项实行税前列支。"
③ 可参见2012年《青海三江源国家生态保护综合试验区总体方案》之前言部分。

传统文化的保护、正当利用以及发展问题。

（6）有关民族法制方面的立法。青藏高原地区多是民族地区,加强民族法制建设有利于保障区域经济合作的有序展开。民族自治地方应针对现实需要适时修改自治条例,并在以自治条例为核心的民族法律体系中,进一步强化有关民族教育、少数民族人才素质以及民族经济发展等方面的立法。

（7）有关完善行政服务体系方面的立法。为进一步提高行政服务能力,青藏高原地区的立法机关应当着力简化行政审批手续,提高办事效率,改善地区投资软环境。工商、税务、公安、金融、土地、环保、城建、消防、通讯等部门,都应切实从利于区域经济合作立场出发,切实维护投资者合法权益。

四、合作区域立法联动之构想

对于区域经济合作立法而言,不仅应当依靠中央立法及地方立法,并且也应当关注中央立法与地方立法之间的协调问题。从逻辑上推演,各地方之立法均能保持与中央立法的协调性,则各地方之间的规范之间也将更少冲突性。但基于中央立法的原则性与地方立法的具体性,就此完全避免各地方规范之间的冲突性是不现实的。因而我们在做好中央立法与地方规范之间的协调性工作的同时,还应当做好各地方规范之间的协调性。因此,地方立法中以下工作,在我们看来仍是事关区域经济合作立法成效的重要的立法工作。

首先,为使青藏高原地区与东部发达地区区域经济合作富有成效地展开,应建立立法工作的相互参与机制。特定地域的立法权是经法律授权所为的行为,从法律意义上而言,其具有专属性,原则上不属于与区域外主体分享的权力。但基于区域经济合作问题的特殊性,我们认为在直接事关区域经济合作的立法活动中,应当允许合作另一方的参与。当然,这种参与中,合作之另一方所拥有的应当是参与权与建议权,而并非决策权。

其次,应加强立法前的情报信息共享。在事关区域经济合作的立法前,应广泛征求意见,并且通过相关法律将向区域合作方征询意见的程序法定化。

最后,应加强不同区域立法机关之间的联系,并组建非正式组织,定期评查各自立法,尤其是查找各区域间的立法冲突款项,并建言修订。

五、示范性立法方法之运用

示范性立法作为法律新思维,最为广泛地存在于解决国际法律冲突的事务中。在国内立法工作中,其也有存在的价值以及现实表现。我国工商总局发布的各类合同范本,在一定意义上即可视为示范法。示范法是在国际社会难以对诸多问题缔结统一实体规范的情势下出现的一种应对方法,而实践证明又是一种效果良好的方法。现今国际社会在诸多领域存在示范法,这些示范法虽无强制效力,却恰又在其不强制认可、接受的情况下获得较多的参照适用。

就国内区域经济合作问题而言,运用正式的立法解决现实问题,在单一制的我国自然应当是最为主要的方法。但在面对诸多复杂问题时,价值判断有时很难做到泾渭分明。对青藏高原地区与东部发达地区区域经济合作问题而言,将遭遇不同文化之间的问题,强行立法并借助法律强制推动有时会适得其反。因而我们认为,国际社会解决问题中的新思维、新方法,对于国内区域经济合作立法也极具借鉴意义。在一些问题上,无论是中央立法还是地方立法,不妨尝试运用示范法的方式。

第三节 青藏高原地区与东部发达地区区域经济合作立法中的主要制度安排

在区域经济合作的具体法律制度构建中,我们认为必须把握两个重点:一是必须确立市场的基础性地位,尊重市场规律以及市场主体的利益诉求;二是应当看到国家在区域经济合作中的宏观调控作用。为此,我们认为,在青藏高原地区和东部发达地区区域经济合作立法中,法律制度的安排应当围绕培育市场机制、建立和完善区域间统一的资本市场、技术市场和人才市场、规范政府宏观调控职能等方面展开。

一、跨省区域经济的管理机构之设立

如前所述,政府在区域经济发展过程中起着主导的作用。所以政府在

区域经济发展中作用的发挥直接影响着区域经济合作的发展。目前,我国行政区域的体制障碍已严重影响着区域经济协调发展,地方政府往往从本地区经济利益考虑,在资源配置和经济利益分配方面不是利用市场、法律及社会契约等手段来调节约束,而是以行政命令手段来调节约束,缺少公平、公正的成分。例如,现在省际商品流通,往往在出产地完成质量检验后,到销售地还要进行检验,增加了企业成本。从表面上看,质量标准的不统一,只是一个经济问题,但从更深层次考虑,就是一个国内统一市场建设与地方保护主义之间体制与机制的问题。有学者即认为,地方政府因行政区划分割而形成的行政壁垒对区域经济形成了一种刚性约束,产生了一种与区域经济一体化相悖的"行政区经济"现象。①

现今地方保护主义仍然严重地存在着,其中,程度最为严重的手段有:其一,当地政府要求企业招工优先录用拥有本地户口的求职者;其二,对外地职员子女在当地就学收取较高的费用;其三,设置较高的外地职员落户当地的门槛;其四,不向外地职员提供养老、医疗和失业保险;其五,在进行建筑工程招投标时,照顾本地企业;其六,在进行政府采购时,优先考虑本地企业;其七,打击本地生产的假货不够严厉;其八,限制技术人员特别是重要技术人员的流动,如扣押调动人员的档案、户口等。② 上述列举的事实,进一步说明要实现区域经济的协调发展,必须取消区际的贸易壁垒。

设置区域管理机构的另一个理由在于我国中央政府有许多部门涉及对地方的管理,却无权威性的协调机构,出现"有益之事人人管,无益之事无人问",一些部门规章间的冲突问题也最终消解了其权威性,导致各地区"上有政策、下有对策",致使国家整体利益受损却无一个部门承担责任等结果。③

在青藏高原地区与东部发达地区区域经济合作过程中,也存在如上问

---

① 朱莺、张良:《长三角区域经济一体化中的"行政经济"特征及成因分析》,载《工业技术经济》2005年第9期。

② 国务院发展研究中心课题组:《未来区域发展呈现十大趋势》,载《经济日报》2004年4月14第5版。

③ 可参见段进东、卢迪:《区域经济中的政府行为分析》,载《中国行政管理》2004年第12期。

题。在应对这些问题时,我们认为,应该有相应的执法机构和监督管理部门,否则,区域经济合作可能流于空泛,不仅难以实现,就是已有的合作项目也难以执行。

在区域经济管理机构设置方面,由于不同国家的基本制度存在一定差异,各国中央政府区域管理机构的设置方式也各不相同。一般而言,各种制度模式可归纳为三类,即分立的职能部门模式、专门的职能部门模式和联合的职能部门模式。分立的职能部门模式是指区域管理决策权分散于中央政府的许多部门,各部门不仅有权对本部门的区域或地区层次的事务进行决策,而且还单独进行区域政策项目的实施,但各部门之间缺乏必要的沟通与协调。专门的职能部门模式是指区域政策由特定的中央政府机构来制定和实施的制度模式,法国和意大利采用这种模式。联合的职能部门模式是指区域政策由中央政府的几个部门联合运作的制度模式,通常,介入区域经济政策事务的部门有负责经济发展、环境、劳工与社会问题的政府部门,这种模式主要见于英国、瑞典与丹麦等国。从国外的经验来看,合理的区域经济机构设置要么采用专门的职能部门模式,要么采用联合的职能部门模式。①无论采取何种模式,除在中央设立职能部门外,各省市区应成立相应的机构。

在我国,目前东部沿海地区区域经济协作中也有类似的机构,长三角和珠三角均有区域协调的特设机构,如市长联席会议、专门的研究机构等等。②这些机构在促成区域经济合作与发展中发挥着非常重要的作用。我们认为,在区域组织机构的设立方面,应当选择具有适配性的多样化模式。在一些项目合作中,若是涉及国家整体利益,应当采取较为刚性的组织机构。如在生态环境工程建设方面,应当由国家设立专门的机构,促使青藏高原地区与东部发达地区进行合作,从环境利益的保护中共同谋求发展。而对于一些非涉及国家整体利益的,可以通过设置联席会议等的机构,也可考虑在国务院西部开发办下设专门机构。

青藏高原地区与东部的发达地区区域经济合作中,我们认为,应在合作

---

① 胡乃武、张可云:《统筹中国区域发展问题研究》,载《经济理论与经济管理》2004 年第 1 期。
② 有关长三角协作组织之经验,可参见京津冀区域合作课题组:《联合发展 合作共赢——长三角区域经济合作情况的调查报告》,载《天津经济》2006 年第 11 期。

双方共识的基础上,成立专门的管理机构。这类区域经济合作组织可以通过"区域经济合作委员会"的架构形成,由各合作方的政府官员和企业代表、专家及专业人员组成。

京津冀区域合作课题组认为京津冀区域合作,第一,天津应牵头建立京津冀三地的党委、政府、人大、政协四套班子联席会议制度,围绕主要领导确定的意向和省市联席会议确定的专题,建成法律环境配套、落实项目监督等一整套机制;第二,牵头建立常务副省长联席会议制度;第三,牵头建立由发改委等职能部门组成的区域合作联系制度,提出具体合作项目,落实合作项目结果,协调具体问题;第四,牵头建立由官方、学者、企业家共同参加的合作论坛,分析区域合作现状与趋势,提出合作基本点、重点、难点,提出解决路径。①

我们认为,无论建立何种形式或层级的组织,都应当借助立法彰显这些组织的如下个性特征:

一是权威性,即这类组织应该有中央政府明文认可,其体制和编制都应该有明文规定,这样才能有职有权,才能有所作为;

二是规范性,即这类组织必须有明确的管理制度和组织章程;

三是跨地区、跨行业性,即这类组织可以打破地域或行政区划的制约,成为一种特殊的在协调方面有职有权的经济协调机构;

四是依托性,即新兴的区域经济合作组织应主要协调和管理跨区域的重大工程项目,致力于为跨行政区域的经济体提供协调服务,培植跨地区的经济组织;

五是非实体性,即这种组织一般是通过定期例会和重大项目协调以及重大事件协商的形式进行活动。② 这样,才能通过该组织发挥引导、协调、干预、监督、仲裁、惩戒作用,促进区域经济内部公平而高效的竞争秩序形成。

同时,我们认为,也应当设立专门的中央政府区域经济协调机构,利用市场机制、以国家制定的统一政策、法律为手段来领导、组织、协调区域经济

---

① 京津冀区域合作课题组:《联合发展 合作共赢——长三角区域经济合作情况的调查报告》,载《天津经济》2006 年第 11 期。

② 高新才:《论区域经济合作与区域政策创新》,载《学习论坛》2004 年第 7 期。

的发展,行使对区域经济发展进行总体规划,提出相应政策(包括制定开发落后地区的基本战略)①,进行导向投资,协调区域内各地区关系和进行科学研究等职能。当然,仅靠设立一个机构来解决区域经济发展中存在的问题是不可能的,但是,统一机构的设立一定程度上能遏制地方保护主义对区域经济发展带来的负面的、消极的影响。

综上,我们认为,建立区域经济合作的协调合作委员会,具有十分重要的意义。为此,我们对该委员会设置、职权等提出如下立法建议:

第×条 协调合作委员会应设主席一名,副主席若干名及委员若干名。

协调委员会主席、副主席由合作双方通过民主形式确定。

协调委员会主席、副主席任期五年,可连选连任。

协调委员会委员可由合作方的政府官员、企业代表、专家及专业人员担任。

第×条 协调合作委员会会议由主席召集,主席不能或不愿召集时,由任一副主席召集。

第×条 协调委员会可行使如下职权

(一)为两地区域经济合作提供咨询、提出建议及意见;

(二)组织并参与区域经济合作问题的调研,及时提供决策参考;

(三)发布联合公告,披露合作事务报告;

(四)积极引导地方企业及政府参与区域经济合作;

(五)为两地合作立法、合作政策提供建议;

(六)积极协调处理合作事务中存在的问题;

(七)建立信息资源平台,实现多方信息共享;

(八)其他应由协调委员会行使的职权。

对于区域性专门机构的经费保障问题,我们认为,其经费可来源于如下方面:第一,会费,即各合作方按一定标准缴纳,此标准可考虑获利预期或财

---

① 制定落后地区的发展战略,包括如下内容:其一,综合战略,即通过广泛的财政、货币政策等综合措施,使贫困地区的经济发展保持较高的增长速度;其二,减缓痛苦战略,即通过失业津贴、医疗保健方案、公共援助等逐步消除落后地区的贫困程度;其三,根治战略,即通过地区开发计划、职业训练和教育,增强落后地区的自我发展能力,促进落后地区的发展。

政收入比例来确定;第二,中央专项经费;第三,惩戒收入。

二、跨省区域经济的协调机制之培育

按照区域经济发展的固有规律,区域经济发展不应在区域经济之间建立"屏障经济",而是应在全国经济发展一盘棋的条件下,发挥区域经济优势,并建立起较高层次的区域经济之间的社会分工。① 因此,通过立法培育和建立区域经济合作的协调机制,是青藏高原地区与东部地区合作的制度基础。这种机制应包括区域经济合作的信息交互机制、利益补偿机制、利益分享机制、激励评价机制、行为约束机制等。②

(一) 区域经济合作的信息交互机制

信息经济学认为,达到帕累托效率最优状态的条件是完全信息。区域经济合作主体的行为及其决策是否有利于双方合作的展开,同样依赖于区域之间信息的对称性。为了使区域间的资源配置达到最优状态,首先要克服各区域之间信息不对称的缺陷。各区域之间经济政策和相关措施的尽可能公开,可使任何一个地区增加经济合作中的可预测性,最大限度地减少由于相互之间实行信息封锁而导致的合作风险。因此,青藏高原地区与东部地区经济合作,应当建立区域之间经济政策及其变化的政策信息交互机制,通过网络、传媒和各种信息渠道,定期、详尽地将本区域的经济政策信息发布出来,接受公众的监督、查询、了解、分析、评价。这是建立区域经济合作机制的基础性措施。

(二) 区域经济合作的利益补偿机制

按照博弈论的观点,作为制度交易博弈的行为主体,各方关注的都是自己一方的现实和未来利益。在我国,制度变革或改革的要求往往是自上而下,区域合作的要求首先来自中央,各区域又是行政区域的利益优先,然后才考虑经济区域的共同利益,这样就形成了三边博弈关系,即中央或上级主管部门、区域合作甲方、区域合作乙方。区域合作各方首先要实际上和中央或上级组织进行利益博弈,区域合作双方之间还要进行一轮利益博弈,这就使得区域合作关系变得十分复杂,仅靠合作中的诚信是不能维持长期合作

---

① 董玉明:《略论区域经济基本法的制定》,载《法学杂志》1997年第6期。
② 参见高新才:《论区域经济合作与区域政策创新》,载《学习论坛》2004年第7期。

局面的。因此,需要有一种促进合作的利益补偿机制,把区域合作建立在中央对地方、一区域与另一区域的利益互补的基础上。凡中央或上级组织要求建立的区域合作关系,中央或上级组织就应有相关利益补偿的政策供给;凡一区域与另一区域建立的合作关系,就应让合作双方本着互惠互利的原则商议利益补偿问题。东部地区与青藏高原地区的合作,由于优势不对称,这种合作关系中的动力必须来自中央或上级组织利益补偿的政策供给。

(三) 区域经济合作的利益分享机制

利益分享机制应该包括两个层次的涵义:一是指国家通过调整产业政策,使同一产业的差别利益在不同的地区间实现合理分布,尽可能地照顾地区经济利益;二是国家通过调整产业政策及区域发展政策,实现国家产业政策与区域发展政策的最优配合,使不同产业的利益在不同地区实现合理分享。在青藏高原地区与东部地区合作中,应建立相应的利益分享机制,一方面强调地区之间既竞争又合作的关系,并在此基础上实现产业利益的地区分享,另一方面强调在市场关系基础上,实现产业利益分享形式的多样化,形成一种新型的地区经济关系,并在平等、互利、协作的基础上促进各地区的共同富裕。

(四) 区域经济合作的评价激励机制

我们认为,评价激励机制的作用发挥有赖于关涉区域经济合作的中央政府及各方区域合作主体的联动。

第一,在市场经济条件下,中央政府是区域合作关系的倡导者、区域合作政策的制定者、区域经济利益的协调者。为了从根本上打破地区封锁的格局,中央政府首先要用政策手段对区域合作给予鼓励和支持。比如,对区域合作项目的投资给予工具性政策倾斜,对跨区域的产业给予目标性政策扶持,对跨区域的企业给予工具性政策优惠,对跨区域的合作开发给予制度性政策肯定等。这一切将成为区域合作的原动力。

第二,地方政府及立法机关也应充分运用地方性立法,在财政、税收、信贷、用地等方面进一步健全和完善区域合作激励机制。

第三,鼓励包括下述在内的各类企业间联营、合作及其他运营形式:

(1) 鼓励东部发达地区的优势企业在青藏高原地区建设基地;

(2)鼓励东部优势企业兼并收购青藏高原地区的企业;

(3)鼓励东部优势企业与青藏高原地区企业建立战略伙伴关系,形成相关产业链;

(4)鼓励青藏高原地区企业在东部建立基地并利用东部市场优势发展订单。

第四,鼓励企业与科研院所合作,鼓励外向创汇。

第五,对于积极推进区域合作的部门和领导干部的政绩评价也应通过量化指标予以认可,以鼓励、保护和推动区域合作。

(五)区域经济合作的行为约束机制

为了防止区域经济合作中的机会主义行为,保障区域经济合作关系的健康发展,需要建立一种区域合作的行为约束机制。这个机制的构成要件有:区域合作章程中明确的行为责任条款,包括区域合作各方在合作关系中应遵守的规则、在违反区域合作条款后应承担的责任、对违反区域合作规则所造成的经济和其他方面损失应做的经济赔偿规定;建立一种区域合作冲突的协调组织,负责区域合作中的矛盾和冲突的裁定;中央政府通过相关的政策和法规对区域合作关系进行规范,对区域合作中的非规范行为做出惩罚性的制度安排。[①]

三、区域经济合作的宏观调控体系之完善

现代市场经济是宏观调控下的市场经济,因此,区域经济问题的解决既要靠市场机制,又要靠宏观调控。这一点对于自然条件恶劣、市场发育滞后、经济发展落后的青藏高原地区尤为重要。区域经济合作立法包括税收优惠、财政转移支付、信贷政策优惠、技术人才的流动激励、农业扶持和基础性建设优先、教育科技援助、国企改革和民营经济的发展、资源和生态的利用和保护等内容。围绕这些内容,从战略上构架合理的区域经济发展的宏观调控体系,强化中央政府对区域合作关系的支持力度,这是十分必要的。在我国这样一个自然、社会、经济条件差异很大的国家,构建区域经济发展的宏观调控体系,要把握以下几方面:

---

① 高新才:《论区域经济合作与区域政策创新》,载《学习论坛》2004年第7期。

(一)必须理顺中央与地方的经济关系,要建立在中央统一领导下的中央与地方合理分权的新体制

江泽民指出:"在新形势下,必须更好地坚持发挥中央和地方两个积极性的方针。总的原则应当是:既要有体现全局利益的统一性,又要有统一指导下兼顾局部利益的灵活性;既要有维护国家宏观调控权的集中,又要在集中指导下赋予地方必要的权力。当前应抓紧合理划分中央和地方经济管理权限,明确各自的事权、财权和决策权,做到权力和责任相统一,并力求规范化、法制化。必须加强中央的统一领导,维护中央权威。宏观调控权必须集中在中央,中央在制定政策时要充分考虑地方合理的利益和要求,地方要自觉服从和顾全大局,正确运用国家赋予的必要权力,调节好本地区的经济活动。只有把中央和地方两个积极性都发挥好,才能使国民经济既生机勃勃又持续健康地向前发展。"①因此,一方面要大权集中,凡是涉及全国统一政策和全国统一市场的管理权限必须集中到中央,以保证国家整体利益;另一方面要小权分散,许多具体管理权限可以下放给地方,以利于地方政府根据当地的实际情况进行有效管理。通过合理划分中央和地方的经济管理权限明确各自的事权、财权和决策权,做到权力和责任相统一,发挥好中央和地方两个积极性。同时,由于我国各地区经济社会发展水平差异较大,经济管理权限的划分既要强调全国的同一性,又要考虑各个地区的特殊性,避免一刀切。应根据各地区不同的经济发展水平、对国家的贡献、自然地理条件以及对外经济的依存度等多种因素,加以区别对待,使各地区的经济管理权限与其自身的总体发展水平相适应。

此外,还必须处理好行政区划的省区和大经济区的关系。对于大经济区,我们不能将其设计为建国初期的大区制度。毛泽东在论及中央和地方的关系时,曾言:"拿我们的经验说,我们建国初期实行的那种大区制度,当时有必要,但是也有缺点,后来的高饶反党联盟,就多少利用了这个缺点。以后决定取消大区,各省隶属中央,这是正确的。但是由此走到取消地方的必要的独立性,结果也不那么好。"②作为跨行政区界的大经济区在区域经

---

① 江泽民:《正确处理社会主义现代化建设中的若干重大关系》,载中央政府门户网,http://www.gov.cn/test/2008-07/10/content_1041256.htm(2011年8月14日访问)。
② 毛泽东:《论十大关系》,载《毛泽东选集》(第5卷),人民出版社1977年版,第276页。

济合作中,仍负有相应的历史使命,我们既不能复制建国初期大区体制中的权力,也不能虚化区域经济组织。而是应当通过法律途径,明确地界定各方权力边界。地方政府作为一级行政机构,掌握着行政指令、经济杠杆、政策法规等调控手段,与大经济区对其经济活动的协调相比,更具权威性和操作性,而且省省区划分比大经济区划分相对稳定和明确,所以地方政府必然是调控的中间层次。但是大经济区作为一个以经济互补和分工协作为基础,跨行政区界的经济区形式,能促进横向经济联系,充分发挥地区优势,促进地区产业结构优化。因此有必要建立大经济区的协调组织,如共同市场理事会、联络委员会和行业协调小组等,以协调各有关地方政府的经济管理活动,并与中央政府的总体规划协同。

(二)坚持经济发展政策与产业政策相结合

地区经济发展政策与产业政策不配套是制约地区产业结构优化、区域协调发展和区域特色经济带形成的重要原因。这种不配套表现为在前一时期实施东部沿海经济发展战略过程中,投资不分产业地全面向东倾斜,使本该重点发展的中西部能源、原材料工业没有充分发展起来,阻碍了资源省区优势的发挥;同时,部分地区的产业发展政策,诱使各地区不顾自身条件发展高效益的被扶持产业,导致了地区工业结构的趋同化。

可制定颁布各种带有一定约束力的法律、法规,即采取法律手段来调节地区产业结构。例如,可以根据国家的地区政策和产业政策,在颁发营业执照方面,对某些地区开办某类企业予以控制,以避免过度集中或重复建设。还可以设置专门组织机构来加强地区产业结构的调整工作。如由中央政府设立促进中西部发展的专项援助基金和专门指导机构,帮助青藏高原地区引进资金和技术,推动青藏高原地区产业结构升级;建立完善大经济区的协调组织,加强横向经济联系;设立专门的咨询机构,进行调查研究,提供地区产业结构优化的政策建议,对各地区产业结构的调整予以指导、监督;借鉴国外建立"创新企业培育公司"、"高技术产业孵化器"等经验,组建非营利性经济实体,直接参与市场运行,催化、带动地区产业结构转化。

青藏高原区域经济合作中,也应按上述要求,从以下几个方面着手实现地区经济发展政策与产业政策的结合:一方面,坚持使产业政策区域化,即国家产业政策应结合地区情况加以具体化。国家在制定和实施产业政时,应充分考虑产业的地区分布,考虑地区间分工协作,从而按照最有利于发挥整体效益的方向配置资源。另一方面,坚持区域经济发展政策产业化,即国家及地区在制定地区经济发展战略时候,应从国家产业政策和区域优势出发,确定各地区重点发展的产业,实现地区产业结构优化与全国产业结构优化之间的相互协调。此外,更为重要的是坚持改区域资金和政策输血型优惠扶持为产业扶持,即中央政府对部分地区经济发展的扶持,如对东部沿海地区的政策优惠、对青藏高原地区的直接拨款,应改变过去那种简单的地区倾斜,而采取产业倾斜的方法,有针对性地根据被扶持地区的具体情况,重点扶持区域战略产业的发展。通过区域经济发展政策与产业政策相结合,不失时机地变换重点发展区域和产业,就能够形成可持续地良性互动的区域经济发展模式,从而在较长时期内维持地区经济相对均衡和高效地发展。

(三)梳理区域经济内部的分工协作关系,积极推动区域经济内部基础设施的共享互济

现在,一些经济大区内部不仅产业结构的重复建设现象突出,基础设施的重复建设行为也十分严重。重复建设造成各地基础设施利用率低、经济浪费严重的现象。形成这一现象的原因很多,如国家产业政策不完备、市场发育不完善、地方经济利益关系不协调等,其实质是各地不考虑经济规模和技术条件盲目投资和引资,重复投资、重复引进、重复建设,片面追求高速度、高产值。地区产业结构趋同,破坏了正常合理的区域分工,导致专业化分工协作水平不断降低和全社会整体经济效益下降。因此,今后国家产业政策的制定与实施应充分注重地区优势的发挥,应在区域经济内倡导基础设施共投资、共建设、共使用、共管理、共收益的方式,以减少基础设施建设的风险。[①] 这也是区域经济发展的特点和内在规律所决定的。

(四)坚持综合利用各种调节手段促进经济协调发展

要实现区域经济协调发展,不仅必须坚持市场取向的改革措施、以市场机制为基础,通过构建和完善区域发展的宏观调控体系,更重要的是要根据不同情况,综合运用多种调控手段促进区域经济的发展。具体来说包括以

---

① 黄家骅:《论跨省区域经济的空间架构与合作激励》,载《当代经济研究》2005年第4期。

下几方面：

1. 合理、适时、适当运用计划手段进行调控

计划手段是通过国家及地区所制订的长期、中期和短期经济计划,对地区经济发展进行调控。在市场经济条件下,计划手段应以指导性间接计划管理手段为主,重点是合理确定国民经济和地区经济发展战略。计划手段的功能在于在全社会范围内对资源配置进行调控,集中必要的生产要素,进行重点投入,建设重大项目,合理调整地区产业结构。在青藏高原地区与东部地区经济合作中,应充分运用计划手段,对重大建设项目,包括大型基础设施、工业骨干企业等,进行分层审批,优先安排在青藏高原地区的资源开发和基础设施项目,进行投资倾斜。对不符合区域布局和产业政策要求的,可以否决。对于某些以促进青藏高原地区发展为主要目标的大型项目,也可以通过计划手段加以实施。

2. 逐步强化经济手段的作用,提高运用经济手段的水平,增强市场机制在区域经济发展的调控和资源配置作用

经济手段主要是中央政府在自觉运用价值规律基础上,运用各种经济杠杆调节地区经济发展。地方政府一般不应具备自主运用经济杠杆的权力,而主要是保障中央经济手段在本地区的合理实施,或在中央授权下有限度地运用地方性的经济杠杆。如财政税收手段、信贷利率手段、价格手段等。各种经济杠杆应协调配合、综合运用,从而对调节区域经济发展发挥最佳效果。就青藏高原地区与东部区域经济合作而言,经济手段的主要任务是,实现规范的中央财政转移支付制度,逐步提高中央财政用于支持青藏高原地区的比重;提高国家政策性贷款用于中西部的比重,引导外资更多投向青藏高原地区;理顺资源性产品价格,增强青藏高原地区自我发展的能力;引导鼓励东部沿海地区与青藏高原地区的经济联合和技术合作。例如,可以通过加大财政投入和利率、税率优惠发展中西部资源开发和基础设施项目,可以通过信贷、税收优惠鼓励东部地区高新技术产业的发展,还可以通过地区差别待遇促使资源加工型和劳动密集型产业由东向西转移。

四、政府权能之法定化

在区域经济发展以及区域经济合作等问题上,有学者认为,缩小区域经

济发展差距的主体,可以由地方政府、社会力量来承担,但中央政府居于主导地位。① 从某种意义上讲,由于利益分配的矛盾和冲突(主要指中央和地方之间的利益,地方和企业之间的利益),导致区域经济的法律调控,始终体现着政府对经济的主动干预,或者说对区域经济的协调发展,主要是以政府特别是中央政府为主导,综合运用政策、法律等多种手段缩小地区差距。可见,政府在区域经济发展过程中扮演着十分重要的角色。

但如何在法律层面上进一步确定政府在区域经济发展中的角色,长期以来立法上并没有明确,以至于实践中政府推动区域经济发展产生了一定的消极影响,其主要表现有:

其一,政府行为的市场化和企业化日趋突出;

其二,有的政府机构直接参与营利性的经营活动,特别是在基层政府就更明显;

其三,由于欠发达地区的市场化程度不高,导致地方政府往往以行政权力(命令)来规划区域经济的发展,结果导致决策的失误频繁发生,造成的损失令人痛心;

其四,层层下达经济增长指标,片面地将经济增长速度作为衡量政府官员政绩的主要指标;

其五,有的政府官员与企业私下勾结,以权换钱;

其六,法律的执行效率极低,社会公平、公正的利益得不到应有的保护;

其七,保护生态和环境的种种努力在政府追求经济增长的冲动面前显得软弱无力。

由于政府行为的不规范运作,给经济社会发展造成的后果也是十分严重的,如政府权力的滥用、政府功能的失效、公共事业的衰败、政府官员的腐败等等。"我国20多年的经济社会发展实践证明,政府的权力在经济社会生活领域的不断扩张,不仅使政府不能很好地发挥促进经济社会全面、协调和可持续发展的积极作用,而且导致经济社会矛盾日益增多,各种利益冲突加剧,造成自然、生态、社会成本的巨大浪费。"② 针对上述情况,国务院在2004年4月20日发布了《全面推进依法行政实施纲要》(以下简称《纲

---

① 王红一:《中国法学会经济法学研究会2004年年会综述》,载《中国法学》2005年第1期。
② 王作全、王立明、周继红:《对经济法制度安排的思考》,载《青海社会科学》2004年第5期。

要》),《纲要》明确指出:"政企分开、政事分开,政府与市场、政府与社会的关系基本理顺,政府的经济调节、市场监管、社会管理和公共服务职能基本到位。"《纲要》还进一步指出:"切实把政府经济管理职能转到主要为市场主体服务和创造良好发展环境上来。"可见,政府在经济发展过程中的角色应该是调控经济的运行,其调控经济的职能主要就是为市场主体服务和创造良好发展环境。2005年2月20日,国务院根据《纲要》,对《国务院工作规则》(以下简称《规则》)又进行了修改。《规则》指出,国务院及各部门要按照合法行政、合理行政、程序正当、高效便民、诚实守信、权责一致的要求行使行政权力。其中,特别强调了政府决策的科学性、民主性以及执法责任制和执法过错追究制。

我们认为,区域经济的发展是建立在一定的物质设施基础上的。基础设施和公共服务由于具有外部性,投资周期长,回收慢,效益不明显,因此一般企业不愿投资,这也是市场机制难以有效发挥作用的方面。政府出于对所提供利益和自身对区域的责任感,有必要发挥主导地位,进行基础设施建设,如投资建立良好的区域间交通运输系统、信息通讯网络、企业家交流聚会场所等技术基础设施,创造富于吸引力的自然和人文环境,为区域间企业的合作创新提供必要的物质条件。由此可见,作为合作创新的行为主体之一,政府不是游离于合作创新活动之外的,不仅要通过制度、法律、文化的手段,为合作创新活动营造一个良好环境,而且还要通过政策去组织、引导、扶持、推动、激励各类合作创新活动的开展,以加快区域经济发展和社会进步。

我们认为,对于政府在促进区域经济协调发展中的经济职能,应在基本法中加以明确规定。具体立法建议如下:

第×条 国务院在职权范围内制定国家发展规划,应当考虑区域经济协调发展。

第×条 各地方政府在实施区域经济协调发展规划中,行使下列职权,履行相应义务:

(一)根据国家经济发展的规划,制定适应本地区经济发展的战略和规划;

(二)在职权范围内制定利于区域经济协调、合作的政策、法规;

(三)提供公共服务,积极为区域经济合作创造条件;

（四）解决区域经济合作中的有关冲突和矛盾；

（五）积极消除区域经济合作的障碍；

（六）有权对区域经济合作事务进行必要的监督；

（七）有权对认为有违法律的区域经济合作事项予以撤销或采取其他相应行政处罚；

（八）负责及时披露本区域内区域经济合作的重要事项,并接受相应监督；

（九）其他应由地方政府承担的事项。

青藏高原区域经济合作中,一方面要加强中央政府的职能,另一方面要发挥地方政府的积极性和主动性。作为区域经济特征十分明显、区域间相互依赖的大国,无论从跨行政区的利益协调角度,还是从自然资源的合理利用角度,中央政府都需要承担更多的责任,不能简单地认为区域经济发展是地方政府的事情。青藏高原地区要实现经济的跨越式发展,就需要国家给予强有力的支持。从国内外的经济发展的历史来看,一个地区只有形成资金、技术、人才等生产要素的高度聚集,才能实现区域经济的快速发展。同样,青藏高原地区发展中,中央应在财政、金融、税收、产业政策方面给予大力支持,加强对正在兴起的经济西进热潮的引导。因此,区域经济的布局问题,无论是战略规划、利益协调还是组织实施,很大程度上都是中央政府的责任。忽视了这一点,整体发展就要付出沉重的代价。同时,从发达国家的实践来看,地方政府在促进区域经济合作方面具有十分重要的作用。

从我国的情况来看,20世纪80年代,曾经出现过一次较大规模的地方政府之间的经济合作热潮。当时由有关地方政府出面组成的经济合作组织有一百多个,对推动区域之间的经济联系,实现优势互补等发挥了积极的作用。遗憾的是,这样一种好的区域经济合作形式在20世纪90年代没能够得到继续发展,有许多合作组织名存实亡或解散了。在经济体制转轨过程中,地方政府在区域经济协调发展中的作用仍然是不可忽视的,必须有效地加以利用。应当看到,在我国企业发展的水平还比较有限的情况下,地方政府从区域的全局利益出发,并结合全国的经济整体发展的战略需要,组织区域经济发展的活动空间还是比较大的。在区域的经济发展总体战略设计、战略布局,协调区域之间的经济关系等方面都有着不可替代的作用,特别是区域之间开展经济合作所涉及的许多制度限制的突破,更离不开地方政府。同时,地方政府可以利用其在社会、经济生活中的影响,依靠各个行政部门,动员更多的资源投入到区域之间的经济合作中去,使区域经济合作的范围大大超过企业的跨区域发展,层次也会更高一些。[①] 各地方政府要充分发挥这种作用,必须转换并完善其区域经济管理职能。

首先,在职能转换方面,政府的区域经济合作工作必须由政府主导型向企业主导型全面转换,也即地方政府职能间接而不是直接参与跨地区的一般经济活动。在涉及地方重大利益时,地方政府应向中央政府反映意见。

其次,在职能完善方面,地方政府应加强对企业主导型区域经济合作的服务、引导和监督,政府区域经济合作职能部门的工作重点应集中在以下几个方面:

(1)建立地方或区域经济信息系统,向企业从事跨区域活动提供准确、及时的信息;

(2)搞好区域发展规划,规范和引导企业的区域合作活动;

(3)进一步改善基础结构,为企业区域活动创造良好的基础结构条件;

(4)同相关地区合作,建立合理的地区利益协调和冲突解决机制。

五、司法机制之协调

于区域经济合作而言,司法问题是当下无法回避并且突出的问题之一。在诸多区域经济合作经验分析中,我们可以看到,一些区域经济合作中的问题或是在寻求司法渠道保护权益时遇到进入障碍,或是借助司法途径未能达到权益保护之目的。事实上,司法权地方化倾向是一个客观存在的问题,设在地方的司法机关受到当地党政权力机关的影响或干预,通常会导致地方保护主义。这也使得我们在区域经济合作法律问题的分析中,必须关注司法协调问题。我们认为,以下当是解决区域经济合作中司法问题的主要方面。

(一)跨区域法院或特殊法庭之设立

近年来许多人大代表和政协委员提议,在东北、华北、中南、华南、华东、

[①] 高新才:《论区域经济合作与区域政策创新》,载《学习论坛》2004年第7期。

西北、西南地区设七个跨区域的民商事法院,专门审理跨省(区、直辖市)的民商事纠纷。另成立两个高级民商事法院审理上述七个跨区域法院的二审案件。如果这一提案得以通过并付诸实施,则可从根本上解决地方保护主义和司法权行使不统一等的问题。一些学者也建议组建最高人民法院的大区法院,"如东北分院、西北分院、华北分院、华东分院、中南分院和西南分院,或者建立属于中央法院系统的巡回法院,作为解决跨省纠纷的一审法院,独立行使审判权。分院的经费由最高人民法院直接拨付,法院组成人员由最高人民法院统一调遣,不受地方控制"。[①]

在上述建议尚需国家统一安排且有待时日的情形下,我们认为在面对区域经济合作中的法律问题时,不妨通过组建特殊法庭的方式予以解决。对于特殊法庭的组成,我们认为区域合作各方来提供可被选择的法官和陪审员,根据区域合作方约定的比例由各合作方选择抽取,从而成立由各方选择的法官和陪审员组成的审判庭,并由其裁决纠纷。同时,在涉及民族自治地方的民族问题时,其陪审员中应当有该民族中的陪审员参与。

(二)法官流动制度

针对司法地方主义倾向,我们认为建立法官的交流以及其他流动制度,应当是解决问题的较好方法。在青藏高原地区与东部发达地区区域经济合作中,法官的流动也应当是人才流动中的一项内容。在目前我国建立了法官任职资格全国统一考试的情况下,法官的流动应当说在司法知识方面的障碍进一步减小。而在合作区域间进行法官流动,也将进一步防止司法地方化倾向。

区域合作中的法官交流、流动机制有如下几种:一是法官挂职锻炼,这一形式在现今行政体制中较为多见,在一些法院中也存在这种形式。二是法官调任或遴选,即将同区域不同法院的法官甚至不同区域的法官通过遴选以及工作关系调动的方式增加流动性。三是法官定期流动,即在规定的期限内法官在某一地法院工作,期满后又转入另一地法院工作。

以上三种形式中,我们应当着力构建促进第三种形式交流的法律机制。于此,我们认为,应由国家或最高人民法院出台相应规范,明确法官交流制

[①] 韩志红、付大学:《地方政府之间合作的制度化协调——区域政府的法治化路径》,载《北方法学》2009年第2期。

度,包括各级法院在一定时期内法官交流的比例等问题。其次在地方性规范中,对于交流法官之相关法律问题予以关注和解决,如在任期间子女教育等问题。

(三) 司法协助制度

司法协助在各国有不同称谓。① 一般认为司法协助是指一个国家或地区的司法机关应另一个国家或地区的司法机关或者有关当事人的请求,代为履行司法行为,或者在司法方面提供其他协助。② 就司法协助最核心的意义而言,在国内区域经济合作中,司法协助的价值似乎并不明显,尤其是同属于一个法域单元内的不同地区之间的区域经济合作中,国际私法意义上的司法协助以及区际私法意义上的司法协助并无必要。但从广义上来理解司法协助问题时,我们看到,目前在司法活动中,不同区域间司法机构之间的联动性还不是很强。一些学者针对泛珠三角区域争端解决机制问题时,即认为在目前没有建立泛珠三角区域争端解决机制的情况下,司法协助不失为一个解决地区间争端的有效方式,因此应进一步完善司法协助机制。③

我们认为,虽然司法协助的意义主要是解决不同法域单元间的问题,但在青藏高原地区与东部发达地区之间的区域经济合作中,基于地方性规范,尤其是一些民族自治地方特殊规范的存在,法律冲突在这些地域间仍是一种客观存在,虽然其在法制统一性原则控制下,冲突性并不如国际间或一国之内不同法域单元间那么明显,但也不应忽略不计。就此意义而言,司法协助也应是区域经济合作中应当关注的问题之一。

而对强化司法协助之问题,我们认为,首先应当在有关法院、法官管理的法律中,明确各级法院及法官对司法协助义务的担负以及不作为、迟延作为所承担的法律责任,从而保障在区域经济合作中司法机关之间的联动效率。

---

① 有的国家称之为"司法协助",有的国家称之为"法律协助",有的国家称之为"司法合作"。可参见韩德培主编:《国际私法问题专论》,武汉大学出版社 2004 年版,第 122 页。
② 参见黄风:《区际司法协助概念辨析》,载黄进、黄风主编:《区际司法协助研究》,中国政法大学出版社 1993 年版,第 3—8 页。
③ 陈妙英:《泛珠三角区域合作争端解决机制的构建》,载《经济与社会发展》2007 年第 8 期。

结　　语

当问题一一呈现的时候,我们才发现,青藏高原地区与东部发达地区区域经济合作中法律问题的探讨和研究,实质上是一个纠结着诸多问题的重大课题。仿佛一幅巨大的画卷慢慢展开,我们既动容于画卷之巨,又为画卷中之细微复杂而感叹不已。

区域经济合作这一问题,首先涉及概念、意义、功能等基本范畴的问题,这些问题因尚存的理论争议,远不能直接作为论述基础。即便是绕开纷纭的众说而为自我叙述确定一个前提,你也会发现诸多的经济学理论,只要情景假设出现某些变化,理论就会从真理变成谬误。"用它理财必赔钱,用它管理公司必倒闭,用它治国必误国。"① 因而在面临青藏高原地区与东部发达地区区域经济合作之法律问题时,所有的现有理论都必须被重新审视,所有的制度方案也必须接受实践的再检验,所有的常识性理解也必须防止被随意公理化甚至意识形态化。正因如此,我们对这一问题的探讨,必须从最基础做起,必须追问每一个细节问题。我们对于论题中关键概念的界定以及对最基本问题的调查和追问,正是这种理解在文中的直接反映和表达。正是因为区域经济合作的抽象价值并不能直接诠释青藏高原地区和东部发达地区区域经济合作的意义,因而我们借助了现实调查和理论分析相结合的方法,试图客观而真实地描述研究对象。

---

① 萧国亮:《公司随想》,载《读书》2011年第2期,第11—12页。

真正地深入到问题内部时,我们发现所面对的其实远不是几个问题的简单叠加,而是众多问题的复合。这一问题既包含着经济增长与社会发展的问题,也包含着生态环境保护、人类可持续发展的问题;既要寻求对资源的有效开发和利用,还要防止破坏性开发而招致大自然的惩罚;既要通过合作交流走向现代化,又要防范物质文化遗产和非物质文化遗产的破坏;既事关中央和地方之间的关系问题,又涉及地方与地方之间的关系问题;既是地方政府之间的博弈,也是企业之间的利益分配集合;并且在这一博弈场景之中,远不是只有政府和企业,更非泾渭分明地自找同类,而是包括民间非政府组织以及其他各种利益主体都有参与的多方复杂博弈,这也就要求我们必须谨慎地对待历史上曾经出现过的大区建制与区域经济合作组织的职权构建等问题。此外,传统文化与现代化之间的关系也纠缠其中,从而使立法问题必然要面对不同区域的主流文化及众多亚文化,区域经济合作中的宗教立法问题、国家立法及与民族习惯法的关系问题、区域特征与法制统一性问题等等诸多的问题,也会在这一时刻清晰地排在问题的长队之中,争先恐后地涌来。

从法律的价值阐释,到法律在青藏高原地区和东部发达地区区域经济合作中的作用分析,我们一直在用法律的视角来审视问题,我们所看到的是,在青藏高原地区和东部发达地区区域经济合作的每一个过程中,必须运用法律制度予以保障和规制。这不仅是国外经验的昭示,更是梳理历史后的深刻感悟。运用法律的思维,我们看到问题的解决不仅需要依赖立法的构建,也需要司法的保障,更需要依法行政以及民众对于法律的信仰。仅就立法构建而言,又远不是一两部立法就能克尽全功。其间包含国家统一立法的问题,也包含为合乎区域特性的地方立法问题;既包含国家法制统一性问题,又包含合作区域间立法协调问题。无论是国家立法还是地方性立法,都应围绕其基本性立法而建立相应的法律体系,因而各立法之间(中央立法与地方立法之间、不同区域之地方立法与地方立法之间、同一区域内的各地方立法之间)以及各系统之间都客观存在着迫切的协调需求。此外,在具体的立法构建中,我们会看到,一些问题的解决可能需以私法的理念去应对,而一些问题则需运用公法原理。一些立法中加入宣示性条款可能意味着该法历史使命的完成,而另一些立法必须沿着上位法的精神去开拓更具实践性的道路。正是因为存在诸多的情形,我们探讨了立法的基本理念问题和价值选择问题。也是为了让问题得到更有效的解决,我们也较为深入地探讨了具体立法的问题。

  当然,在面对这复杂的现实时,我们可能较好地解决了"能不能"、"该不该"之类的一般性问题,而对于"怎么做"以及"怎么做最好"之类的问题,可能只是一个粗线条的勾勒,并且每一个线条之间的连接可能还远没有被描绘出来。我们也在想,"今天应该这样做"并不意味着"明天还应这样做"。准以此言,我们的探索仅仅是揭示一个问题的开始,并且这一问题不应被任何法学家自负地宣告终结,更不能率性地将其中引以为豪的创见抽象为千古不易的终极真理。我们知道,唯有实践才是检验真理的唯一标准。

参 考 文 献

一、著作类

1. 《马克思恩格斯全集》(第4卷),人民出版社1958年版。
2. 《毛泽东选集》(第5卷),人民出版社1977年版。
3. 王作全、马天山、马旭东著:《中国西部区域特征与法制统一性研究》,法律出版社2009年版。
4. 王作全主编:《商法学》(第三版),北京大学出版社2011年版。
5. 周国富:《中国经济发展中的地区差距问题研究》,东北财经大学出版社2001年版。
6. 文正邦、付子堂主编:《区域法制建构论——西部开发法治研究》,法律出版社2006年版。
7. 上海财经大学区域经济研究中心:《2003中国区域经济发展报告》,上海财经大学出版社2003年版。
8. 荣跃明:《区域整合与经济增长——经济区域化趋势研究》,上海人民出版社2005年版。
9. 郑长德:《世界不发达地区开发史鉴》,民族出版社2001年版。
10. 蒲文成主编:《青藏高原经济可持续发展研究》,青海人民出版社2004年版。
11. 李清均:《后发优势:中国欠发达地区发展转型研究》,经济管理出版社2000年版。
12. 张敦富主编:《区域经济学原理》,中国轻工业出版社1999年版。
13. 刘隆亨主编:《中国区域开发的法制理论与实践》,北京大学出版社2006年版。
14. 周忠瑜等:《少数民族权利保障研究》,中央文献出版社2006年版。
15. 赵宗福主编:《2009—2010青海经济社会形势分析与预测》,青海人民出版社2010年版。
16. 青海省统计局、国家统计局青海调查大队编:《青海统计年鉴2010》,中国统计出版社2010年版。
17. 景晖等主编:《2005—2006青海经济社会形势分析与预测》,青海人民出版社2006年版。
18. 景晖、王昱、崔永红主编:《青海经济社会形势分析与预测》,青海人民出版社

2005年版。

19. 本卷编委会编:《中国西部开发信息百科——西藏卷》,西藏人民出版社、江苏科学技术出版社2003年版。

20. 马生林:《青藏高原生态变迁》,社会科学文献出版社2011年版。

21. 孙发平等:《中国三江源生态价值及补偿机制研究》,中国环境科学出版社2008年版。

22. 孙发平、冀康平、张继宗:《循环经济理论与实践——以柴达木循环经济试验区为例》,青海人民出版社2008年版。

23. 青海省减贫发展战略研究项目办公室:《欠发达地区科学发展之路——青海省减贫发展战略研究》,九州出版社2011年版。

24. 李勇等:《青藏高原三江源地区可持续发展公共政策研究》,青海人民出版社2009年版。

25. 曹文虎、李勇:《青海省实施生态立省战略研究》,青海人民出版社2009年版。

26. 苏海红、杜青华:《中国藏区反贫困战略研究》,甘肃民族出版社2008年版。

27. 马洪波主编:《青海实施生态立省战略研究》,中国经济出版社2010年版。

28. 王小平等编著:《青海绿色发展机制探索》,青海人民出版社2011年版。

29. 程超泽:《中国经济:增长的极限》,江苏文艺出版社2002年版。

30. 周振华主编:《地区发展》,上海人民出版社1996年版。

31. 吴志攀:《经济法学家》,北京大学出版社2004年版。

32. 〔美〕哈罗德·J.伯尔曼:《法律与宗教》,梁治平译,中国政法大学出版社2003年版。

33. 张永和:《信仰与权威——诅咒(赌咒)、发誓与法律之比较研究》,法律出版社2006年版。

34. 〔美〕西里尔·E.布莱克:《比较现代化》,杨豫、陈祖洲译,上海译文出版社1998年版。

35. 于春松:《现代化与文化选择——国门开放后的文化冲突》,江西人民出版社1998年版。

36. 贺卫方:《具体法治》,法律出版社2002年版。

37. 〔印度〕阿玛蒂亚·森:《贫困与饥荒》,王宇、王文玉译,商务印书馆2001年版。

38. 邵华:《自主之权利救济——多元化纠纷解决机制的新视角》,中国法制出版社2007年版。

39. 〔法〕布迪厄、华康德:《实践与反思》,李猛、李康译,中央编译出版社1998年版。

40. 中国证券监督管理委员会编:《中国上市公司年鉴2010》,中国经济出版社2011年版。

41. 董小林:《公路建设项目社会环境影响评价》,人民交通出版社2000年版。

42. 陈秀山、张可云:《区域经济理论》,商务印书馆2003年版。

43. 戴中等:《国际经济学》,首都经济贸易大学出版社2002年版。

44. 钱纳里:《工业化和经济增长的比较研究》,上海三联书店1989年版。
45. 李玉潭等:《东北亚区域经济发展与合作机制创新研究》,吉林人民出版社2006年版。
46. 沈宗灵主编:《法理学》,北京大学出版社2000年版。
47. 何顺果:《美国史通论》,学林出版社2001年版。
48. 韩德培主编:《国际私法问题专论》,武汉大学出版社2004年版。
49. 黄进、黄风主编:《区际司法协助研究》,中国政法大学出版社1993年版。

二、论文类

1. 周继红等:《青藏高原地区与东部发达地区区域经济合作若干法律问题研究》,载《青海民族研究》2007年第1期。
2. 周继红等:《试论青藏高原地区与东部发达地区区域经济合作法律制度构建》,载《青海社会科学》2007年第2期。
3. 周继红、马旭东:《论青藏高原交通立法与私权保护》,载《西北民族研究》2008年第3期。
4. 王作全、王立明、周继红:《对经济法制度安排的思考》,载《青海社会科学》2004年第5期。
5. 王作全等:《三江源自然保护区法律对策研究》,载《青海民族学院学报》2002年第4期。
6. 马旭东:《关于西部先行立法与法制统一性的思考》,载《青海民族大学学报》(教育科学版)2010年第4期。
7. 王建等:《中国区域经济发展战略研究》,载《管理世界》1996年第4期。
8. 车冰清、朱传耿:《中国区域经济合作研究》,载《学习与实践》2008年第2期.
9. 靖学青:《西部开发之东西部经济合作的区域经济效应分析》,载《上海经济研究》2000年第9期。
10. 沙治慧:《西部大开发继续推进中的公共投资研究》,四川大学2005年博士学位论文。
11. 赵晔、钱继磊:《区域经济与区域合作的法理学反思》,载《理论与改革》2008年第5期。
12. 王旭等:《青藏高原矿产资源开发与地质环境保护协调发展的对策探讨》,载《干旱区资源与环境》2010年第2期。
13. 付永:《中国区域经济合作的制度分析》,载《改革与战略》2006年第2期。
14. 叶大凤:《区域经济合作中的公共政策缺失与对策》,载《桂海论丛》2008年第6期。
15. 王红一:《中国法学会经济法学研究会2004年年会综述》,载《中国法学》2005年第1期。
16. 黄伟:《中国区域协调发展法律制度研究》,中央民族大学2007年博士学位论文。

17. 国务院发展研究中心课题组:《未来区域发展呈现十大趋势》,载《经济日报》2004年4月14日第5版。

18. 胡乃武、张可云:《统筹中国区域发展问题研究》,载《经济理论与经济管理》2004年第1期。

19. 高新才:《论区域经济合作与区域政策创新》,载《学习论坛》2004年第7期。

20. 董玉明:《略论区域经济基本法的制定》,载《法学杂志》1997年第6期。

21. 黄家骅:《论跨省区域经济的空间架构与合作激励》,载《当代经济研究》2005年第4期。

22. 萧国亮:《公司随想》,载《读书》2011年第2期。

23. 徐春梅:《论地方政府在区域合作创新中的作用》,载《经济师》2004年第9期。

24. 马广琳、刘俊昌:《中国区域经济协同发展中存在的问题及对策研究》,载《经济问题探索》2005年第5期。

25. 刘水林、雷兴虎:《区域协调发展立法的观念转换与制度创新》,载刘隆亨主编:《中国区域开发的法制理论与实践》,北京大学出版社2006年版。

26. 周江评:《美国交通立法和最新的交通授权法》,载《城市交通》2006年第1期。

27. 刘水林、雷兴虎:《区域协调发展立法的观念转换与制度创新》,载《法商研究》2005年第4期。

28. 张凤超、袁清瑞:《论区域金融成长》,载《东北师范大学学报》2001年第1期。

29. 张杰:《次区域经济合作研究——以大图们江次区域经济合作研究为中心》,吉林大学2009年博士学位论文。

30. 杨龙、戴扬:《地方政府合作在区域合作中的作用》,载《西北师大学报》2009年第9期。

31. 华伟:《大区体制的历史沿革与中国政治》,载《战略与管理》2000年第6期。

32. 韦以明、周毅:《区域合作经济的国家立法回应——以泛珠三角区域合作为主例》,载《学术论坛》2006年第10期。

33. 陈红进、王世文、张明华:《尝试发行地方政府公债,促进西部开发》,载《生产力研究》2000年第5期。

34. 京津冀区域合作课题组:《联合发展 合作共赢——长三角区域经济合作情况的调查报告》,载《天津经济》2006年第11期。

35. 朱莺、张良:《长三角区域经济一体化中的"行政经济"特征及成因分析》,载《工业技术经济》2005年第9期。

36. 陈妙英:《泛珠三角区域合作争端解决机制的构建》,载《经济与社会发展》2007年第8期。

39. 韩志红、付大学:《地方政府之间合作的制度化协调——区域政府的法治化路径》,载《北方法学》2009年第2期。

40. 段进东、卢迪:《区域经济中的政府行为分析》,载《中国行政管理》2004年第12期。

41. 王宝明、詹丽靖:《我国区域经济合作中地方政府间关系协调方式评价》,载《中共云南省委党校学报》2006年第4期。

42. 王宝明、詹丽靖:《我国区域经济合作中地方政府管理存在的问题及治理》,载《哈尔滨市委党校学报》2006年第6期。

43. 梁双陆、李娅:《我国东西部区域经济合作的发展阶段及其特征》,载《经济问题探索》2005年第6期。

44. 叶大风:《区域经济合作中的公共政策缺失与对策》,载《桂海论丛》2008年第6期。

45. 赵晔、钱继磊:《区域经济与区域合作的法理学反思》,载《理论与改革》2008年第5期。

46. 李元华:《区域经济发展中的公平与效率——兼谈东、西部合作对持续发展的意义》,载《自然辩证法研究》2003年第7期。

47. 李兴江、赵光德:《基于内生机制视角下的东西区域合作机理分析——以甘肃和浙江区域经济合作为例》,载《华东经济管理》2008年第7期。

48. 孟昌、李宗植:《论东西区域经济合作》,载《兰州大学学报》2000年第6期。

49. 豆建民:《我国区域经济合作障碍及其对策研究》,载《经济问题探索》2004年第11期。

50. 梁积江:《论民族地区区域经济发展中的东西部经济合作》,载《基建优化》2006年第4期。

51. 张建平:《东西部区域经济合作与协调发展中的环境补偿》,载《中国地质大学学报》2007年第3期。

52. 王小卫、蔡新会:《东西部经济合作的市场条件分析》,载《江苏社会科学》2003年第4期。

三、网络资料

1. 百度百科,http://baike.baidu.com。
2. 国家发展与改革委员会地区经济司子站,http://www.sdpc.gov.cn/dqjj
3. 国家发展与改革委员会固定资产投资司子站,http://www.sdpc.gov.cn/gdzctz
4. 国家发展与改革委员会国外资金利用司子站,http://www.sdpc.gov.cn/wzly
5. 青海工业经济信息网,http://www.qhszs.com/
6. 新华网,http://news.xinhuanet.com/
7. 中国日报网,http://www.chinadaily.com.cn
8. 青海政府网,http://www.qh.gov.cn。
9. 中国新闻网,http://news.memail.net
10. 中国网,http://www.china.com.cn
11. 中国民族报电子版,http://www.mzb.com.cn/zgmzb
12. 中国广播网,http://finance.ce.cn/

13. 江泽民:《正确处理社会主义现代化建设中的若干重大关系》,载中央政府门户网,http://www.gov.cn/test/2008-07/10/content_1041256.htm(2011年8月14日访问)。

14. 杨宇白整理编辑:《揭开三线建设神秘的面纱——读〈三线建设——备战时期的西部开发〉》,载 http://www.ynce.gov.cn/ynce/site/school(2011年5月16日访问)。

15. 高进田:《区域、经济区域与区域经济学的发展轨迹》,载 http://www.studa.net/Place/080625/10535746.html(2011年5月20日访问)。

16. 中国国民党革命委员会中央委员会:《关于西部大开发战略在青海实施中若干情况的反映和建议》,载 http://www.minge.gov.cn/chinese/pplrevo/politics/13951.doc(2010年4月15日访问)。

17. 王嘉英:《青藏高原的能源特色》,载 http://www.redlib.cn/html/6818/2001/23521618.htm(2011年8月12日访问)。

18.《青藏高原林业资源的可持续发展探讨》,http://www.reader8.cn/data/20080804/article_160815.html(2011年8月12日访问)。

四、规范性文件

1.《中华人民共和国宪法》(1982年通过,2004年第4次修正)
2.《中华人民共和国民族区域自治法》(1984年通过,2001年修正)
3.《中华人民共和国立法法》(2000年)
4.《中华人民共和国公司法》(1993年通过,2005年修正)
5.《中华人民共和国预算法》(1994年)
6.《全国边防工作会议的报告》(1979年)
7.《国务院关于推动经济联动的暂行规定》(1980年)
8.《国务院关于组织发达省、市同少数民族地区对口支援和经济技术协作工作座谈会纪要》(1981年)
9.《国务院关于进一步推动横向经济联合若干问题的规定》(1986年)
10.《财政部关于促进横向经济联合若干问题的暂行办法》(1986年)
11.《国务院关于打破地区间市场封锁 进一步搞活商品流通的通知》(1990年)
12.《国民经济和社会发展十年规划和"八五"计划纲要》(1991年)
13.《国务院关于进一步贯彻实施〈中华人民共和国民族区域自治法〉若干问题的通知》(1991年)
14.《中共中央关于建立社会主义市场经济体制若干问题的决定》(1993年)
15.《国务院关于实施西部大开发若干政策措施》(2000年)
16.《国务院关于西部大开发若干政策措施实施意见》(2001年)
17.《国务院关于进一步推进西部大开发的若干意见》(2004年)
18.《中华人民共和国国民经济和社会发展第十一个五年规划纲要》(2006年)
19.《中共中央关于构建社会主义和谐社会若干重大问题的决定》(2006年)
20.《国务院关于支持青海等藏区经济社会发展的若干意见》(2008年)

21.《中共中央、国务院关于加快四川云南甘肃青海省藏区经济社会发展的意见》(2010年)
22.《国务院关于支持四川云南甘肃青海四藏区经济社会发展若干政策和重大项目意见》(2010年)
23.《国家发改委关于青海三江源国家生态保护综合试验区总体方案》(2012年)。
24.《青海省实施西部大开发战略若干政策规定》(2003年)
25.《青海省关于鼓励支持和引导个体私营等非公有制经济加快发展的若干政策措施》(2005年)
26.《青海省人民政府关于鼓励外商投资的若干规定》(2004年)
27.《青海省人民政府关于改善投资环境的决定》(2004年)
28.《青海省人民政府关于鼓励引进境外资金的奖励办法(试行)》(2004年)
29.《青海省关于改善投资环境保护投资者合法权益的暂行规定》(2002年)
30.《青海省人民政府关于进一步加快流通企业发展的意见》(2008年)
31.《青海省实施〈中华人民共和国中小企业促进法〉办法》(2006年)
32. 青海省《关于改善投资环境保护投资合法权益的暂行规定》(2002年)
33.《青海省实施〈中华人民共和国科学技术进步法〉的若干规定》(1998年)
34.《海南藏族自治州优惠政策》(1997年)
35.《海东地区优惠办法》(1997年)
36.《西藏自治区关于招商引资的若干规定》(1999年)
37.《西藏自治区关于招商引资的补充规定》(2000年)
38.《西藏自治区企业所得税优惠政策实施办法》(2008年)
39.《西藏自治区关于扶持企业发展,培植骨干财源的若干暂行规定》(1997年)
40.《中共拉萨市委员会、拉萨市人民政府关于引进人才的暂行规定》(2000年)

后　　记

　　掩卷而思,胸中波澜涌涨的仍是如何真正实现区域经济合作的法治化,以及对国家乃至特定区域具体立法问题的冲动,更有对如何进一步提升及拓展本课题研究之凝思。"笔已歇兮意难平",其实都源于我们对本课题研究的不能释怀。只有涉足区域经济合作的法律问题探索之中,才会真正面对着一组组冲突:经济增长与社会发展、资源利用与生态环境保护、传统文化与现代化、区域特征与法制统一性……跋涉之辛苦,唯有心知。好在我们无悔,并且相信,在我们所勾勒的轮廓中,终有人会绘上精彩。或是亲爱的读者您,也或仍是立志继续前行的我们。

　　盘桓心间难去的,还有对本课题调研、写作、结项乃至成果出版等提供无私帮助者的感激之情。感谢国家社科基金项目对本论题的大力支持。感谢那些虽不知姓名,但显然治学严谨的匿名评审专家,他们精细的评阅以及对问题的洞见,使我们及时发现并力所能及地弥补了本项目研究中存在的一些问题,从而使成果能以现在的面目展现给各位读者。在本课题展开研究之初,青海民族大学法学院王立明教授和张立教授作为课题组成员,承担了部分前期工作,参与了本课题部分前期成果的研究工作,并提供了一些有利于课题推进的建议,在此也诚表谢意！国家级专家、青海省135高层次人才工程学术领军人才、青海师范大学王作全教授自始至终关心本课题的进展,从提纲设计到具体写作,提供了大量建设性意见。本课题之研究,更是受益于王作全教授所组织、主持的沙龙式课题进展汇报会。通过参与此项活动,我们不仅得到了许多研究方法、研究内容方面的帮助以及思想方面的启迪,并且这一组织形式为本课题的有序推进和顺利完成起到了督促的作用。可以说,本课题的顺利完成以及本书之出版,与王作全教授众多睿智的见解和辛苦工作密不可分。感激之情难以言表,借此再致谢意!全国检察业务专家、青海省首届优秀法学家马天山博士在百忙之中为本书评介作序,并提出了一些极富洞见的意见;北京大学出版社法律图书事业部的邹记东主任对本课题成果的出版给予了大力支持,编辑郭薇薇女士为本书出版做了大量辛苦细致的编辑工作,在此一并致以诚挚的谢意!

  限于水平,本书不足之处在所难免,恳请读者提出批评,以便使我们在对本课题的研究道路上能走得更远些,更快些。

作者

2013 年 7 月于夏都西宁